20세기 복음주의 선언문 전체를 조직신학적 구조로 명쾌하게 정리한 이 책은 현대 복음주의의 모든 것을 한눈에 보게 해주는 단면도 같은 책으로, 복음주의 신앙을 체계적으로 이해하고 실천하게 하는 매우 중요한 토대다. 복음의 의미뿐 아니라, 복음주의 신학, 복음주의 신앙과 선교를 제대로 파악하도록 큰 도움을 줄 이 책은 복음주의를 논하는 모든 곳에서 반드시 참조되어야 한다.

이문식_ 광교산울교회 목사, 한국복음주의교회연합 공동대표

각각의 가수들이 부른 노래의 한 소절씩을 이어 하나의 새롭고 멋진 노래로 지어낸 뛰어난 작곡자처럼 노련한 대 신학자 두 명이 흩어져 있던 교단과 선교 단체의 선언 조각들을 모아 한 편의 일관되고 포괄적인 '복음주의 신앙 선언'을 내놓았다. 세상과 섣부른 대화에 나섰다가 정체성을 잃기도 하고 다시 정체성을 지키려다가 고집불통이 되어 분열되기도 했던 기독교 역사를 톺아보며 선언한, 새로운 복음주의적 에큐메니즘의 전체 밑그림으로 평가하고 싶다. 복음주의적 입장과 실제 교리가 무엇인지 그 구체적 근거를 찾거나 설명하고자 하는 이들에게 실제적 도움을 주는 중요한 책이다.

이강일_ IVF한국복음주의운동연구소 소장

이 책은 복음주의자들이 오랫동안 잊고 지냈던 자기 정체성을 직면하게 하는 일종의 커밍아웃이다. 지난 50년간 발표된 핵심적 신앙 고백에 있어 복음주의자들이 어떤 공통의 기반 위에 서 있었는지를 보여 주는 이 포괄적 기획은, 다가오는 50년을 향해 전진해 나가기 위해서 반드시 짚고 넘어갈 주제들을 부각시키고 현재의 좌표를 점검하게 해준다. 복음주의를 알기 원하는 모든 이들이 구석구석 꼼꼼하게 새겨보아야 할 자료로 상당 기간 중요한 자리를 차지할 것이다.

양희송_ 청어람 ARMC 대표, 「다시, 프로테스탄트」 저자

우리 복음주의자들의 분열에 대해 개탄하는 것은 흔한 일이며, 또 그래야 마땅하다. 그러나 이 책은 다른 관점이 있다고 제안한다. 즉 복음주의자들이 함께 공유하는 신학적 핵심과 전 세계적인 일치를 위한 운동의 토대가 있음을 분명하게 보여 준다. 그들은 이것을 '새로운 에큐메니즘'이라고 부른다. 이 책은 16가지의 신학적 주제에 대한 명쾌한 해설을 제시하고 1950년 이래로 발표되어 널리 알려진 복음주의 선언문들의 핵심 주장을 발췌함으로써 그 운동의 실재를 제시한다. 우리의 관점을 재조정하고 용기를 가지도록 북돋워 준 제임스 패커와 토마스 오덴의 기여는 광범위한 인정을 받을 것임에 틀림없다.

존 스토트 _ 「그리스도의 십자가」 저자

신학적으로 편협한 관점을 가지고 있다는 비난을 받아 온 복음주의에 강력하고 역사적인 토대를 심어 주고, 기독교 신앙에 대해 교회 일치적으로 세밀하게 설명함으로써 21세기의 깊은 영적 목마름을 채워 줄 강력한 논지를 제공한다.

리처드 마우_ 전 풀러 신학교 총장, 「무례한 기독교」 저자

이 시대의 독자들에게 우리가 공유하는 한 가지 신앙, 우리가 믿는 한 분 하나님을 증거하는 역사적인 문헌이다. 복음주의적 연합과 기독교적 온전성에 전통성을 부여한다.

티모시 조지_ 샘포드 대학교 비손 신학교 학장

이 책을 펴낸 두 복음주의 신학자들은 각각 개혁주의와 웨슬리 전통을 대표하는 이로서, 이 시대의 교회에 특별한 가치를 더하는 문헌을 내놓았다. 분열의 시대에 연합의 토대가 되는 믿음의 실재를 여러 선언문들을 통해 제시해 준다.

밀라드 J. 에릭슨 _ 트루엣 신학교 교수, 「복음주의 조직신학」 저자

복음주의 신앙 선언

IVP(InterVarsity Press)는
캠퍼스와 세상 속의 하나님 나라 운동을 지향하는
IVF(InterVarsity Christian Fellowship)의 출판부로서
생각하는 그리스도인을 위한 문서 운동을 실천합니다.

Originally published by InterVarsity Press
as *One Faith: The Evangelical Consensus* by J. I. Packer and Thomas C. Oden.
ⓒ 2004 by J. I. Packer and Thomas C. Oden.
Translated and printed by permission of InterVarsity Press,
P.O. Box 1400, Downers Grove, IL 60515, USA

All rights reserved.

Korean Edition ⓒ 2014 by Korea InterVarsity Press
156-10 Donggyo-Ro, Mapo-Gu, Seoul 121-838 Korea.

복음주의 신앙 선언

하나님 나라 운동을 위한 복음주의 핵심 교리

제임스 패커·토마스 오덴 | 정모세 옮김

차례

주제별 개요　8

서론　15

제1장　좋은 소식: 복음의 핵심　49
제2장　성서: 성경의 권위　55
제3장　유일하신 참 하나님: 성부, 성자, 성령　83
제4장　하나님의 다스림 아래 있는 인간의 삶:
　　　　죄로 타락한 창조 세계　89
제5장　예수 그리스도: 위격과 사역 – 요약　103
제6장　그리스도의 십자가와 화해 사역: 우리 죄를 위한 대속　111
제7장　높임받으신 주: 부활, 승천, 보좌에 앉으심　115
제8장　은혜로 말미암은, 믿음을 통한 칭의: 사면　119
제9장　구원의 의미: 하나님이 죄인을 구원하신다　127
제10장　성령을 보내심: 그리스도와 신자의 연합　135
제11장　거룩한 삶: 거룩하게 하는 은혜　145
제12장　복음의 진리 가운데 하나됨: 모든 신자의 하나됨　163

제13장 교회: 하나님의 백성　　173

제14장 종교 다원주의와 그리스도의 유일성:

　　　　오직 그리스도 안에 있는 구원　　193

제15장 그리스도인의 사회적 책임: 말과 행위의 통합　　217

제16장 종말: 마지막 날에 될 일　　227

결론　　235

부록 A_ 로잔 언약, 1974년　　259

부록 B_ 예수 그리스도의 복음: 복음주의 축전, 1999년　　271

부록 C_ 암스테르담 선언, 2000: 21세기 복음 전도를 위한 헌장　　285

참고 도서 및 인용 허가　　301

찾아보기　　313

주제별 개요

서론

제1장 좋은 소식: 복음의 핵심
1. 복음
2. 구원을 주시는 하나님의 능력
3. 좋은 소식의 전파

제2장 성서: 성경의 권위
1. 말씀의 능력
2. 모든 문화를 향한 성경
3. 정경
4. 저자
5. 성령과 말씀
6. 계시의 충분성
7. 성경의 영감
8. 역사 속의 계시
9. 성경적 권위의 범위
10. 말씀의 신뢰성
11. 말씀의 수호
12. 진리의 말씀을 옳게 분별함
13. 권위의 단일한 원천
14. 성경의 가르침에 대한 요약으로서 신조와 신앙 고백

제3장 유일하신 참 하나님: 성부, 성자, 성령
1. 한 분 하나님
2. 하나님의 속성
3. 삼위일체 하나님의 단일성
4. 창조주 하나님
5. 섭리

제4장 하나님의 다스림 아래 있는 인간의 삶: 죄로 타락한 창조 세계
1. 하나님의 형상인 남자와 여자
2. 타락
3. 타락한 인간의 상태
4. 죄
5. 죄의 대가
6. 결혼, 가족, 삶의 가치

제5장 예수 그리스도: 위격과 사역 – 요약
1. 위격
2. 신성
3. 신성과 인성의 통일
4. 인성
5. 순종

제6장 그리스도의 십자가와 화해 사역: 우리 죄를 위한 대속
1. 그리스도의 죽음으로 말미암은 속죄
2. 그리스도의 죽음에 참여함

제7장 높임받으신 주: 부활, 승천, 보좌에 앉으심
1. 부활
2. 승천과 보좌에 앉으심
3. 중보

제8장 은혜로 말미암은, 믿음을 통한 칭의: 사면
1. 은혜로 말미암은 칭의
2. 오직 믿음으로
3. 회개
4. 죄의 속박에서 풀려남
5. 중생
6. 하나님의 가족으로 입양됨

제9장 구원의 의미: 하나님이 죄인을 구원하신다
1. 과거, 현재, 미래의 구원
2. 구원하는 은혜
3. 그리스도의 구원 사역의 우주적 의미
4. 중재자

제10장 성령을 보내심: 그리스도와 신자의 연합
1. 성령 하나님의 위격
2. 성령 하나님의 사역
3. 성령의 내주
4. 성령 안의 삶
5. 성령의 증거
6. 확신

제11장 거룩한 삶: 거룩하게 하는 은혜
1. 거룩하게 하는 은혜
2. 그리스도인의 자유
3. 거룩한 생활
4. 신앙과 삶의 온전성
5. 성령의 은사
6. 표적과 기사
7. 영적 전쟁에서 인내함
8. 대적을 이김
9. 기도와 영적 훈련

제12장 복음의 진리 가운데 하나됨: 모든 신자의 하나됨
1. 진리와 하나됨
2. 복음 안에서 그리스도인의 하나됨
3. 그리스도 안의 하나됨을 증거함

제13장 교회: 하나님의 백성
1. 교회의 표지
2. 신자의 하나됨
3. 그리스도의 몸
4. 그리스도와 교회
5. 가시적/비가시적 교회, 지역/세계 교회
6. 신자의 교제
7. 예배 공동체

8. 하나님의 명령을 준수함
9. 교회의 질서와 리더십
10. 종교의 자유
11. 박해받는 교회

제14장 종교 다원주의와 그리스도의 유일성: 오직 그리스도 안에 있는 구원
1. 교회의 세계 선교
2. 대위임령
3. 전 세계를 향한 총체적 복음
4. 현대 세계
5. 예수 그리스도의 유일성과 종교 다원주의
6. 유일한 구세주
7. 복음과 유대 민족
8. 유대인과 그리스도인의 관계
9. 반유대주의에 대한 회개
10. 그리스도인을 위한 유대인의 선물
11. 은혜와 율법
12. 미래의 성취

제15장 그리스도인의 사회적 책임: 말과 행위의 통합
1. 개인 구원과 사회 정의
2. 가난한 자를 돌봄
3. 인종적 정의
4. 창조 세계에 대한 청지기직

제16장 종말: 마지막 날에 될 일

1. 복스러운 소망
2. 그리스도가 오실 때까지 그분을 선포함
3. 부활과 최후 심판
4. 영생
5. 잃어버린 자
6. 최후 승리
7. 송영

결론
복음주의의 모습
복음주의적 합의
복음주의의 소생

서론

이 책은 1950년부터 오늘날까지 작성된 복음주의 신앙 선언문들에서 발췌한 문장들을 모은 것이다. 우리는 이러한 본문들을 주제별 순서에 따라 선택하고 배열하였다. 대부분의 복음주의 단체나 기관들이 적어도 하나씩은 선언문을 내놓은 덕분에 우리는 많은 문헌을 접할 수 있었다. 넓은 의미에서 이러한 문헌들에는 모두 특별한 의도가 있다. 이 문헌들은 그것을 내놓은 단체의 신념을 분명하게 **선언하고**, 어느 정도 일탈을 **방지하고**, 작성자들의 목적과 강조점들을 **짚어 주는** 역할을 한다. 이 문헌들은 작성자들이 공유하는 성경 해석, 복음에 대한 이해, 교회와 교회의 사명에 대한 견해를 구체적으로 보여 준다. 세부 사항에서 서로 다른 점이 있더라도, 그러한 차이는 전체적인 일치의 틀 안에 있다. 각각의 문헌들은 그것이 대변하고 있는 지지자들에게서 나온 것으로 바로 그 지지자들을 위한 합의 선언문이다. 우리가 드러내고자 하듯이, 이 문헌들 각각은 그 지지자들이 지닌 특유의 유사성을 증거해 주며, 특히 복음주의자들이 중요하게 여기는 문제들에 대해 의견이 수렴되는 지점을 보여 준다. 우리는 이 책의 독자들이 복음주의적 합의의 전반적인 범위와 내용, 특성을 발견하기를 바라는 마음으로 이 책을 엮었다.

'합의'란 무엇을 의미하는가?

'**합의**'라는 말의 뜻을 분명하게 하기 위해서, 우선 우리가 사용하는 자료들의 구성과 포괄성과 배열에 대해 언급하려고 한다.

첫째, **구성**. 우리가 인용한 선언문 중 어느 것도 한 개인이 홀로 작업한 결과물이 아니며 모두 대화와 상호 작용의 과정을 통해 나왔다. 그 하나하나는 실제적으로나 잠재적으로 그릇된 믿음, 혹은 적어도 그릇된 이해에 당면하여, 복음주의 그리스도인들이 자신이 믿고 있는 바의 본질과 핵심을 확정하고자 함께 애쓴 노력의 산물이다. 이 선언문들은 작성자들의 두 가지 목적을 일관되게 보여 준다. 하나는 신실한 그리스도인들이 항상 믿어 온 것을 공언하는 것이고, 다른 하나는 자신이 속한 공동체가 힘써 실천하고 있는 사역의 기초가 무엇인지 보여 주는 것이다. 이 선언문들은 하나님 백성의 진정한 신앙이 무엇인지에 대해 작성자들 개인뿐 아니라 공동체의 합의를 표현한 것이기 때문에, 개인적으로도 공동체적으로도 의의가 있다.

둘째, **포괄성**. 우리가 여기에 실은 선언문 대다수는 이미 수많은 복음주의자들의 분명한 동의를 얻은 것이다. 이러한 동의는 이 선언문들에 더 깊은 의미에서 합의라는 성격을 부여한다. 이러한 차원의 합의는 각 개인이 자신에게 제시된 것에 대해 자발적으로 자유롭게 동의한 실제적인 것이 된다. 이 경우, 이전에 논란의 대상이 되었거나 혼동되었던 점에 관해 실제적인 합치가 이루어진 것이다. 동의는 의견, 정서, 의도가 조화를 이룬 것이다. 동의한다(consent)는 것은 다른 신자들과 **함께**(라틴어 접두어 *con-*) **생각하고 느낀다**(라틴어 *sentire*)는 것이며, 그 점에 근거하여 함께 나아간다는 것이다. 실제적인 협력을 거절하거나 반대하는 가운데 수락하는 것은 거부이지 결코 동의의 표현이 아니다. 오늘날 복음주의자들의 국가적·대륙적·세계적 연대의 근원과 중심에는 이 선언문들이 성경적 기독교 신앙의 본질로 명료하게 제시하는 것에 대한 합의가 있다. 과거의 신조와 신앙 고백의 뒷받침을 받고 있는 이 선언문들은 진심 어린 환영과 포용과 동의를 받았으며, 이 선언문들을 내놓은 단체들도 인정과 신뢰와 지지를 받아 왔다. 그러므로 복음주의자들 사이의 초국가적·초교파적·초문화적 신앙의 일치는 실제로 증명할 수 있는 세계적인 사실이 되었다.

 복음주의자에 대해 널리 퍼져 있는 인상은, 복음주의자는 자신들끼리도 화합하지 못할 뿐 아니라 복음주의 외의 나머지 교회와도 결코 화합할 수 없을 것 같은 부류라는 것이다. 복음주의자는 유별난 개인주의, 다툼과 분열, 마찰과 분리로 유명한(사실은 악명 높은) 자들이라는 것이다. 그러나 실제로 오늘날 전 세계의 복음주의자들은 기본적인 모든 점에서 일치하고 있으며, 그들의 합의는 우리가 인용하는 문헌 중 일부를 포용한다는 점에 크게 기인한다(우리는 여전히 격렬한 논의 가운데 있어서 복음주의자들의 동의를 얻기 어려운 구절은 제외하고자 노력했다).

대서양 양편의 두 대륙에서 기성 질서에 대한 반대야말로 빈번하게 복음주의 신앙이 움터 나왔던 모판이었다는 점과 앞으로도 그러하리라는 점은 부인하기 어렵다. 그러나 복음주의의 목적은 언제나 신약 성경이 묘사하는 사도적 기독교로 돌아가는 것이었으며 지금도 여전히 그러하다. 복음주의자들은 이 중요한 목적을 늘 염두에 두어야 한다. 우리가 인용한 선언문이, 하나님의 백성은 더욱 충실하게 사도적 확신과 진리로 돌아가 삶을 변혁하고 세계를 변화시키는 결실을 향해 나아간다는 믿음을 반영하지 않았다면, 우리는 그것을 채택하지 않았을 것이다. 우리가 분명하게 밝히고자 하는 합의의 핵심에는 이러한 믿음이 있다.

이 책에는 현대 복음주의 역사의 서로 연관되지만 구분되는 두 가지 흐름에서 나온 본문들이 담겨 있다. 아르미니우스파, 웨슬리파, 성결교, 은사주의, 오순절 계통의 흐름과 이 흐름에 비해 어떤 점에서 다른 음조와 강세를 지니고 있는 종교개혁의 칼뱅주의, 루터파, 침례파 흐름이 그 두 가지다. 후자에 속한 집단이 신앙 고백 형태의 문서를 훨씬 더 많이 남겼지만, 전자에 속한 집단도 그러한 문서를 충분히 남겼다. 우리의 목적은 어느 하나를 다른 하나보다 더 강조하려는 것이 아니라 현시대의 전 세계적인 복음주의 가르침에 반영되어 있는 두 가지 흐름을 다 살펴보는 것이며, 차이점보다는 수렴되는 점이 드러나는 표현과 요점들을 강조하는 것이다.

셋째, **배열**. 이 책을 쓰면서 우리가 목표로 삼고 있는 것은 단지 정보를 제공하는 것이 아니다. 그것을 넘어서, 우리의 목표는 신앙적이고 교리 문답적이며 조직적이고 윤리적이다. 한마디로 말해, 이 책의 목적은 **신앙을 함양하는 것**이다. 즉 독자가 기독교 진리를 더 깊이 이해하고, 그 진리에 기반하여 하나님과 더 풍성한 교제를 누리며, 그 진리가 요구하는 것을 날마다 살아가면서 더 신실하게 순종하도록 돕는 것이 이 책의 목적이다. 그래서 우리는 이 본문들의 순서를 복음주의의 신학적 합의의 실제와 정합성이 강조되도록 제시하였다. 그리고 점차 더 분명하게 나타나는 일치에 이르는 합의 지점들을 독자들이 가능한 한 쉽게 볼 수 있게 하였다. 여기서 우리의 행복한 과제는 본문들 자체에 암묵적으로든 명백하게든 나타나고 있는 유사성과 조화와 일치된 전망, 곧 복음주의자들이 공유하는 바를 보여 주는 것이다. 우리는 불일치로 뒤덮여 있는 부차적인 문제들에 대해서는 논하지 않고자 한다. 교회 정치의 차이, 세례의 방법과 주체, 방언, 천년기 이론, 신학적 인식론, 특정한 성경 주해와 같은 것이 그러한 것들이다. 바라기는, 독자들이 그러한 차이를 탐구하고 추적하는 데 너무 집중한 나머지 우리가 지금 하고 있는 일의 초점을 놓치지 않았으면 한다. 이 책은 복음주의자들이 근본적인 점에서 합의를 이루게 하신 하나님의 사역을 경축하는 것이며, 이야말로 우리가 애써 모든 주의를 기울이고자 하는 바다.

그림 전체를 한 번에 파악할 수 있는가?

우리의 주장은 파악 가능한 응집력 있는 그림이 있다는 것이다. 즉 신학, 예전, 찬송의 형태로 혹은 회개, 신뢰, 감사, 소망, 거룩함, 사랑, 성령의 중재에 의한 성부와 그 아들 예수 그리스도와의 교제를 통한 삶의 형태로 지면(紙面)에 표현된 것으로서, 역사적으로 기독교의 신앙 생활이 광범위하게 근거하고 있는 고결한 실재를 나타내는 포괄적이고 기본적인 그림이 있다. 앞에서 나열한 종류의 부차적인 문제들로 다른 복음주의자들과 치열한 논쟁을 벌이는 데 습관적으로 몰두하는 복음주의자들이나 복음주의 바깥에서 복음주의 기독교를 관찰하는 사람들은 이러한 그림 전체를 파악하기 어려울 수 있다. 우리는 그런 사람들에게 이 책을 읽어 가는 동안 그림 전체를 파악하려고 노력해 주기를 정중하게 요청한다. 그리고 이제 과연 어떤 종류의 노력이 필요한지를 보여 줄 유비 하나를 제공하고자 한다.

테세라(tessera)는 하나의 이미지를 형성하기 위해 사용하는 채색된 작은 돌이다. 그것은 교회 벽을 장식하는 성화나 로마의 포장 도로 위에 그림을 그리는 데 사용되었다. 각각의 조각은 그저 물감을 입힌 단단한 돌이나 아름답고 견고한 광석으로 된 입방체일 뿐이다. 마치 오늘날 화가들이 사용하는 팔레트 위의 그림물감처럼, 다양한 색을 입힌 모자이크 조각들이 사용되었다. 예술가가 그 조각들을 사용할 때 그 작은 조각 하나하나가 놀라울 정도로 아름다울 수도 있겠지만, 사실 그 자체는 별로 중요하지 않다. 중요한 것은 전체의 아름다움 속에서 그 조각이 어떤 부분을 담당하는가다. 마찬가지로 우리가 인용하는 개별 문장이나 단락이 아주 인상적일지라도, 그것 자체를 보기보다는 전달되고 있는 복음에 대한 다음과 같은 전체적인 이해와 경험의 일부분으로 그것을 보아야 한다. 주 예수 그리스도의 성육신하신 생애를 통해 우리와 함께하신 하나님, 속죄의 죽음, 육체의 부활, 현재의 통치와 미래의 재림, 그리스도와 성령을 통해 지금 그리고 영원히 믿음과 사랑 가운데 하나님과 함께하는 우리!

자신이 속한 그림에서 떨어져 나와서는 독자적이거나 의미 있는 정체성을 가질 수 없는 테세라 조각처럼, 그리고 자신이 포함된 그림에서 분리된 채로는 아무런 의미를 지니지 못하는 물감의 한 획처럼, 우리가 인용한 본문은 더 큰 그림에 속해 있다. 그 본문에 덧붙일 수 있는 특별한 개인적인 이름이나 유별난 특징은 없다. 우리는 그것들을 하나님이 성경에, 즉 하나님과 우리에 대한 온전한 진리 가운데 알려 주신 것 – 하나님이 세상을 향해 말씀하신 것! – 을 확고히 하고 질서 있게 정리하기 위해 협력하고 수고한 결실의 한 부분으로 읽어야 한다.

그러나 전체 그림을 찾으려 한다 할지라도, 당신에게 그것을 볼 능력이 있는가? 진리가 그렇듯이 하나님의 진리를 이해하는 데 있어서 합의에 도달하는 것은 쉽게 분별할 수 있는 일은 아니다. 성경은 단순하게 진리를 제시하지만, 우리의 타락하고 죄 된 마음이 교만하고 사악하며 별로 가치 없는 일에 열중한다는 것이 문제다. 이러한 것들은 하나님에 대한 우리의 판단력을 흐리는 강력한 특성으로, 우리가 하나님에 관한 것들을 알지 못할 때나 그 실체를 부인하려고 준비하고 있을 때만큼이나 강력한 영향을 미친다. 바울은 언제나 배우기는 하지만 진리를 깨닫는 데는 전혀 이르지 못하는 사람들에 대해 말한다(딤후 3:7). 이것이 오늘날 많은 사람이 처한 상황이다. 성경적으로 계시되고 하나님의 진리로서 충실하게 재현된-경이롭고 아름답고 은혜로우며 위엄 있는-복음주의적 합의를 인식하는 것은 하나님의 선물이며, 우리 마음의 눈이 열리는 것이고, 교만과 위선을 폐기하는 것이다. 이것은 영광송과 조명, 솔직한 고백과 시인이 일어나는 것이다. 무엇을 고백하는가? 복음주의적 합의가 증언하는 복음의 진리를 고백한다. 무엇을 시인하는가? 살아 계신 주 예수 그리스도를 통한 또 그분 안에 있는 하나님의 은혜를 시인한다. 깨달음은 어디에서 오는가? 마주한 하나님의 계시를 이해하려 하거나 성경의 의미에 관하여 질문할 때면 언제나 반드시 도움을 구해야 하는 성령으로부터 온다.

복음주의적 합의는 모든 점에 있어서, 어떻게 성경에 있는 모든 것이 죄인들을 향한 은혜에 관한 그리스도 중심적인 단일한 메시지로-마치 모자이크 조각이 장엄한 작품 속에서 함께 들어맞는 것처럼-함께 들어맞는지를 하나님이 주신 능력으로 식별하는 틀이었으며, 이 점은 현재도 마찬가지다. 성경과 성경의 그리스도에 대한 이러한 식별력은 모든 복음주의자들이 공유하는 것이며(그러나 복음주의자들만 그것을 지닌 것은 아니다), 복음주의적 합의 안에 있는 모든 요소는 그 일부다. 이런 식별력의 여명이 비추기 시작하는 것, 즉 우리가 주시해 왔지만 지금까지 이해하지 못했던 실재에 대해 '아하!'라고 외치며 갑자기 깨닫게 되는 것은 하나님이 주신 선물에서 기인한다. 심리학자들은 이것을 형상 인식(pattern acknowledgment)이라고 부를 것이다. 그러나 그리스도인들은 이것을 지성과 마음의 눈을 열어 주는 특별한 역할을 하는 성령의 가르침이라고 즐거이 공포할 것이다. C. S. 루이스(Lewis)는 형의 오토바이 사이드카에 올라타고 윕스네이드 동물원으로 출발할 때만 해도 예수 그리스도가 하나님의 아들이라는 것을 믿지 않았지만, 동물원에 도착했을 때는 그것을 믿고 있는 자신을 발견했다고 말했다. 이처럼 우리 또한 복음주의적 합의에 속한 모자이크 조각을 검사해 봄으로써 선언 하나하나가 표현하려 하는 아름답고 온전한 하나님의 진리에 대한 식별력을 공유하고 있음을 발견하게 될 것이다. 이것이 우리가 이 책을 통해 이루기를 바라는 합의 인식이다.

우리가 이런 인식을 가질 때, 그것을 인증할 전문가는 필요하지 않을 것이다. 우리는 이미―성경이 성령의 내적 증거라 부르는―내적인 인증을 지닐 것이기 때문이다. 좀더 정확히 말하면, 그것은 공교회적인 기독교 신앙의 든든한 일치를 뒷받침하는 부인하거나 반박할 수 없는 인식을 갖는 것이다. 나아가 우리가 인식하는 것을 더 깊이 분석해 본다면, 그것의 역사적이고 지적이고 형이상학적이고 도덕적인 정합성과 권위를 좀더 자세히 입증하고 확정할 수 있을 것이다. 그러나 우리는 이미 확실성을 획득했으므로 지금 그러한 분석을 기다리거나 의존할 필요가 없다. 우리는 우리가 보아 온 것을 알며, 어느 누구도 그것을 우리에게서 빼앗을 수 없기 때문이다.

기독교 신앙을 묘사하면서 사용하는 **공교회적**이라는 단어는 '전체 (헬라어, *bolos*)에 따라'라는 의미를 지니고 있다. 교회나 교회에 속한 한 부분에 대해서 이 용어를 적용하는 것이 적절한 성경적 근거는 하나님의 진리에 대한 성경의 계시 전체가 교회 내에 완전히 신실하게 간직되어 있다는 점이다. 오늘날 복음주의자들은 다시 한 번 이것을 명백히 밝히고 있으며, 이는 참으로 기쁜 일이다. 성령의 증거는 공교회적 신앙에 없어서는 안 될 요소이며, 전체 성경 메시지는 공교회적 정체성과 그리스도인의 공교회적인 참된 통전적 삶에 기초가 되기 때문이다.

화가의 전체적인 배치 속에서 계획된 최종 결과물에 부분이 기여하는 바에 따라 그림을 이해하면, '전체에 따라' 그림을 파악하고 구도를 식별하게 된다. 만일 성경의 가르침에 속한 어떤 요소들을 간과한다면, 공교회성을 지니고 있다고 주장하는 어떠한 기관도 결함이 있는 공교회성을 지니게 될 뿐이다. 그러므로 성경을 교부 전통의 관점에서 이해하는 동방 정교회 전통에 속한 사람들은 자신들이 전체 중에서 중요한 부분이라고 여기는 것, 곧 성찬의 신비나 사도적 계승 같은 것을 복음주의자들이 망각하고 있다고 지적할 것이다. 동시에 복음주의자들은 정교회의 실천이 예수님에 대한 친밀한 인격적 신뢰나 대위임령에 대한 강조와 같이 핵심적 요소들을 간과하고 있다고 지적할 것이다. 마찬가지로 복음주의자들은 개신교 자유주의자들이 믿음과 행위에 대한 성경의 가르침을 도매금으로 넘겨 버린다고 비난할 것이다. 복음주의적 합의는 공교회성이란 하나님과 경건에 대한 성경의 전체 그림 — 아직 세부 작업이 좀더 필요한 것처럼 보이더라도, 본질상 훌륭하며 통일성 있고 아름다운 그림 — 을 직관적·통전적·공관적·유기적으로 파악하는 것이라고 담대히 주장한다. 그리고 누구든지 성경을 진지하게 마주하고 겸손하게 하나님의 조명을 구한다면 수많은 그리스도인이 시초부터 볼 수 있도록 특권으로 주어졌던 것, 즉 신적인 영광의 충만함 가운데 있는 이 위대한 그림을 바르게 볼 수 있으리라는 것이 복음주의적 확신이다.

'복음주의적'이란 무엇을 의미하는가?

복음주의 그리스도인은 성경을 각 개인에게 지금 여기서 인격적으로 말씀하시는 하나님의 말씀으로 읽으며 세상의 유일한 주님과 구세주로서 예수 그리스도를 인격적으로 신뢰하고 사랑하는 삶을 사는 사람들이라고 정의할 수 있다. 복음주의 그리스도인은 자신을 은혜로 말미암아 믿음을 통해 하나님의 영광을 위해 구원받은 죄인으로 여기는 사람이다. 또한 하나님께 충성스러운 순종을 실천하는 자이며, 기도를 통해 감사와 소망 속에서 삼위일체 하나님과 적극적으로 교제하고, 대위임령에 따라 제자를 만드는 일에 활기차게 헌신함으로써 이웃을 적극적으로 사랑하는 자다.

여러 사람들이 자신의 관심에 따라 여러 가지 방식으로 복음주의자들을 소개하고 있다. 역사가들은 복음주의자들이 다음과 같은 점들을 강조하는 사람이라고 분류한다. (1) 하나님의 말씀인 성서, (2) 구원을 얻는 곳인 십자가, (3) 보편적 필요인 회심, (4) 보편적 과제인 선교 사역. 신학자들은 복음주의를 니케아 공의회와 카파도키아 교부들, 아우구스티누스의 표준적 삼위일체론, 칼케돈 공의회의 표준적 기독론, 종교개혁의 표준적 구원론과 교회론, 청교도와 에드워즈(Edwards)의 표준적 성령론, 캐리(Carey)와 벤(Venn)과 허드슨 테일러(Hudson Taylor)의 표준적 선교론이 한데 모인 것으로 분석한다.

복음주의는 스스로를 다양하게 설명한다. 그 한 예로 풀러 신학교가 1983년에 내놓은 1972년 "신앙 선언문"에 대한 해설("우리가 믿고 가르치는 것")을 들 수 있다. 이것은 합의를 추구하려는 시도로, 성경적 신앙의 핵심에 초점을 맞추었던 이전의 두 역사적 시도와 연결하여 **복음주의**를 정의하려 한 것이다.

복음주의 대각성이 일어난 지 얼마 되지 않아서, 토마스 찰머스(Thomas Chalmers)가 이끄는 복음주의 연맹(Evangelical Alliance)은 1846년에 그 단체의 신앙을 아홉 개의 확언을 통해 선언하였다. 1) 성경의 영감, 2) 성경 해석에서 개인적 판단의 권리와 의무, 3) 삼위일체, 4) 인간의 타락, 5) 신적인 그리스도의 중재, 6) 믿음을 통한 칭의, 7) 성령에 의한 회심과 성화, 8) 그리스도의 재림과 심판, 9) 말씀의 사역. 그 후 1910년에, 교회를 위협하던 자유주의와 복음주의를 구분하기 위한 다섯 가지 근본 요소를 선언했다. 1) 그리스도의 기적, 2) 그리스도의 동정녀 탄생, 3) 만족 속죄설, 4) 성경의 문자적 영감, 5) 그리스도의 육체적 부활. 풀러 신앙 선언문은 이러한 복음주의적 모범을 따라 우리가 우리 사역에 "본질적인 것으로 주장하는" 열 가지 중심적인 확언을 포함시켰다. 1) 하나님의 존재, 완전하심, 삼위일체적 본성, 2) 창조 세계와 역사 안에 그리고 예수 그리스도 안에 있는 하나님의 계시, 3) 성경의 영감과 권위, 4) 하나님에 의한 세상과 인간의 창조 그리고 인간의 반역과 그에 따른 타락, 5) 예수 그리스도의 신성, 동정녀 탄생, 참된 인성, 대속적 죽음, 육체적 부활, 하늘로의 승천을 포함한 그리스도의 위격과 사역, 6) 중생과 칭의를 위한 성령의 역사, 7) 하나님을 아는 지식을 통한, 그리고 순종을 통한 성장, 8) 성령의 창조물로서의 교회, 9) 교회의 예배, 선교, 봉사, 10) 죽은 자를 부활시키고, 세상을 심판하는 그리스도의 재림.

우리는 풀러 선언문과 나란히, 2000년에 미국 IVF(InterVarsity Christian Fellowship)가 채택한 교리적 기초 개정안을 배치함으로써, 복음주의 신앙 고백에 어떤 유형이 있다는 것을 확정하고자 한다.

우리는 이러한 것을 믿는다.

사랑과 영광이 충만한,

영원히 세 위격 – 성부, 성자, 성령 – 으로 존재하시는,

만유의 전능한 창조주이자, 한 분이신 참 하나님을 믿는다.

성서의 독특한 신적 영감,

전체적인 신뢰성, 권위를 믿는다.

모든 사람의 가치와 존엄성을 믿는다.

모든 사람은 사랑과 거룩함 가운데 살도록 하나님의 형상을 따라 창조되었다.

그러나 우리의 죄와 죄책으로 인해 하나님과 서로에게서 소외되었고 하나님의 진노를 받기에 합당하다.

완전한 모범으로 사셨고,

우리의 자리에서 죽으심으로써 죄인에게 마땅한 심판을 자기의 것으로 취하셨으며,

죽은 자 가운데서 육체적으로 살아나사 구세주와 주님으로서 승천하신 완전히 인간이고 완전히 하나님이신 예수 그리스도를 믿는다.

회개하고, 구원을 위해서 오직 예수 그리스도를 신앙하는 모든 이에게 주신 하나님의 은혜를 통한 칭의를 믿는다.

모든 신자에게 순종적 섬김에 대한 새 생명과 새 소명을 주시는
성령의 내주하는 임재와 변화시키는 능력을 믿는다.

세계 모든 곳에서 제자를 만드는
예배하고 증거하는 교회 가운데 명백히 드러나는
예수 그리스도를 믿는 모든 신자의 하나됨을 믿는다.

회개하지 않는 자를 영원한 형벌에 넘기시고
구속받은 자를 영원한 생명으로 영접하사
정의와 자비로 모든 사람을 심판하실
예수 그리스도의 승리의 통치와 종말의 인격적 재림을 믿는다.

이 두 선언문에 어떤 내용을 포함할지를 결정한 원리는 "본질적인 것으로 주장하는"이라는 구절을 통해 분명하게 알 수 있다. 복음주의는 시간의 경과 속에서 기독교가 겪은 여러 변화의 순간들을 지나면서도 여전히 중심적인 것으로 남은 필수적인 진리의 핵심을 식별한다. 이 핵심은 분명히 역사적으로 개신교-복음주의가 가르쳐 온 내용이며, 이것이야말로 이 책을 하나로 엮는 데 사용된 합의의 틀이자 접착제다. 이것은 오늘날 복음주의 운동이라고 부를 뿐 아니라 복음주의 교회라고도 부르는 것의 중심에 있는 교리적 토대다. 한때 선교 단체 운동은 스스로를 교파 외부에서 교회를 돕는 교회 병행 단체라고 여

겼다. 그러나 교파의 중요성이 쇠퇴하고 선교 단체의 복음주의가 좀더 큰 비중을 지니게 되면서, 복음주의가 초교파적이고 성경에 근거한 신앙 고백적 일치를 – 인용한 선언문들이 실제로 그렇게 하고 있듯이 – 명백히 공포하는 것은 점점 더 적실하고 중요한 일이 되고 있다.

20세기 중반 이래로, 개신교 교파의 내부와 외부 모두에서 중요한 복음주의적 부활이 일어나고 있다. 복음주의적 지성의 갱신, 즉 새로운 학문 기관과 학회의 두드러진 활동을 통해서 성경 주해적·신학적·역사적·철학적 연구의 분야에서 신선한 지적 만개가 이루어진 것과 최고 수준의 학문적인 역량과 성실성을 지닌 저술들이 눈에 띄게 출간되는 것을 확인할 수 있다. 더욱이 은사주의 운동을 통해서 복음주의적 정신이라 칭할 수 있는 것의 갱신과 (음악, 예배, 목회적 돌봄, 선교의 영역에서) 섬김을 위한 영적 은사들의 보편적 성격이 재발견된 것, 그리고 성경적 설교가 회복된 것을 발견할 수 있다. 숫자가 모든 것을 말하는 것은 아니지만, 옛 교회들이 성장하고 있고, 새로운 교회들이 형성되고 있으며, 대형 교회가 대거 등장하고 있다. 복음주의자들에게 지성과 마음 모든 면에서 쇄신이 일어나고 있으며, 세상을 향해 사역하면서 함께 모이고 협력하는 것을 통해 복음주의자들의 하나됨이 계속 깊어지고 있다.

이러한 운동의 진척을 뒷받침하고 있는 교리적 합의라는 실상이야말로 우리가 이 책에서 보여 주고자 하는 것이다. 우리가 생각하기에는 지금이 이러한 작업을 시도하기에 적절한 때다. 복음주의자들이 초교파적인 환경 속에서 상호 협력 가운데 **사역의 일치**를 실천하면서 전 세계에서 행진했던 반세기가 지난 지금, 이러한 연대 활동이 결코 단순한 기회주의적 실용주의에서 나온 것이 아니라 **신앙과 교리의 일치**로 뒷받침되고 있음을 보여 주는 것은 바람직한 일이다.

복음주의적 합의를 보여 주는 본문을 어떤 방식으로 제시했는가?
우리는 인용문들을 배열할 때, 해석이 끼어들어 간섭하는 일이 최소화되게 했다. 수렴되는 합의점들은 그 본문들 자체에서 분명하게 드러날 것이다.

우리가 사용한 채택의 원칙은 양적인 측면과 질적인 측면을 둘 다 포함하고 있다. 양적 측면으로는 국제적인 복음주의의 증거를 광범위하게 대표하는 선언문을 찾으려 했고, 질적으로는 성경적으로나 신학적으로 탁월한 선언문을 찾으려 했다는 점에서 그러하다.

배열의 원칙은 초기 교회 세례 예식에 사용된 신앙 고백, 교부 시대의 공교회 신조, 그 이후의 종교개혁 신앙 고백과 교리 문답에 나타나 있는 통상적이고 친숙한 순서를 따랐다. 우리가 따르고 있는 삼위일체적 정렬(성부-창조, 성자-구속, 성령-변화)은 예루살렘의 키릴루스부터 다마스커스의 요한까지의 정통적인 가르침에서 사용된 조직 원리였다. 이것은 기본적으로 칼뱅과 존 피어슨(John Pearson)으로부터 W. B. 포프(Pope)와 찰스 핫지(Charles Hodge)에 이르기까지, 그리고 오늘날의 주요한 개신교 저술가, 신학자, 교육가들이 따르는 정렬 순서다. 이러한 배열로 인해, 이 책은 여러 가지 배경에서 이루어지는 기독교 교육을 위한 교재나 자료로 사용될 수 있을 것이다. 누구든지 기초적인 성경의 가르침에 대한 장황하지 않고 응집성 있는-교회에서 사용하기에 적절하도록 요약, 정리된-개설서를 찾는 사람은 이 책이 바로 그렇다는 점을 발견할 것이다.

역사적으로 검증된 순서로 주제를 정리하면 다음과 같다. 성경, 하나님, 인간, 예수 그리스도, 예수의 생애, 죽음, 부활, 재림, 은혜로 말미암은 믿음을 통한 칭의, 거룩한 삶, 교회, 종말. 우리는 도덕적 가르침보다는 교리적 기초에 좀더 초점을 맞추고 있다. 도덕적 가르침이 교리적 기초 전반에 걸쳐 암묵적으로 얽혀 있겠지만 말이다. 우리는 세계적인 복음주의 운동이나 전 지구적으로 의의를 지니는 복음주의 기관의 신앙 선언문, 혹은 복음주의 신자들의 초교파적인 합의를 포함하거나 표현하는 복음주의 신앙 고백을 제시하고자 한다. 우리의 목적은 초교파적인 복음주의적 합의를 보여 주는 것이기에, 복음주의적 성격이 분명할지라도 교파의 선언문은 대부분 포함시키지 않았다.

우리는 각 교리별 표제 아래 그 주제를 가장 충분하고 적절하게 요약한다고 생각하는 선언문 하나를 우선적으로 발췌하여 제시할 것이다. 그 다음 다른 인용문들이 이 발췌문을 더욱 상세하게 해설하며 부연할 것이다.

복음주의적 합의에는 교회 일치적 의의가 있는가?

이 책의 교회 일치적 의의를 논의할 때는 조심스럽게 발걸음을 내디뎌야 한다. 이 책이 교회 일치적 의의를 지니는지에 대한 우리의 답변은 '아니오'와 '예' 둘 다이며, 이에 대해서는 좀더 충분하고 자세한 설명이 필요하다.

우리의 인용문들이 발표된 기간인 지난 반세기 동안, **복음주의적**이란 용어와 **교회 일치적**(ecumenical)이라는 용어는 서로 상당히 다른, 어떤 점에서는 서로 경쟁적인 운동을 가리키는 것이었다. **교회 일치적**이라는 용어가 여러 복음주의자들의 귀에는 여전히 가장 거슬리는 소리로 들리는 반면에, 여러 교회 일치주의자들(ecumenicist, 우리는 아마도 그들을 이렇게 부를 수 있을 것이다)에게 **복음주의적**이라는 단어는 상궤를 벗어난 부류의 사람들을 비하할 때 사용하는 단어로 남아 있을 정도로 서로 달랐다. 사실, 교회 일치 운동은 19세기 중반(1846년)에 복음주의자와 복음 전도자, 선교사들 – 이들은 기독교의 대외 사역을 지원하고 강화하기 위하여 복음주의 연맹을 형성한 자들이었다 – 에 의해 태동하였으며, 시초부터 이러한 활동의 기초에는 교리적 단결이 있었다. 그러나 한 세기 후에, 개신교 자유주의자들은 부분적으로 정치화에, 부분적으로 세속화에, 부분적으로 근대적 영향에 굴복하는 것을 통해, 헌신을 재형성했으며 기독교의 선언들을 철저하게 재해석하였다. 1966년의 '교회와 사회에 관한 제네바 회의'(1966 Geneva Conference on Church and Society)가 열리기까지, 이러한 유산의 전수는 사실상

되돌릴 수 없는 것으로 인식되었다. 선교는 무엇보다도 사회 경제적인 노력이며 구원은 그 노력의 결과라고 선교를 재인식한 1973년의 '신앙과 직제에 관한 방콕 회의'(1973 Bangkok Conference on Faith and Order)는 그러한 판단을 확정했다. 그 사이에 세계 교회 협의회(World Council of Churches)를 지지하던 '주류' 개신교 단체들은 그들 자신의 더 광범위한 공동체 안에서 점점 더 주변부로 밀려났으며, 복음주의 세력은 성장했다. 이런 이중 흐름은 오늘날도 계속되고 있다.

2000년에 이르기까지, 전통적 기독교에 다시 기반을 두고 종교개혁 이전 전통과 종교개혁 전통, 그리고 종교개혁 이후의 전통으로부터 성경적으로 정통적인 것을 한데 모으는 '새로운 교회 일치주의'(New Ecumenism)라고 하는 것이 등장하였다. 이러한 모든 노력은 보수적인 기독교 지지자들 사이의—타협하거나 절충하지 않으며, 한계를 인식하는 가운데 이루어지는—더 긴밀한 통합과 협동이 어떤 식으로 가능할지를 보여 준다. 분명히 그러한 발전은 성경의 수위성, 삼위일체라는 진리, 그리스도의 독특성과 보편적 주장에 대한 성경적 관점, 전통적인 기독교 성 윤리, 전 세계에 교회를 세우는 복음 전도를 통한 대위임령의 성취에 대한 진지한 헌신 등에 근거해야 할 것이다. 이 모든 것은 복음주의적 합의에 있어 급진적 페미니즘, 소위 성 해방이라 불리는 것, 죽음의 문화와 반가족적 이데올로기, 국민을 과보호하려 드는 국가와 희생양 정치, 전반적인 도덕적 상대주의, 그리고 우리 시대의 서로 연관된 다른 일탈과 긴장 상태에 이르는 지점이다. 성경적인 기반을 지닌 기독교 연대라는 비전이 얼마나 효력 있는 것으로 입증될지는 오직 시간이 말해 줄 것이다.

그러므로 이 책의 내용은 옛(곧 '근대주의적인') 교회 일치주의의 신봉자들에게는 뭔가 부적절하고 방향을 잘못 잡은 것처럼 보이겠지만, 진정한 기독교적 연합을 회복하고 합의된 기독교적 행동을 추진하고자 하는 새로운(곧 '새롭게 발견된 역사적인') 교회 일치주의의 탐색을 진척시키는 데는 분명히 기여할 것이다.

복음주의 신학은 자주 다툼을 벌이고 분열을 낳으며 필요 이상으로 가혹한 논박을 벌임으로써 보기 흉한 모습을 보여 왔으며, 일반적으로 연합보다는 승리를 추구하도록 훈련받아 온 것이 사실이다. 그러나 우리가 이 책에서 인용하는 글들은 다른 정통적인 신자들에게 좀 더 가까이 다가서게 한다는 점에서 복음주의적 일치를 표현하고 진전시키는 합의적 선언들을 낳도록 하나님이 우리 시대에 역사하셨다는 것을 보여 준다.

주목할 만한 또 한 가지 사실은, 20세기 전반부에 복음주의자들은 그 외의 다른 사람들과 함께 – 보통 여러 다른 이유 때문이었지만 – 유대인에 대한 '대체주의적'(supersessionist) 견해를 취하고 있었다는 점이다. 이들은 하나님이 교회와 맺으신 새 언약이 이스라엘과의 이전 언약을 대체했으며, 유대인들은 이제 하나님의 계획 속에서 아무런 의미가 없다고 주장했다. 그러나 홀로코스트에 대한 사실이 알려진 후, 그 대응 방식이 나뉘었다. 자유주의자들은 기독교가 스스로 심각하게 치욕스런 일을 행했기 때문에 유대인들을 복음화하는 것은 더 이상 가능하지 않다고 보았으며, 하나님이 아브라함과 맺으신 언약은 어떤 식으로든 그리스도 없이 유대인을 구원한다고 결론 내렸다. 반면에 복음주의자들은 반셈족주의라는 낙인과 바울의 신학에 자극을 받아서 - 우리가 인용한 글들이 증명하듯이 - 이 시대와 모든 시대에서 근본적인 중요성을 지닌 과제로 유대인을 향한 사역을 새로이 인식하게 되었다.

복음주의 신앙 선언문을 작성한 사람들은 선언문의 형태보다는 그 안에 담긴 신뢰할 만한 교리적 내용에 좀더 관심을 두었다는 점은 분명하다. 그러나 우리는 살아 있는 표현으로 분명하고 간결하게 논증하는 것을 가치 있게 생각하는 편집자로서 이 책에서 인용하는 많은 문장들이 세련되며 설득력 있다고 생각한다. 어떤 것은 도전적이며, 또 어떤 것은 장엄하고 감동적이다. 이 문장들에는 성경적 가르침에 대해 열정적인 복음주의자들이 발산하는 활력이 있다. 복음주의자들이 자기만족에 빠져 있으며 자신을 비판하는 힘이 부족하다고 생각하는 자들은 이 문장들이 빈번하고 강력하게 인종차별주의와 잘못된 경건, 가난한 자들을 방치하는 것 등에 대해 회개하기를 신자들에게 요구한다는 점과 무례한 복음주의적 행태들을 매우 깊게 비판한다는 점에 주의를 기울여야 한다.

이 책은 어떤 실제적인 유용성이 있는가?

이 책의 유용성은 부분적으로 복음주의자들에게 그들이 받은 최근 유산에 대한 공통된 언어를 알려 준다는 점과 몇몇 공공연하고 불명예스러운 고정관념을 바로잡는 데 기여한다는 점에 있다. 예를 들어, 복음주의자들이 위선과 내향성과 편협함을 보여 주는 생활 방식을 지녔다고 비난받을 때, "마닐라 선언"(Manila Manifesto)을 인용하는 것은 적절한 일일 것이다.

그리스도가 소외된 사람들을 서로 화해시킨다는 우리의 메시지는 오직 우리가 서로 사랑하고 용서하며, 겸손하게 다른 사람을 섬기며, 자신의 공동체를 넘어 궁핍한 자를 긍휼히 여기고 대가를 치르며 섬기는 것으로 나타날 때에야 그들 속에서 역사할 것이다. 다른 사람들에게 자기를 부인하고 십자가를 지고 그리스도를 따르라고 요청하는 우리의 도전은, 우리 자신이 먼저 이기적인 야망, 부정직, 탐욕에 대해서 철저히 죽고 검소하게 자족하며 관대한 삶을 살 때에야 비로소 설득력이 있을 것이다.

복음주의자들은 항상 자신의 이상대로 사는 것은 아닐지라도, 분명 자신에 대해 높은 기준을 매우 확실하게 설정해 놓은 사람들이다.

복음주의자들은 분리주의자이며 그리스도 몸의 하나됨에 무관심하다는 소리를 들을 때, "예수 그리스도의 복음: 복음주의 축전"(The Gospel of Jesus Christ: An Evangelical Celebration)의 서언을 알려 주는 것이 적절할 것이다. 이것은 "모든 그리스도인은 사랑 가운데 하나 되고 진리 가운데 하나 되도록 부름받았다"라고 선언한다. 또는 복음주의자들이 분열과 분리를 좋아한다는 말이 들릴 때, "듀페이지 선언"(DuPage Declaration)을 언급할 수 있을 것이다.

우리는 그리스도인들이 부끄럽게도 서로 고립되고 분리되어 있다는 것을 애통해한다. 우리는 그러한 분열이 자기 백성의 하나됨을 원하시는 그리스도의 분명한 요구에 상반되는 것이며, 세상 속에서 교회가 증거하는 일을 훼방하는 것이라고 믿는다.

누군가 복음주의자들이 여성을 폄하한다고 비난할 때, 우리는 "마닐라 선언"의 다음과 같은 주장을 떠올려 볼 수 있을 것이다.

하나님은 남자와 여자를 모두 동일하게 하나님의 형상을 지닌 자로 창조하셨고, 그리스도 안에서 차별 없이 받아들이시며, 아들에게나 딸에게나 똑같이 모든 육체에 당신의 성령을 부어 주셨다. 그리고 또 성령이 은사를 남자에게 주셨을 뿐 아니라 여자에게도 주셨으므로, 남녀는 모두 자기 은사를 발휘할 기회를 가져야 한다.

몇몇 문제들이 해결되지 않은 채 남아 있긴 하지만, 이 주장은 틀에 박힌 인식에 대해 의문을 제기한다.

언론이 복음주의자들을-가난한 자들에 대해 부정적인 입장에 있는 것으로 스스로를 자리매김하는-고정 관념에 사로잡혀 있는 정치적 보수주의자들로 묘사할 때, 월드 비전(World Vision)이 대표적으로 명시한 다음과 같은 소망을 주목할 수 있을 것이다.

[예수 그리스도는] 우리의 개인적 삶과 공동체적 삶에서 중심[이어야 한다.] 우리는 예수님이 가난한 자, 고통당하는 자, 압제당하는 자, 소외된 자와 자신을 동일시하신 것처럼, 어린아이에게 특별한 관심을 가지신 것처럼, 하나님이 남자와 여자를 동등하게 존중하며 존엄성을 부여하신 것처럼, 불의한 행위와 제도에 대해 도전하신 것처럼, 우리가 가진 것을 서로 나누라고 부르신 것처럼, 차별과 조건 없이 모든 사람을 사랑하신 것처럼, 예수님을 믿는 신앙을 통해 얻는 새로운 생명을 주시려고 자신을 내주신 것처럼 그분을 따르려고 노력한다.

또는 구체적인 스캔들이 드러날 때, 사람들이 복음주의자들은 모두 사역 중에 일어나는 재무상의 부정부패에 대해 눈감고 넘어가는 경향이 있으며 소비자 윤리를 안일하게 받아들인다고 생각하는 경우, 우리는 "로잔 언약"(Lausanne Covenant)의 다음과 같은 선언을 인용할 수 있다.

십자가를 전하는 교회는 스스로 십자가의 흔적을 지녀야 한다. 교회가 만일 복음을 배반하거나, 하나님에 대한 살아 있는 믿음이 없거나, 혹은 사람들을 향한 순전한 사랑이 없거나, 사업 추진과 재정을 포함한 모든 일에 있어 철저한 정직성이 결여될 때, 교회는 오히려 복음 전도의 장애물이 되어 버린다. 교회는 하나의 기관이기보다 하나님 백성의 공동체이다. 따라서 어떤 특정한 문화적·사회적 또는 정치적 체제나 이데올로기와 동일시되어서는 안 된다.

앞에 제시한 것들은 비판자들이 내세우는 '복음주의의 장애'의 (전체 목록이 아니라) 몇몇 실례일 뿐이다. 복음주의와 관련된 어떤 것은 격렬하고 지속적인 풍자를 낳는다. 그러나 복음주의자들의 믿음은 더도 덜도 말고 성경의 가르침을 신실하게 드러내는 것이고, 비난하는 자들은 바로 그런 순수한 성경적 기독교를 비판하고 있다. 우리는 이 책이 그 점을 분명히 밝히는 데 기여하길 바란다.

그저 건드려 보거나 비꼬아 비판하는 것을 넘어서 과연 무엇이 복음주의자들에게 활력을 불어넣는지, 그리고 왜 복음주의자들이 급격히 성장하는지를 순수하게 알고 싶어 하는 사람들이 오늘날 존재한다. 세계의 인구 중 약 5억의 사람들이 어떤 형태로든 복음주의 신앙을 고백하는 것으로 추산된다. 세계적으로 대략 그리스도인 네 명 중 한 명은 복음주의자이며, 남반구에서는 지금도 거대하고 급격하게 복음주의자들의 수가 증가하고 있다.

어떤 근원에서 이러한 끈기와 활력이 솟아나는가? 우리는 편향된

고정 관념을 바꾸기 위해 대표적인 신앙 고백 선언문들을 제시함으로써 그 질문에 답하는 데 도움을 주고자 한다.

우리가 상정하는 독자는 누구인가?

우리가 대상으로 삼고 있는 당사자들은 누구인가? 목사, 학생, 학자, 교사, 언론 종사자, 사회학자, 언론인, 비복음주의적인 신앙으로 양육된 평신도 그리스도인, 기독교란 정말로 어떤 것인지에 대해 때때로 진지하게 고민하는 세속주의자들이다. 그리고 이 지점에서 우리가 바라는 바는, 불가지론자, 무슬림, 그리고 세계의 다른 종교를 신봉하는 사람들도 이 주제를 편견 없이 탐구하게 되는 것이다. 무엇보다 복음주의 일반 평신도들이 넓은 기반에 근거하고 설득력 있게 제시된 그들의 유산을 봄으로써 더 풍성해지고 격려를 얻을 것이다.

이 책은 애초에 복음주의 평신도들이 처음부터 끝까지 죽 읽을 수 있도록 고안되었지만, 복음주의 신앙의 핵심 문헌에 관한 참고 자료로도 활용할 수 있을 것이다. 이미 밝힌 대로 우리의 일차적인 청중은 복음주의 가르침의 지적 개연성과 성장 능력에 대해 인식하고 있지만 그것이 드러내는 일치성을 좀더 계획적이고 상세하게 설명하고 문자 그대로 표현된 것을 통해 이해하길 원하는 그리스도인 평신도 및 진지한 성경 독자들이다. 그러나 복음주의에 속하지 않은 많은 사람들도 무엇이 복음주의자들을 움직이게 하는가에 대해 진지한 관심을 가지고 있다. 이 책에서 그리고 이 책을 통하여, 우리는 복음주의자들이 자신의 신앙에 가장 핵심적이라고 생각하는 신념들을 검토해 보도록 비판자들과 탐구자들을 초청하고자 한다.

앞에서 밝혔듯이, 바라기는, 평신도 독자들뿐 아니라 다음과 같은 전문가들에게도 이 책이 유용하게 사용되면 좋겠다.

- 기초적인 기독교 교리(창조, 십자가, 은혜, 종말 등은 설교를 위한 풍성한 소재가 된다)에 관해 설교하거나 가르치는 목사 및 교회 지도자들
- 교회와 대학, 신학교에서 기독교의 기초 교리, 선교학, 복음 전도, 현대 교회 역사를 수강하는 학생들
- 복음주의의 가르침에 대한 정확한 소개를 접한 일이 없는 역사가, 신학자, 교회 일치주의자, 사회학자들
- 복음주의에 관한 표준적 참고 서적이 필요한 언론인, 사서, 교사들

자료들의 출처는 무엇인가?

신앙 고백 문헌들을 모은 이전의 저작들은 지리적으로나 교파적으로 편성된 교회 분류에 따라서 전래된 신조들을 제시했다. 필립 샤프(Philip Schaff)의 「기독교 세계의 신조들」(The Creeds of Christendom)은 로잔에서 1927년에 열린 '제1차 신앙과 직제에 관한 세계 회의'(the First World Conference on Faith and Order at Lausanne, 1927)에서 끝을 맺고 있으며, 마크 놀(Mark A. Noll)의 「종교개혁의 신앙 고백과 교리 문답」(Confessions and Catechisms of the Reformation)은 1571년의 영국 성공회의 39

개 조항으로, 존 리스(John Leith)의 「교회의 신조」(Creeds of the Churches)는 제3판인 1975년 '세계 교회 협의회 나이로비 대회'(the Assembly of the World Council of Churches at Nairobi, 1975)로 끝맺고 있다. 제임스 벤자민 그린(James Benjamin Green)의 「웨스트민스터 장로교 표준의 조화」(A Harmony of the Westminster Presbyterian Standards)는 개혁파 전통에서 나온 것들만을 포함하고 있으며, 토마스 오덴(Thomas C. Oden)의 「웨슬리안 전통의 교리적 표준」(Doctrinal Standards in the Wesleyan Tradition)도 비슷한 방식으로 내용을 한정하고 있다.

반면에, 이 책이 담고 있는 문헌은 거의 모두 초교파적인, 교회 병행 단체에 속하는, 여러 전통을 가로지르는 자료들에서 나온 것이다. 이 자료들은 그 문헌들을 교회의 신앙 고백과는 다른 범주 속에 놓는다. 이 자료를 만든 단체와 회합들은 지난 50년 동안 성장해 온 종교개혁기와 종교개혁 이후의 여러 교회 출신의 복음주의자들을 포함하며, 이러한 사실은 이 자료에 그것의 특징인 교회 일치적이고 결합력 있으며 성경에 근거하는 의무와 특성을 부여한다. 이것들은 모두 한결같이 실제적인 목적으로 복음 전도, 양육, 성숙 그리고 친교와 모임을 독려한다. 이것들은 모두 실제 사람들에게, 실제 사역에 대해, 그리고 그것을 위해 말하려는 의도에서 작성된 것이다. 이것들은 모두 어떤 식으로든 예수 그리스도의 복음이라는 계시된 진리를 선언하고 확정하며 뚜렷하게 하고 경축하는 데 집중하고 있다. 이와 관련하여 우리는 존 스토트(John Stott)가 편집한 책 「그리스도를 전하라」(Making Christ

Known)를 추천하고 싶다. 이 책은 1974년부터 1989년까지 로잔 운동 (Lausanne Movement)으로부터 발표된 "역사적 선교 문헌"을 모은 것이다. 이 편찬물은 교리보다는 선교에 좀더 초점을 맞추고 있으며, 통시적인 배열을 채택하고 있다. 반면에 우리의 모음집은 조직 신학적으로 배열되어 있으며, 교리적-신앙 고백적 초점을 꾸준하게 유지하고 있다.

이러한 자료들을 작성하는 데 촉매제 역할을 한 두드러진 사람은 바로 빌리 그레이엄(Billy Graham) 박사다. 그는 이 자료들의 형태를 고안하거나 본문의 초안을 잡은 적은 없지만, 가장 초기의 선구자적인 의의를 지닌 선언문들을 산출한 세계 복음화 운동의 자문 위원회 회합과 연결망 구축 회합을 주도하였다. 1966년 베를린의 '복음 전도에 관한 세계 대회'(Berlin Congress)를 뒤이어, 1974년에 로잔에서 '세계 복음화 국제 대회'(International Congress on World Evangelization)가 열렸다. 이 대회에서 150개 나라에서 온 대표들은 후대에 중요한 영향력을 끼친 "로잔 언약"을 승인하고 채택했다. "암스테르담 확언"(Amsterdam Affirmation)의 15개 조항은 1983년 4,000명 이상이 참석한 '순회 전도자 국제 회의'(the International Conference for Itinerant Evangelists)에서 개발되었으며, 1989년 '제2차 세계 복음화 국제 대회'의 참석자들은 "마닐라 선언"으로 "로잔 언약"을 구체화하였다. 이것이 최고조에 이르러, 2000년에 다시 암스테르담에는 200개 이상의 나라에서 온 약 1만 명 이상의 교회 지도자, 신학자, 선교 전략가가 함께 모였다. 그리고 "21세기 복음 전도를 위한 헌장"(a charter for evangelism in the 21st century)으로 "암스테르담 선언"(Amsterdam Declaration)을 세상에 공표하였다. "복음주의자들은 여러 교회, 언어, 문화에 속한 자들이지만, 우리는 공통적으로 예수 그리스도의 복음에 대하여, 교회의 선교에 대하여, 복음 전도를 향한 그리스도인의 헌신에 대하여 공유된 이해를 지니고 있다." 이러한 대회에서 작성된 본문들이 앞으로 많이 제시될 것이다.

영어권 전체에 걸쳐 광범위하게 인정받은 복음주의적 확신을 공표하는 핵심적인 합의 선언문은 1999년에 작성된 "예수 그리스도의 복음: 복음주의 축전"이다. 이것은 여기에 포함된 모든 문서들 중에 (제도권과 은사주의, 개혁파와 아르미니우스파, 침례파와 유아 세례파까지) 가장 광범위한 영역을 아우르는 복음주의 지도자들의 서명을 받았다. 초기 복음주의 선언문들은 복음화에 관해서만이 아니라 성경의 권위, 기독교 예배, 정치 윤리학, 사회적 책임, 환경 문제에 집중해 왔다. 그러나 복음화는 복음 자체에, 그리고 특히 믿음을 통한 칭의에 관한 세부 사항에 우선적으로 초점을 맞추기 위한 첫 번째 사항이었다.

이 책이 담고 있는 다른 신앙 선언문들은 세계 복음주의 연맹(World Evangelical Alliance), 미국 IVF, "크리스채너티 투데이"(Christianity Today), 월드 비전의 선언문이다. 또한 우리는 몇몇 국제적이고 초교파적인 신학교의 교리 기초를 인용했다. 여기에는 북미의 풀러, 트리니티, 고든콘웰, 애즈베리, 틴데일 같은 학교가 포함되었고, 국제적으로는 일본 성서 신학교, 중국 신학 대학원, 런던 바이블 칼리지, 프랑스의 복음주의 신학 대학이 포함되었다. 우리는 또한 시카고 성명(the Chicago Call), 오순절 학회(the Society for Pentecostal Studies), 아랍 세계 선교회(Arab World Ministries), 유대인을 향한 그리스도인의 증거(Christian Witness to the Jewish People), 그리고 주류 교회에서 일어난 복음의 온건화와 희석화에 대항하려는 특별한 필요에서 결성된 교회 갱신 연합(Association for Church Renewal)의 "듀페이지 선언"과 '성경의 무오성에 관한 국제 회의'(the International Council on Biblical Inerrancy)의 1978년 선언문에서 이 책의 내용을 발췌하였다.

우리의 문헌들 중 일부는 복음주의 가르침에 헌신한 단과 대학이나 대학교에서 가져온 것이다. 다음과 같이 자신의 입장을 밝히는 선언문은 전형적인 예다.

휘튼 칼리지의 교리 선언문은 학교의 이사회, 교수, 직원들이 해마다 재확인하는 것으로, 복음주의 기독교와 일치하는 성경 교리의 요약을 제시한다. 그러므로 이 선언문은 역사적 기독교 신조들의 두드러진 특징을 재확인하며, 우리 학교가 성경뿐 아니라 종교개혁자들과 최근의 복음주의 운동과 같은 선상에 있음을 밝힌다.

월드 비전 사명 선언문은 복음주의자들이 행하는 국제적 사회 봉사라는 배경에서 나온 것이다.

월드 비전은 인류의 변화를 증진하기 위해 가난한 자와 억압받는 자를 섬기는 우리의 주님이자 구세주이신 예수 그리스도를 따르는 것을 사명으로 삼고 있는 그리스도인들의 국제적인 제휴 기관으로서, 하나님 나라의 의를 추구하며 그 나라에 대한 기쁜 소식을 증거한다.

이러한 문헌에는 각기 특징 있는 경향과 동기가 나타난다. 어떤 것은 단순히 복음주의자들이 믿는 바를 선언한다. 어떤 것은 복음주의적 목표와 과제에 대해 헌신하는 행동들로 그 틀을 갖추고 있다. 어떤 것은 복음주의적 합의의 영역 내에 굳건히 서 있는 것으로 자기 단체를 드러낸다. 우리는 복음주의적 합의가 오늘날 실제로 자신에 대해 진술하는 바를 정의하기 위한 자료로 문헌들을 사용한다. 우리의 목적은 모든 주제를 남김없이 다 다루는 것이 아니라, 복음주의적 합의를 가장 폭넓고 명료한 방식으로 가장 잘 전달하기 위해 선별하여 질서 있게 배열하는 것이다.

제1장
좋은 소식: 복음의 핵심

성경 메시지의 핵심은 하나님의 구원에 대한 좋은 소식이다. 이 구원은 부활하신 주 예수 그리스도와 그분이 우리의 죄를 위해 십자가 위에서 속죄의 죽음을 죽으신 것을 믿는 믿음을 통해, 오직 은혜로 말미암아 온 것이다.

"암스테르담 확언", 1983년

1. 복음

만세 전부터 세워진 하나님의 계획 | 복음은 하나님이 악의 권세로부터 우리를 구원하신 것, 그분의 영원한 나라를 세우신 것, 그분의 목적에 도전하는 모든 것에 최종적 승리를 거두신 것을 전하는 좋은 소식이다. 하나님은 그분의 사랑으로 창세전에 그렇게 하시고자 작정하셨고, 우리 주 예수 그리스도의 죽음을 통해 죄와 사망과 심판에서 해방시키는 계획을 성취하셨다. 진실로 우리를 자유하게 하고 구속된 자들

의 사귐 속에서 우리를 연합시키는 분은 그리스도이시다. "마닐라 선언",
1989년, 서론

하나님의 복음 | 우리는 교회에 위탁된 복음이 무엇보다도 하나님의 복음이라는 것을 고백한다(막 1:14; 롬 1:1). 하나님은 복음의 저자이시며, 자신의 말씀 가운데 그리고 그 말씀으로써 복음을 우리에게 계시하신다. 복음의 권위와 참됨은 오직 그분에게 달려 있다. 우리는 복음의 참됨이나 권위가 인간의 통찰이나 고안에서 유래한 것이라는 주장을 거부한다(갈 1:1-11). 또한 우리는 복음의 참됨이나 권위가 어떤 특정한 교회나 인간의 조직에 달려 있다는 주장을 거부한다. "예수 그리스도의 복음", 고백과 거부 1

복음의 정의 | 복음은 세상의 유일한 구세주인 자기 아들 예수 그리스도를 보냄으로써 타락한 인류에게 자기 생명과 사랑을 나누어 주시려는 창조주의 영원한 계획에 대한 좋은 소식이다. 구원을 주시는 하나님의 능력인 복음은 예수님의 삶, 죽음, 부활, 재림을 중심으로 하고 있으며, 거룩한 삶, 은혜 가운데 자라남, 교회의 교제 안에서 비록 대가를 치르지만 소망으로 가득 찬 제자도에 이른다. 복음은 어둠의 권세에 대해 예수님이 승리하신 것과 그분이 우주의 궁극적인 주님이신 것을 공표하는 것을 포함한다. "암스테르담 선언", 2000년, 핵심 용어 정의 6

2. 구원을 주시는 하나님의 능력

복음의 능력 | 우리는 복음이 모든 믿는 자에게 차별 없이 구원을 주

시는 하나님의 구원하는 능력임을 고백한다(롬 1:16). 이러한 복음의 효력은 하나님 그분의 능력에서 나온다(고전 1:18). 우리는 복음의 능력이 설교자의 능변이나 복음 전도자의 기술, 이성적 논증을 통한 설득에 의존한다는 주장을 거부한다(고전 1:21; 2:1-5). "예수 그리스도의 복음", 고백과 거부 2

예수님에 대한 이야기를 말함 | 우리는 살아 계신 하나님이 우리를 우리의 멸망과 절망에 내버려 두지 아니하심을 인하여 기뻐한다. 하나님은 사랑으로 우리를 구원하시고 재창조하시기 위해 예수 그리스도 안에서 우리를 찾아오셨다. 그러므로 좋은 소식은 예수라는 역사적 인격에 초점을 맞춘다. 그분은 이 땅에 오셔서 하나님 나라를 선포하시고, 겸손한 섬김의 삶을 사시고, 우리를 대신하여 죄와 저주가 되사 우리를 위해 죽으셨다. 그리고 그 예수는 하나님이 죽은 자 가운데서 다시 일으키셔서 하나님의 아들로 입증하신 분이다.···우리는, 성경의 복음이, 하나님이 계속적으로 우리 세계에 주시는 메시지임을 확언하며, 이 복음을 변호하고, 선포하며, 이를 구체적으로 표현할 것을 단언한다. "마닐라 선언", 1989년, A, 조항 2의 부분; 21개 항의 고백 3

좋은 소식의 단순성 | 예수 그리스도의 복음은 소식, 곧 좋은 소식이다. 이 소식은 인간이 들어 본 가장 좋고 가장 중요한 소식이다. 이 복음은 평화, 사랑, 기쁨 가운데 하나님을 아는 유일한 길은 다시 사신 주님 예수 그리스도의 화해케 하는 죽음을 통해서라는 것을 선언한다. 이 복음은 성경의 중심 메시지이며, 성경을 이해하기 위한 참된 열쇠다. 이 복음은 이스라엘의 메시아이신 예수 그리스도가 하나님의

아들이자 성자 하나님이심을, 곧 성육신, 사역, 죽음, 부활, 승천으로 성부의 구원하시고자 하는 뜻을 성취하신 거룩한 삼위일체의 제2위이심을 드러낸다. 죄를 위해 그분이 죽으신 것과 그분이 죽은 자들로부터 부활하신 것은 선지자들이 약속한 것이며, 목격자들이 증언한 것이다. 예수 그리스도는 하나님이 정하신 때에 정하신 방식으로 만물의 영광스러운 주와 심판주로 다시 오실 것이다(살전 4:13-18; 마 25:31-32). 그분은 지금, 참으로 그분에게 속한 모든 자에게 성부로부터 성령을 주시고 계신다. 삼위일체의 세 위격은 죄인들을 구원하는 사역 가운데 협력하신다. 이 복음은 예수 그리스도를 그분을 신뢰하는 모든 자의 살아 계신 구세주, 주인, 생명, 소망으로 제시한다. 이 복음은 모든 사람의 영원한 운명이 그들이 구원과 관련하여 예수 그리스도와 연결되어 있는지에 달려 있다고 말해 준다. 이 복음은 유일한 복음이다. 다른 복음은 없다. 그 본질을 변경하는 것은 복음을 왜곡하고, 결국 파괴하는 것이다. 이 복음은 아주 단순해서 어린아이들도 이해할 수 있으며, 아주 심오해서 가장 현명한 신학자들의 연구라도 그 풍요함을 다 파악할 수 없다. "예수 그리스도의 복음", 서언

3. 좋은 소식의 전파

질그릇 속의 보화 | [하나님은] 자기를 위해 세상으로부터 한 백성을 불러내시고, 다시 그들을 세상으로 보내시어 그의 나라를 확장하며, 그리스도의 몸을 세우고, 그의 이름의 영광을 위해 그의 부름받은 백

성을 그의 종과 증인이 되게 하신다. 우리는 종종 세상에 동화되거나 세상으로부터 도피함으로 우리의 소명을 부인하고 우리의 사명을 실천하는 데 실패하였음을 부끄럽게 생각하며 이를 고백한다. 그러나 비록 질그릇에 담겼을지라도 복음은 귀중한 보배임을 기뻐하며 성령의 능력으로 이 보배를 널리 선포하는 일에 우리 자신을 새롭게 헌신한다(사 40:28; 마 28:19; 엡 1:11; 행 15:14; 요 17:6, 18; 엡 4:12; 고전 5:10; 롬 12:2; 고후 4:7). "로잔 언약", 1974년, 조항 1의 부분

복음의 선포 ｜ 복음 전도는 십자가에 못 박히고 부활하신 그리스도, 곧 인간의 유일한 구속주에 대한 복음을 성경에 따라 선포하는 것이다. 유죄가 선고된 잃어버린 죄인들을 설득하여 그들로 하여금 성령의 능력을 통해 예수 그리스도를 구세주로 영접하여 받아들임으로써 하나님을 신뢰하게 하고, 그리스도가 영광 중에 오실 날을 고대하며 삶의 모든 영역의 부르심 가운데 그리고 그분의 교회의 교제 가운데 그리스도를 주님으로 섬기도록 하려는 목적을 지닌다. "베를린 선언", 1966년

증인으로 부르심 ｜ 모든 그리스도인이 예수님의 대위임령을 성취하기 위해 자기가 해야 할 부분을 감당하도록 부름받았으나, 일부 그리스도인은 그리스도를 전하고 다른 사람들을 그분께 인도하는 일을 위해 특별한 소명과 영적 은사를 받았다. 신약과 같이, 우리는 이러한 사람들을 복음 전도자라고 부른다. "암스테르담 선언", 2000년, 핵심 용어 정의 12.

세상 속 그리스도인의 존재 ｜ 복음 전도는 좋은 소식을 전파하는 것이며, 좋은 소식은 예수 그리스도께서 성경대로 우리의 죄를 위해 죽으

시고, 죽은 자들 가운데서 다시 살아나신 것과, 만물을 통치하시는 주로서 지금도 회개하고 믿는 모든 사람들의 죄를 용서하시고, 우리를 자유롭게 하시는 성령의 은사를 공급하신다는 것이다. 전도하기 위해 그리스도인이 이 세상에 존재하는 것은 필수 불가결하며, 상대방을 이해하려면 이야기를 경청하는 대화도 매우 중요하다. 그러나 복음 전도 자체는 사람들로 하여금 그리스도께 인격적으로 나아와 하나님과 화해하도록 설득하기 위해, 역사적이고 성경적인 그리스도를 구원자와 주로 선포하는 것이다. 복음에 초대할 때 우리는 제자도의 대가를 치러야 한다는 사실을 무시해서는 안 된다. 예수님은 여전히 그를 따르는 모든 사람으로 하여금 자기를 부인하고, 자기 십자가를 지고, 그들이 새로운 공동체에 속하였음을 분명히 하도록 부르신다. 복음 전도의 결과는 그리스도에 대한 순종과 그의 교회로의 연합, 그리고 세상에서의 책임 있는 섬김을 포함한다(고전 15:3, 4; 행 2:32-39; 요 20:21; 고전 1:23; 고후 4:5; 5:11, 20; 눅 14:25-33; 막 8:34; 행 2:40, 47; 막 10:43-45). "로잔 언약", 1974년, 조항 4

제2장
성서: 성경의 권위

우리는 하나님이 신구약 성경에서 우리에게 하나님의 성품과 뜻, 그분의 구속 행위와 그 의미를 권위 있게 드러내실 뿐 아니라 선교를 명하고 계신 것을 단언한다.

"마닐라 선언", 1989년, 21개 항의 고백 2

1. 말씀의 능력

오늘날 우리를 향한 하나님의 말씀 ㅣ 우리는 하나님이 예수 그리스도 안에 있는 구원의 목적을 성취하기 위하여 성령의 능력으로 성경 가운데 우리에게 말씀하신다는 것을 믿는다. 틴데일 대학과 신학교

자신에 대한 하나님의 증거 ㅣ 스스로 진리이시며 진리만을 말씀하시는 하나님은 성경을 영감하심으로써, 잃어버린 인류에게 예수 그리스도를 통하여 자신이 창조주이자 주님이며, 구원자이자 심판자이심을 드

러내셨다. 성경은 하나님이 자신에 대해 증거하신 것이다. "성경의 무오성에 관한 시카고 선언", 1978년, 요약 1

2. 모든 문화를 향한 성경

모든 민족의 모국어로 된 성경의 보급 | 성경은 참된 복음 전도를 위해 반드시 필요하다. 하나님의 말씀 자체가 모든 복음 전도를 위한 내용과 권위를 제공한다. 만일 성경이 없다면, 우리에게는 잃어버린 자들을 향해 전할 메시지가 없다. 사람들이 복음에 대해 의미 있는 반응을 하기 위해서는 적어도 성경에 담겨 있는 기본적인 진리 중 일부를 이해해야 한다. 그러므로 우리는 하나님이 우리를 부르셔서 복음을 전하고 제자로 삼게 하신 모든 자들에게 그들의 모국어로 된 성경을 공표하고 보급해야 한다.

우리는 성경이 우리의 복음 전도 사역과 메시지 한가운데 계속 자리 잡게 하는 것과, 복음을 듣는 자 편에서 복음을 명백하게 이해하는 데 장애가 될 모든 언어와 문화의 장벽을 제거할 것을 서약한다. "암스테르담 선언", 2000년, 헌장 8

모든 문화 가운데 나타나는 기록된 말씀의 능력 | 우리는 또한 하나님의 구원 목적을 이루는 말씀의 능력을 확신한다. 성경 말씀은 온 인류를 위한 것이다. 그리스도와 성경에 나타난 하나님의 계시는 불변하기 때문이다. 성령은 오늘도 그 계시를 통해 말씀하신다. 성령은 어떤 문화 속에서나 하나님 백성의 마음을 조명하여 그들의 눈으로 이 진리를

새롭게 보게 하시고, 하나님의 각종 지혜를 온 교회에 더욱더 풍성하게 나타내신다(딤후 3:16; 벧후 1:21; 요 10:35; 사 55:11; 고전 1:21; 롬 1:16; 마 5:17-18; 유 3절; 엡 1:17-18; 3:10, 18). "로잔 언약", 1974년, 조항 2의 부분

구원의 능력 ㅣ 이 권위 있는 성서는 성령의 능력으로 말미암아 그리고 예수 그리스도를 증거하는 것을 통해 모든 세대와 모든 장소에서 구원의 능력을 지닌다. "암스테르담 선언", 2000년, 핵심 용어 정의 4

시대를 통틀어 보존된 성경 ㅣ [우리는] 성령이 오늘날의 교회에 하나님의 말씀을 보존하시고, 교회를 통해 모든 시대의 사람들에게 하나님의 진리를 말씀하신다는 것을 [믿는다]. 애즈베리 신학교

하나님의 말씀은 인간의 말을 초월한다 ㅣ 우리는 하나님이 먼저 구속의 복음을 주신 것이지, 사람이 먼저 그렇게 한 것이 아님을 단언한다. 인간을 구원하시려는 하나님의 뜻과 하나님의 사역을 우리가 선포한다고 말할 수 있는 것은, 오직 우리가 인간을 구원하시려는 하나님의 말씀을 선포하기 때문이다. 우리는, 종교개혁 때처럼 오늘날도 하나님의 말씀을 인간의 말 위에 두는 일에 그분의 백성이 다시 부름받고 있다는 것을 확신한다. 우리는 성경의 진리가 인간의 생각에 의해 흔들리지 않고 서 있다는 점과 여전히 하나님의 본성과 인류를 향한 그분의 뜻에 대한 영원한 계시라는 점으로 인해 기뻐한다. 우리는 성경의 신적 권위 아래에 자신을 두기를 거부하는 모든 신학과 비평을 거부하며, 하나님의 말씀에 어떤 것을 더함으로써 성경의 권위를 약화시키는 모든 전통주의를 거부한다. "베를린 선언", 1966년

믿고, 순종하고, 받아들이기 위한 | 하나님 자신의 말씀이자, 성령이 준비하고 감독하신 사람들이 기록한 성경은 성경이 다루고 있는 모든 사항에 대하여 오류 없는 신적 권위를 지니고 있다. 우리는 성경이 선언하는 모든 것을 하나님의 가르침으로 믿어야 하고, 성경이 요구하는 모든 것을 하나님의 명령으로 순종해야 하며, 성경이 약속하는 모든 것을 하나님의 서약으로 받아들여야 한다. "성경의 무오성에 관한 시카고 선언", 1978년, 요약 2

3. 정경

기독교 내의 권위 | 준거 또는 표준이라는 뜻을 지닌 정경이라는 단어는 권위를 나타내는 역할을 하며, 이때 권위는 다스리고 통제할 권리를 의미한다. 기독교에서 권위는 계시 가운데 자신을 드러내신 하나님, 즉 한편으로 살아 있는 말씀인 예수 그리스도 가운데, 다른 한편으로 기록된 말씀인 성경 가운데 자신을 드러내신 하나님께 속한다. 그러나 그리스도의 권위와 성경의 권위는 하나다. 그리스도는 우리의 예언자로서, 성경이 폐할 수 없는 것임을 증언하셨다. 또 그리스도는 우리의 제사장이자 왕으로서, 자신의 지상 생애를 율법과 선지자의 예언을 성취하시는 데 자신을 드리시고, 심지어 죽기까지 메시아적 예언의 말씀에 순종하셨다. 이와 같이 그리스도는 성경이 자신과 자신의 권위를 증거한다고 보셨으며, 성경에 복종함으로써 성경의 권위를 증거하셨다. 그리스도가 그분의 성경(우리의 구약)에 나타난 아버지의 가

르침에 복종하셨듯이, 그분은 자기 제자들에게 그렇게 하도록 - 그러나 구약만이 아니라 그분이 성령의 은사를 통해 영감하신 자신에 대한 사도적 증거와도 관련하여 그렇게 하도록 - 요구하셨다. 그래서 그리스도인들은, 우리의 성서를 구성하는 예언적이고 사도적인 기록에 나타난 신적인 가르침에 복종함으로써, 자신이 주님의 신실한 종이라는 것을 나타낸다. "성경의 무오성에 관한 시카고 선언", 1978년, 해설: 권위: 그리스도와 성서

성경의 섭리적 보존 ㅣ 성서는 전적으로 그리고 독특하게 영감되고 기록된 하나님의 말씀이다(딤후 3:16; 벧후 1:20-21). 성경은 전체가 다 하나님의 말씀으로 하나님이 영감하신 사람들을 통해 주어진 것이다. 그 영감의 과정 속에서 하나님의 주도권, 능동성, 감독하심은 성경의 원본에 무오성(inerrancy)을 부여한다(마 5:18). 하나님의 초자연적 섭리로 인해, 구약과 신약 정경에 속한 66권의 책은, 그 모든 의도와 목적에 있어서 오늘날의 번역들이 자필로 된 성경과 등가물이라고도 할 수 있는 기록에 바탕을 둘 정도로 온전하게 보존되었다. 이것은 오늘날 우리를 향한 하나님의 계시된 뜻이 기록된 것이다(시 119:11; 마 4:4). 성경의 이야기는 우리를 향한 하나님의 말씀이다(히 3:7). 성경은 우리에게 믿음과 실천을 위한 충분하고도 최종적인 권위다(사 8:20; 마 24:35; 요 12:48). OMS 인터네셔널(OMS INTERNATIONAL)

정경에 속한 66권 ㅣ 성서에 있는 정경으로 인정된 66권의 책은 원래 기록되었을 때 하나님의 영감으로 된 것이기 때문에 오류가 전혀 없다. 이 책들은 신앙과 실천에 있어 유일하고 무류한(infallible) 지침을

이룬다. 크리스채너티 투데이 인터네셔널

개정할 수 없는 정경 ㅣ 구약 정경은 예수님의 시대에는 이미 정해진 것으로 나타난다. 마찬가지로 역사적 그리스도에 대한 어떠한 새로운 사도적 증거도 이제 산출될 수 없기 때문에, 지금은 신약 정경도 종결되었다. (기존의 계시에 대해 성령이 주시는 이해와 구분되는) 어떤 새로운 계시도 그리스도가 다시 오시기까지는 나타날 수 없다. 정경은 원칙적으로 신적인 영감을 통해 만들어졌다. 교회의 역할은 하나님이 만드신 정경을 다만 분별하는 것이지, 정경 그 자체를 고안하는 것이 아니다. "성경의 무오성에 관한 시카고 선언", 1978년, 해설: 권위: 그리스도와 성서

신앙과 실천의 규범 ㅣ 우리는 신구약 성경이 하나님의 영감으로 기록되었음을 믿으며, 그 진실성과 권위를 믿는다. 성경 전체는 기록된, 하나님의 유일한 말씀으로서, 그 모든 가르치는 바에 전혀 착오가 없으며, 신앙과 실천의 유일하고도 정확 무오한 척도임을 믿는다. "로잔 언약", 1974년, 조항 2의 부분

오류가 없는 성경의 원본 ㅣ [우리는] 하나님의 말씀인 성서의 신적 영감과 주권적 권위는 그 원래 형태에 있어서 오류가 없음을 [고백한다]. 복음주의 신학 대학(보-수-셍느, 프랑스)

무류성을 주장하는 데 겸손을 유지함 ㅣ 우리는 사도들, 종교개혁자들, 여러 세기에 걸친 복음주의 선교사들과 전적으로 함께하고 있다. 우리 중 어느 누구도 성경의 무류성을 부인하지 않는다. 그리고 우리 중 어느 누구도 우리 능력의 무류성을 주장하지 않는다. 우리는 완전하

지 않다. 우리가 완전해야 하는 것도 아니다. 우리는 우리의 발걸음을 안내하고 교정하는 하나님의 확실한 말씀을 가지고 있다. 우리는 우리의 잘못을 용서하시는 그리스도의 확실한 은혜를 가지고 있다. 우리는 하나님의 영광을 향해 우리의 사명과 교회의 사명을 성취해 가는 데 있어서, 교회의 지속적인 호의를 받는다. 풀러 신학교: "우리가 믿고 가르치는 것"

4. 저자

궁극적 권위 ㅣ 하나님은 시내 산에서 자신의 영속적인 증거로서, 계속적인 접근이 가능하도록, 돌판 위에 자신의 언약 규정을 기록하셨다. 그리고 하나님은 사람들로 하여금, 예언자와 사도적 계시의 시대 전반에 걸쳐 하나님이 자기 백성을 다루신 것에 대한 경축적인 기록과 언약의 삶에 반영된 윤리, 그리고 언약적 자비에 대한 찬양과 기도의 형식들뿐 아니라, 사람들에게 주시고 또 그들을 통해 전하신 메시지를 기록하게 하셨다. 성경 문서의 산출에 있어서 영감이라는 것의 신학적 실체는 말로 된 예언의 신학적 실체와 상응한다. 즉 저자의 개성이 기록에 드러나기는 하지만, 그 단어들은 신적으로 구성된 것이다. 그러므로 성경이 말하는 것은 하나님이 말씀하시는 것이며, 성경의 권위는 그분의 권위다. 왜냐하면 하나님이 성경의 궁극적 저자이시며, 자유로움과 신실함 속에서 "성령에 이끌려서 하나님께로부터 오는 말씀을 받아서"(벧후 1:21, 새번역) 선택되고 준비된 사람들의 마음과 언어를 통해 성경을 주셨기 때문이다. 성경은 그 신적 기원으로 인해 하

나님의 말씀으로서 인정되어야 한다. "성경의 무오성에 관한 시카고 선언", 1978년,

해설: 창조, 계시, 영감

계시의 전달 수단인 인간의 언어 | 우리는 인간을 자신의 형상에 따라 만드신 하나님이 계시의 수단으로 언어를 사용하셨다고 선언한다. 우리는 인간의 언어가 우리의 피조물됨으로 인해 매우 제한되어 있어서 하나님의 계시를 전달하는 수단으로 부적절하다는 주장을 거부한다. 또한 우리는 죄로 인해 인간의 문화와 언어가 부패되어서 하나님의 영감 사역이 방해받았다는 주장도 거부한다. "성경의 무오성에 관한 시카고 선언" 1978년, 조항 Ⅳ

성경이 말하는 모든 것에 대한 성경의 최고 권위 | 우리 믿음의 유일한 근거는 성경, 곧 하나님의 무류한 기록된 말씀, 신구약 66권이다. 우리는 성경이 독특하게, 언어적으로, 전적으로 성령에 의해 영감되었음을 믿으며, 원래의 필기본의 경우 아무런 오류 없이(무오하게) 기록되었음을 믿는다. 성경은 그것이 말하는 모든 사항에 관하여 최고이자 최종적인 권위다. 미국 CCC(CAMPUS CRUSADE FOR CHRIST)

여러 다른 사람들의 개성을 통해 굴절된 신적인 영감 | 우리는 영감이, 하나님이 성령으로 말미암아 인간 저자들을 통해 우리에게 자신의 말씀을 주신 것임을 단언한다. 성경의 기원은 신적인 것이다. 신적인 영감의 방식은 우리에게 대부분 신비한 것으로 남아 있다. 우리는 영감을 인간의 통찰이나 어떤 종류의 고양된 의식 상태로 환원할 수 있다는 주장을 거부한다.

우리는 하나님이 영감하실 때, 선택하고 예비하신 저자들의 특유한 개성과 문체를 활용하심을 믿는다. 우리는 하나님이 이 저자들로 하여금 그분이 선택한 말들을 사용하게 하셔서 그들의 개성을 무시하신다는 주장을 거부한다.

우리는 영감이 전지성을 부여하는 것은 아닐지라도, 성경의 저자들이 말하고 기록하도록 감동받은 모든 것에 관하여 참되고 신뢰할 만한 언설을 하도록 보장한다고 단언한다. 우리는 이러한 저자들의 유한성이나 타락성이 하나님의 말씀에 필연적으로 혹은 다른 방식으로 왜곡이나 거짓을 가져온다는 주장을 거부한다.

우리는 엄밀히 말해, 영감이 성경 저자의 자필 본문에만 적용된다는 것과 하나님의 섭리 가운데 우리가 접할 수 있는 매우 정확한 여러 필사본을 통해 확인할 수 있다는 것을 단언한다. 더 나아가 우리는 성경의 사본과 번역본은 원본을 충실하게 재현하는 범위까지만 하나님의 말씀이라는 것을 단언한다. 우리는 자필 본문의 부재로 인해 기독교 신앙의 어떤 본질적 요소가 침해될 수 있다는 주장을 거부한다. 더 나아가 그것의 부재로 인해 성경의 무오성에 대한 선언이 쓸모없게 되거나 적절하지 않다는 주장을 거부한다.

우리는 성경이 신적 영감을 통해 주어진 것으로서 무류하다는 것, 그래서 성경이 언급하는 모든 것이 결코 우리를 잘못 인도하지 않으며 참되고 의지할 만한 것임을 단언한다. 우리는 성경의 주장이 무류하면서도 동시에 틀린 부분이 있을 가능성이 있다는 주장을 거부한다. 무류성과 무오성은 구별될 수는 있어도 분리될 수는 없다. "성경의 무오성에 관한 시카고 선언", 1978년, 조항 Ⅶ, Ⅷ, Ⅸ, Ⅹ, Ⅺ

5. 성령과 말씀

성령은 우리의 마음을 여신다 ㅣ 성경의 신적 저자인 성령은 내적 증거를 통해 우리에게 성경의 참됨을 증거하실 뿐 아니라, 우리의 마음을 열어서 그 의미를 이해하게 하신다. "성경의 무오성에 관한 시카고 선언", 1978년, 요약 3

말씀을 통한 성령의 가르침 ㅣ 성경 기록을 영감하신 성령은 [말씀을] 통해 계속 조명하시고(시 119:18, 105, 130), 가르치시며(딤후 3:16-17), 죄를 뉘우치게 하며(히 4:12-13), 거듭나게 하시고(약 1:18; 벧전 1:23), 거룩하게 하신다(요 17:17; 엡 5:26). 성경 안에 계시되지 않았거나 성경이 제정하지 않은 어떤 것도 구원을 위해 본질적인 신앙의 항목이 될 수 없다(딤후 3:15-17). OMS 인터네셔널

기록된 말씀에 순종하도록 부르심 ㅣ 성경의 권위는 이 시대와 모든 시대의 기독교 교회에 있어 핵심적인 문제다. 예수 그리스도를 주와 구세주로 믿는 신앙을 고백하는 자들은 겸손하고 신실하게 기록된 하나님의 말씀에 순종함으로써 자신의 제자도의 실제를 보여 주도록 부름받는다. 신앙이나 행위에 있어 성경에서 벗어나는 것은 우리의 주님에 대한 불충이다. 성경의 전체적인 참됨과 신뢰성을 인정하는 것은 성경의 권위에 대해 충분히 파악하고 적절하게 고백하기 위해 필수적이다. "성경의 무오성에 관한 시카고 선언", 1978년, 서문

6. 계시의 충분성

기록된 말씀 전체 | 우리는 기록된 말씀 전체가 하나님이 주신 계시임을 선언한다. 우리는 성서가 단지 계시에 대한 증거라거나, 대면의 순간에만 계시가 된다거나, 그 유효성이 사람의 반응에 달려 있다는 주장을 거부한다. "성경의 무오성에 관한 시카고 선언", 1978년, 조항 III

하나님의 뜻에 대한 계시의 완결성 | 우리는 성경, 곧 구약과 신약 모두 영감된 하나님의 말씀으로 그 원본에 오류가 없으며, 인간의 구원을 위한 하나님의 뜻을 드러내는 완결된 계시이며, 모든 그리스도인의 신앙과 삶을 위한 신적이고 최종적인 권위임을 믿는다. 트리니티 신학교

성경의 내용 | [성경에는] 하나님이 인간에게 구원에 관하여 계시하기를 기뻐하신 모든 것이 담겨 있다. 일본 성서 신학교

7. 성경의 영감

영감된 하나님의 말씀 | 우리는 성경이 영감된 것과 유일하게 무류하고 권위 있는 하나님의 말씀이라는 것을 믿는다. 미국 복음주의 협회: "신앙 선언문"

전체적인 신뢰성 | [우리는] 성경의 신적인 영감과, 그로 인한 신앙과 행위의 모든 문제에 대한 성경의 전체적인 신뢰성과 최고 권위를 [믿는다]. "활동하는 말씀"(베스 사경회, 케직 사경회)

성경 전체와 부분 | 우리는 성경 전체와 그 모든 부분이, 곧 원본의 단어들까지도, 신적인 영감을 통해 주어진 것임을 선언한다. 우리는 성

경이 영감된 것을, 성경의 부분들은 배제하고서 전체에 대해서만 올바르게 확언할 수 있다거나, 전체에 대해서는 아니지만 그 부분들에 대해서는 확언할 수 있다는 주장을 거부한다. "성경의 무오성에 관한 시카고 선언", 1978년, 조항 Ⅵ

8. 역사 속의 계시

성경 계시 안에 포함된 전체 역사 | 아담이 타락했을 때, 창조주는 인류를 최후 심판에 넘겨주지 않으셨다. 그분은 구원을 약속하셨으며, 아브라함 일족을 중심으로, 예수 그리스도의 삶, 죽음, 부활, 현재 하늘에서 하시는 사역, 약속된 재림에서 정점에 이르는 일련의 역사적 사건들 가운데서 자신을 구속주로 계시하기 시작하셨다. 이러한 역사적 사건의 틀 내에서 하나님은 죄인 된 인간 존재에게 때때로 심판과 자비, 약속과 명령의 구체적인 말씀을 해주셨다. 이렇게 하나님은 그분과 인간 사이의 상호 헌신의 언약 관계 속으로 사람들을 이끄셨고, 그 관계 속에서 하나님은 인간에게 은혜의 선물로 축복하셨고 인간은 그에 반응하여 경모하는 가운데 그분을 찬양하였다. 출애굽 때에 하나님이 자기 백성을 향해 자신의 말을 전하고자 중재자로 세운 모세는, 하나님이 이스라엘의 구원을 위해 자신의 말을 그 입과 글 속에 넣으신 예언자들의 긴 흐름의 첫머리에 서 있다. 이러한 메시지의 연속 안에 있는 하나님의 목적은 자기 백성으로 하여금 자신의 이름-즉 자신의 본성-을 알게 하고, 현재와 미래에 대한 지침과 목적 둘 다에

대한 자신의 뜻을 알게 함으로써 자신의 언약을 유지하려는 것이었다. 하나님으로부터 유래한 이 예언자적 대변인의 흐름은 그 스스로가 예언자이신 – 실로 예언자 이상이신 – 예수 그리스도, 곧 하나님의 성육신한 말씀에서 그리고 초대 그리스도인 시대의 사도와 예언자들에게서 완결에 이르렀다. "성경의 무오성에 관한 시카고 선언", 1978년, 해설: 창조, 계시, 영감

역사 속에 드러난 하나님의 계시의 응집성 | 우리는 성경 속에 드러난 하나님의 계시가 점진적이었다는 것을 선언한다. 우리는 이전의 계시에 대한 성취인 이후의 계시가 이전 계시를 정정한다거나 그 계시와 모순된다는 주장을 거부한다. 더 나아가 우리는 신약 기록이 완결된 이후에 어떤 다른 규범적인 계시가 주어졌다는 주장을 거부한다. "성경의 무오성에 관한 시카고 선언", 1978년, 조항 V

9. 성경적 권위의 범위

신앙과 행위와 관련된 모든 일 | 우리는 성경이 원래 하나님이 주신 것이며, 신적으로 영감되었으며, 무류하고, 전적으로 신뢰할 만하며, 신앙과 행위와 관련된 모든 일에 대한 최고의 권위라는 것을 믿는다. 세계복음주의 연맹(WEA)

믿음과 행위에 대한 성경의 권위 | 성경은 믿음과 행위에 대한 모든 문제에 있어 최고의 권위다. 영국 IVF

기독교 교육의 근원 | 성경은 영감된 것으로, 무류하며, 기독교 교리와 가르침에 있어 권위 있는 근원이다. 리젠트 대학교(버지니아)

성경의 권위에 복종함 ㅣ 우리는 성경이 하나님의 권위 있는, 영감된 말씀이라고 믿는다. 성경은 창조, 역사, 그 자체의 기원, 구원 등, 가르치는 모든 것에 어떤 오류도 없다. 그리스도인들은 개인적으로나 공동체적으로, 믿음과 행위-참된 의로운 삶으로 드러나는-에 관한 모든 문제에 대하여 성경의 신적 권위에 복종해야 한다. 교도소 선교회(PRISON FELLOWSHIP MINISTRIES)

우리가 생각하고 행하는 모든 것의 재판관 ㅣ 이러한 교리적 헌신은 성경의 권위에 대한 복종에 기초하여 형성된 것으로, 성경의 권위는 우리가 생각하고 행동하는 모든 것에 대한 교사이자 재판관으로 서 있어야 한다. 성경은 우리의 교리와 행위에 영감을 불어넣고, 또 그것들을 바로잡는다. 복음주의자로서 우리는 우리의 모든 교리 선언이 "신앙 선언문"에 있는 것들처럼 주의 깊게 작성되고 강하게 신봉되는 선언이라 할지라도 성경 아래에 있다는 것을 항상 분명히 해야 한다. 풀러 신학교: "우리가 믿고 가르치는 것"

10. 말씀의 신뢰성

번역을 통한 원문 전달의 신뢰성 ㅣ 하나님이 성경의 오류 없는 전달을 약속하신 적이 없으므로, 원래 저자의 자필 본문만이 영감되었다고 단언하는 것과, 전달 과정 중에 본문 안에 끼어 들어온 과실을 찾기 위한 수단으로써 본문 비평의 필요를 주장하는 것은 반드시 필요하다. 그러나 과학적 방법을 통해 내린 판단에 따르면 히브리어 본문과 헬라어 본문이 놀라울 정도로 잘 보존된 것으로 드러난다. 그래서 우리는, 웨스트민스터 신앙 고백과 함께, 이 문제에 하나님의 두드러진 섭리가 역사했다는 것을 선언하는 것과 우리가 가진 사본들이 전적으로 오류가 없지는 않다는 사실로 인해 성경의 권위가 위험에 빠지는 일은 결코 없다고 선언하는 것에 대해 충분한 정당성을 가진다.

마찬가지로, 어떠한 번역도 완벽하지 않으며 완벽할 수 없다. 모든 번역은 **자필 원본**으로부터 한 걸음 더 나아가 있는 것이다. 그러나 언어학적 판단에 따르면, 적어도 영어권의 그리스도인들은 오늘날 다수의 탁월한 번역들을 제공받고 있으며, 참된 하나님의 말씀이 그들의 수중에 있다고 지체 없이 결론 내릴 수 있다. 실제로, 성경이 다루는 주요한 사항들을 자주 반복하여 말하는 것과 또한 성령이 말씀을 통해 그리고 말씀에 대해 지속적으로 증거하는 것에 비추어 볼 때, 어떠한 진지한 성경 번역도 그 독자로 하여금 "예수 안에 있는 믿음으로 말미암아 구원에 이르는 지혜"(딤후 3:15)를 얻지 못하게 할 정도로 그 의미를 훼손하지 않을 것이다. "성경의 무오성에 관한 시카고 선언", 1978년, 해설: 전달과 번역

오류 없는 ㅣ 성경은 전체적으로 그리고 언어적으로 하나님이 주신 것으로, 그 모든 가르침에 있어 오류나 결점이 없다. 곧 개인들을 구원하시는 하나님의 은혜뿐 아니라, 하나님의 창조 행위, 세계사 속의 사건들, 하나님의 통제 아래 있는 성경 자체의 문학적 기원에 대한 성경의 증거에 있어서도 그러하다.

이러한 전적인 신적 무오성이 어떤 방식으로든 제한되거나 무시된다면, 또는 그 무오성이 성경 자체의 진리관과 반대되는 진리관에 따라 상대적으로 이해된다면, 성경의 권위는 불가피하게 손상된다. 그러한 과실은 개인과 교회 모두에게 심각한 손실을 가져온다. "성경의 무오성에 관한 시카고 선언", 1978년, 요약 4, 5

무오성의 의미 | 우리는 성경 전체가 무오하며, 모든 그릇된 것, 기만이나 속임수와 무관하다고 선언한다. 우리는 성경의 무류성과 무오성이 영적·종교적, 혹은 구원과 관련된 주제들에 한하여 적용되고, 역사나 과학의 영역에 대해서는 예외적이라는 주장을 거부한다. 더 나아가 우리는 지구의 역사에 대한 과학적 가설을 창조와 노아 시대의 홍수에 대한 성경의 가르침을 뒤집는 데 적절히 사용할 수 있다는 주장을 거부한다.

우리는 성경이 전적으로 참되다는 것을 가리키는 신학적 용어로 무오성이란 용어를 사용하는 것이 적절하다고 선언한다. 우리는 성경을 '무오성'이라는 용어의 용례나 목적에 맞지 않게 진리와 오류의 표준에 따라 평가하는 것이 적절하다는 주장을 거부한다. 더 나아가 우리는 현대의 기술적 정확성의 부족, 문법이나 철자의 부정확함, 자연에 대한 관찰적인 묘사, 거짓이 담긴 보고, 과장법과 대략적인 숫자의 사용, 주제에 따른 자료의 배치, 병행 기사에서 발견되는 자료 선별의 다양함, 자유로운 인용과 같은 성경에 나타나는 현상들로 인해 무오성을 부정할 수 있다는 주장을 거부한다.

우리는 성경에 통일성과 내적 일관성이 있다고 선언한다. 우리는 아직 해결되지 않은 오류와 불일치라고 하는 것들이 성경의 진리 주장을 훼손한다는 주장을 거부한다.

우리는 무오성이라는 교리가 영감에 관해 성경이 가르치는 것에 근거를 두고 있다고 선언한다. 우리는 성경에 대한 예수님의 가르침이 예수님의 인성으로 말미암은 타협이나 어떤 자연적인 한계를 이유로 폐기될 수 있으리라는 주장을 거부한다.

우리는 무오성이라는 교리가 교회의 역사를 통틀어 교회의 신앙에 필수적이었다고 선언한다. 우리는 무오성이 개신교 스콜라주의에 의해 고안된 교리나 부정적인 고등 비평에 대한 반응으로서 취한 반동적인 입장이라는 주장을 거부한다. "성경의 무오성에 관한 시카고 선언", 1978년, 조항 XII, XIII, XIV, XV, XVI

무류성의 의미 ㅣ 예수 그리스도에 대해 권위 있게 증거하는 영감된 하나님의 말씀인 성경은 **무류하고 무오하다**고 적절하게 말할 수 있다. 이러한 소극적인 용어는 핵심적인 적극적 진리를 명백하게 보호하기 때문에, 특별한 가치를 지니고 있다.

무류하다는 것은 잘못 인도하지 않거나 또는 잘못 인도되지 않는 성질을 뜻하는 것으로, 성경은 모든 문제에 대한 확실하며 어김없는, 신뢰할 만한 규범이자 지침이라는 진리를 정언적인 용어로 보호한다.

마찬가지로, **무오하다**는 것은 모든 허위나 잘못이 전혀 없다는 성질을 뜻하는 것으로, 성경 전체 안에 있는 모든 주장이 참되고 신뢰할 만하다는 진리를 동일하게 보호한다.

우리는 정경 성경이 언제나, 무류하고 무오하다는 것을 근거로 해석되어야 한다고 단언한다. 그러나 하나님이 가르치신 저자가 각각의 본문에서 주장하는 것을 결정할 때, 우리는 인간이 만들어 낸 산물로서 그 본문의 주장과 특징에 가장 세심한 주의를 기울여야 한다. 하나님은 영감하실 때, 그분이 사용하시는 기록자가 처한 문화와 관습을 사용하셨으며, 그 환경은 하나님이 주권적 섭리로 통제하신 것이다. 다른 것을 상상하는 것은 잘못 해석하는 것이다.

그래서 역사는 역사로, 시는 시로, 과장법과 은유는 과장법과 은유로, 일반화와 근사치는 그것이 실제로 그러한 대로, 또 다른 것들도 그런 식으로 다루어야 한다. 성경 시대와 우리 시대의 문학적 관례 간의 다른 점들도 분명히 주목해야 한다. 예를 들어, 연대순을 따르지 않는 서술과 정확하지 않은 인용은 그 시대에는 관례적인 것이자 용납되는 것이었으며 그 시대의 기대를 저버리는 것이 아니었기 때문에, 우리가 성경 저자들에게서 이런 것을 발견할 때 그것을 잘못된 것으로 여기지 말아야 한다. 특정한 종류의 전체적 정확성을 기대하지 않거나 목적으로 삼지 않은 곳에서 그것을 성취하지 않은 것은 오류가 아니다. 성경은 무오하다. 그러나 현대적 기준에 따른 절대적인 정확성이 아니라, 주장하는 것을 이행하고 성경의 저자들이 목표로 삼아 초점을 맞추고 있는 진리를 적절하게 달성한다는 의미에서 무오하다.

성경의 신뢰성은 문법이나 철자의 부정확함, 자연에 대한 현상적인 서술, 거짓 진술의 보고(예를 들면, 사탄의 거짓말), 서로 다른 분문 사이의 불일치하게 보이는 것으로 무효화될 수 없다. 성경 자체에 대한 성경의 가르침과 소위 성경의 '현상'이라고 하는 것을 서로 반대되게 하는 것은 옳지 않다. 명백한 비일관성을 무시해서는 안 된다. 비일관성을 지닌 것들에 대한 납득할 만한 해결이 확실하게 이루어질 때, 그것은 우리의 신앙에 용기를 북돋는다. 현재로서는 확신할 만한 해결이 가까이에 없을 때, 우리는 비록 이러한 겉모습에도 불구하고 하나님의 말씀이 참이라는 그분의 보증을 신뢰함으로써, 그리고 언젠가는 그것들이 오해였다는 것으로 드러날 것이라는 우리의 확신을 유지함으로써 그분에게 의미심장한 영광을 돌려야 할 것이다.

모든 성경이 단일한 신적 지성의 산물이기 때문에, 해석은 성경의 유사성 안에 있어야 하며, 한 성경 본문이 다른 본문에 의해 – 점진적 관련성을 명목으로 하든 영감된 저자의 지성이 덜 계몽되었다는 것을 명목으로 하든 간에 – 정정될 것이라는 가정을 피해야 한다.

성경의 가르침에는 보편적인 타당성이 부족하다는 뜻에서 성경이 문화에 제한되어 있다는 것은 아니지만, 성경은 때때로 특정한 시대의 관습적이고 관례적인 관점이라는 문화적인 조건 아래 놓여 있기 때문에, 그 원리를 오늘날 적용할 때는 다른 방식의 행동이 요구된다. "성경의 무오성에 관한 시카고 선언", 1978년, 해설: 무류성, 무오성, 해석

성서만이 하나님의 말씀이다 | 성서만이 그리고 성서 전체가 기록된 하나님의 말씀이며, 그러므로 원래 저자의 자필 원본에 있어 무오하

다. "복음주의 신학회"(EVANGELICAL THEOLOGICAL SOCIETY)

무오성에 대한 오해를 예방함 ｜ 우리는 무오라는 말이 학계의 우리 동료들 중 많은 사람들과 그들이 섬기는 기관의 인식 속에 중요한 자리를 차지한다는 것을 알고 있다. 우리는 성경이 선언하는 모든 것이 참으로 하나님의 신뢰할 만한 말씀이라는 사실을 강조하고자 그들 대부분이 그 용어를 사용하는 방식의 가치를 인정한다. 무오성이라는 말이 성령이 성경 저자들을 통하여 교회에 말씀하신다고 할 때 우리는 그 용어를 사용하는 것을 지지한다. 우리는 초점이 연대기적 세부 사항, 사건의 정확한 순서, 수치적 암시와 같은 문제를 지나치게 강조하는 것으로 변환될 때, 그 용어가 오해되고 부적절하게 사용된다고 여기게 될 것이다. 부적절하게 정의될 때의 위험은 1) 그 용어가 성경 저자의 생각이나 그들의 성경 사용과 맞지 않는 정밀함을 함축하게 된다는 점, 2) 성경의 핵심 주제인 구원의 메시지와 의로 교육함이 아니라 다른 데에 관심을 두게 한다는 점, 3) 일치하지 않는 것으로 보일 수 있는 성경의 진술이 담고 있는 의미에 대해 진지하게 씨름하기보다는 구색을 맞추고 인공적인 조화를 만들어 낼 수 있다는 점, 4) 성경에 한 가지 (아무리 사소하더라도) 입증된 오류가 있다고 생각하는 사람들로 하여금 성경의 가르침 전체를 의심하게 만든다는 점, 5) 아무리 해도 문제가 풀리지 않을 때마다 (우리가 가지고 있지 않은) 원본을 피난처 삼아 피함으로써 성경에 대한 우리의 확신을 너무 자주 훼손해 왔다는 점, 6) 우리로 하여금 성경에 대해 과도하게 방어하게 함으로써 예언자와 사도, 그리고 우리 주님이 성경을 선포할 때 가졌던 담대한 지속적인 확신에서 벗어나는 것처럼 보이게 한다는 점이다. 풀러 신학교: "우리가 믿고 가르치는 것"

건전한 신앙을 위해 중대한 ㅣ 우리는 성경의 충분한 권위, 무류성, 무오성에 대한 고백이 기독교 신앙 전체를 건전하게 이해하는 데 매우 중대하다는 것을 확언한다. 더 나아가 우리는 그 고백이 그리스도의 형상을 점점 더 닮아 가는 것으로 이어져야 한다고 단언한다. 우리는 그 고백이 구원을 위해 필수적이라는 주장을 거부한다. 그러나, 더 나아가 우리는 개인과 교회 모두에 중대한 결과를 가져오지 않고도 무오성이 거부될 수 있다는 주장에 반대한다. "성경의 무오성에 관한 시카고 선언", 1978년, 조항 XIX

11. 말씀의 수호
성령의 인도와 학문의 은사 ㅣ

우리는 구약과 신약 성경이
하나님이 영감하신 것이라고 믿는다.
저자들은 성령에 의해 감동되어서
하나님으로부터 그것을 받아 말한 것이기 때문이다.
그러므로 구약과 신약이 확증하는 모든 것은 전적으로 신뢰할 만하다.
그리고 기록된 하나님의 말씀으로서 구약과 신약은 신앙과 행위를 위한 우리의 최고 권위다.

우리는 성경이 성령의 인도와

하나님이 자기 백성에게 주신 이해력과 학문의 은사를 활용하여 바르게 해석되어야 할 필요를 인정한다.

_{런던 바이블 칼리지}

회의주의적 비평에 대한 반응 ǀ 르네상스 이래로, 특히 계몽주의 시대 이래로 기독교의 기본적인 신조들에 대해 회의론적인 세계관들이 계발되었다. 하나님에 대해 알 수 있다는 것을 부정하는 불가지론, 하나님의 파악 불가능성을 부정하는 합리주의, 하나님의 초월성을 부정하는 관념론, 하나님과 우리의 관계에 있는 합리성을 부정하는 실존주의가 그러한 것들이다. 이러한 비성경적이고 반성경적인 원리들이 전제의 수준에서 인간의 신학 안으로 – 오늘날 빈번하게 그러하듯이 – 침투해 들어올 때, 성경을 신실하게 해석하는 것은 불가능하게 된다.

_{"성경의 무오성에 관한 시카고 선언", 1978년, 해설: 회의주의와 비평}

표현의 완고한 획일성에 저항함 ǀ 사역과 관련해 우리가 가고 있는 길에 긴급한 문제가…있다. 우리는 불필요한 분열에 대해 분개하며, 비성경적인 일탈에 저항한다. 모든 복음주의자들이 정확한 교리적 진술에 동의할 때까지는 다른 모든 행동을 보류해야 한다는 것을 누가 믿겠는가? 분명 그럴 수 없다. 수많은 선교사들이 복음을 한 번도 들은 적 없는 사람들에게 복음을 전하는 일을 도울 것을 우리에게 기대하고 있다. 여러 목회자가 자신이 섬기는 회중의 사명을 분석하여 그들

의 성장을 촉진시키기를 우리에게 바라고 있다. 그리고 아주 많은 수의 학생이 교회와 다문화적인 해외 선교와 상담 치료 분야의 사역을 위해 그들을 구비시켜 주기를 해마다 기대하고 있다. 참으로 복음주의적이라는 것은 복음주의자들이 어떤 자들이며 누가 그렇게 불릴 수 있을지를 논의하는 것 이상이다. 참된 복음주의는 복음주의적 과제를 계속 행하는 것을 의미한다. 우리는 우리 구성원들을 세밀히 걸러 내고, 비밀스러운 지식을 그들에게 요약하여 전수하는 결사대 같은 것이 아니다. 우리 복음주의자들은 교회의 일부분으로, 우리를 구원하심에 감사하며, 그리스도의 부르심에 순종한다. 풀러 신학교: "우리가 믿고 가르치는 것"

불안정한 주관주의에 저항함 ㅣ 우리는 성경과 성경이 담고 있는 모든 진리의 권위를 선언함에 있어, 그리스도와 사도들, 실로 성경 전체, 그 시초부터 최근까지 흐름을 이어 온 교회사의 주류와 의식적으로 나란히 서고자 한다. 우리는 이렇게 광범위한 중요성을 가진 신념을 오늘날 많은 사람들이 부주의하고, 우연적이며, 경솔해 보이는 방식으로 포기하는 것에 대해 우려를 표한다.

우리는 사람이 권위를 인정하여 고백하는 성경의 전체 진리를 더 이상 지키지 않음으로써 발생하는 심대하고 막중한 혼란에 대해서도 인식하고 있다. 이 단계까지 간 결과, 하나님이 주신 성경은 그 권위를 잃게 되며, 대신 개인의 비평적 추론이 요구하는 바에 따라 그 내용이 축소된 성서가 권위를 가지게 된다. 원리적으로 그 일이 시작된 이상,

성서는 계속 더 축소될 수 있다. 이것은 본질적으로 이제 독립적인 이성이 성경적 가르침에 반대하여 권위를 가진다는 것을 의미한다. 만일 이것을 이해하지 못한다면, 당분간 복음주의 교리들이 유지된다 할지라도, 성경의 온전한 진리를 부인하는 사람들이 방법론적으로는 복음주의 인식 원리에서 불안정한 주관주의로 옮겨 가면서도 자신을 복음주의자라고 주장할 수 있을 것이고, 그런 움직임이 계속 되는 것을 막기 어려울 것이다.

우리는 성경이 말하는 것이 하나님이 말씀하시는 것이라고 단언한다. 하나님이 영광을 받으시기를. 아멘. 아멘. "성경의 무오성에 관한 시카고 선언", 1978년, 해설: 무오성과 권위

12. 진리의 말씀을 옳게 분별함

성경을 해석할 때 주의할 점 | 자신들의 성경관이 우리의 견해보다 더 정통적인 것이라고 생각하는 형제자매들과 우리의 입장을 구별해야 한다면, 다음의 몇 가지 점을 들 수 있다. 1) 우리는 하나님이 우리에게 말씀을 주실 때 사용하신 역사적이고 문학적인 과정에 대해 알아야 한다는 것을 강조할 것이다. 2) 우리는 다양한 개별 저자가 마음에 품고 있던 목적뿐 아니라 그들 각자가 살고 글을 썼던 역사적이고 문화적인 배경에 대해서 세심하게 주의를 기울여야 한다는 점을 강조할 것이다. 우리는 하나님의 성령이 저자의 인간적 능력과 환경을 사용하시고, 그런 식으로 산출된 말씀은 참으로 신적이라고 확신하기 때문

이다. 3) 우리는 배경, 목적, 문학적 장르에 대한 탐구가 하나님의 말씀의 어느 부분이든지 정확하게 이해하고자 할 때 필수적이라고 확신한다. 4) 우리는 성서 자체가 강조하는 부분을 강조하도록 촉구할 것이다. 우리는 역사적 자료를 담은 책으로서 성경의 놀라운 신뢰성을 인정하더라도 성경의 세세한 지리나 과학이 아니라 성경이 전하는 구원의 메시지와 생활에 대한 가르침을 강조할 것이다. 5) 우리는 하나님이 말씀을 어떻게 영감하셨어야 하는지에 관한 우리 자신의 철학적 판단을 성경에 부과하는 것이 아니라, 성경이 말하는 모든 것을 경청함으로써 성경에 대한 우리의 교리를 개발하는 데 힘쓸 것이다. 풀러 신학교: "우리가 믿고 가르치는 것"

신뢰할 만한 주해 | 우리는 성경 본문이 본문의 문학적 형태와 기법을 고려하는 문법적-역사적 주해로 해석되어야 한다는 것과 성경이 성경을 해석해야 한다는 것을 선언한다. 우리는 성경의 가르침을 상대화하거나, 탈역사화하거나, 가치를 떨어뜨리고, 혹은 저작권에 대한 성경의 주장을 거부하는, 본문 이면의 자료들에 대한 탐구나 본문에 대한 어떤 조치가 적법하다는 주장을 거부한다. "성경의 무오성에 관한 시카고 선언", 1978년, 조항 XVIII

전체에 대한 영적 이해 | 우리는 역사적인 성경적 신앙을 믿는다. 곧 하나님의 말씀을 포함하고 있을 뿐 아니라 하나님의 말씀인 구약과 신약 성경의 전적인 영감, 권위, 충분성, 무오성을 믿으며, 성경 전체에 대한 참되고 영적인 이해를 위해 성령의 가르침이 필요하다는 것을 믿

는다. 아랍 세계 선교회

문맥에 따라 본문을 해석함 | 구약과 신약의 모든 책은 신적인 영감을 통해 주신 것으로, 기록된 하나님의 말씀, 곧 신앙과 실천을 위한 유일하고 무류한 규범이다. 성경은 그 문맥과 목적에 따라, 그리고 살아 있는 능력으로 성경을 통하여 말씀하시는 주님께 겸손히 순종하며 해석해야 한다. 풀러 신학교: "신앙 선언문"

13. 권위의 단일한 원천

그리스도와 성경 | 그리스도와 성경은 서로의 권위를 참된 것으로 입증함으로써 권위의 단일한 원천으로 연합한다. 이러한 관점에서 볼 때, 성경적으로 해석된 그리스도와 그리스도 중심적이자 그리스도를 선포하는 성경은 하나다. 성경의 영감이라는 사실에서 성경이 말하는 것이 곧 하나님이 말씀하시는 것이라고 유추하듯이, 예수 그리스도와 성경의 관계에 대한 계시로부터 성경이 말하는 것은 곧 그리스도가 말씀하시는 것이라고 동등하게 선언할 수 있다. "성경의 무오성에 관한 시카고 선언", 1978년, 해설: 권위: 그리스도와 성경

종교적 권위를 낳는 다른 모든 근거들에 대한 성경의 수위권 | 우리는, 성경이 하나님의 기록된 말씀이며, 예수 그리스도에 와서 정점에 이른 성경의 이스라엘 역사 속에서 하나님의 자기 계시에 대해 유례없는 방식으로 영감된 증언이라고 선언한다. 구약과 신약 성경은 경험, 전통, 이성보다 우선하며, 그러므로 신앙과 실천을 위한 우리의 무류한

표준이다. 우리는 성경이 과거 사람들의 종교적 경험을 기록한 순전히 인간적인 문서라는 주장과, 하나님의 성령이 모든 시대를 통틀어 하나님의 백성을 가르치기 위해 사용하는 규범이 아니라 현재 우리가 경험하는 것을 이해하는 데 도움을 주는 것일 뿐이라는 주장을 거부한다. "듀페이지 선언", 1990년

계시의 통일성 ㅣ 우리는 하나님이 창조된 질서와 성경, 무엇보다도 예수 그리스도 안에서 자신과 자신의 진리를 계시하셨다는 것, 신구약 성경은 하나님이 언어적으로 영감하신 것이고 그 원본이 무오하다는 것, 그래서 신구약 성경은 전적으로 신뢰할 만하며 그 안의 모든 진술에 최종적인 최고의 권위가 있다는 것을 믿는다. 휘튼 칼리지

14. 성경의 가르침에 대한 요약으로서 신조와 신앙 고백

성경적 가르침이 요약된 신조 ㅣ 우리의 신학적 입장에 대한 좀더 일반적인 표현은 사도신경, 칼케돈 신조, 하이델베르크 요리 문답, 웨스트민스터 신앙 고백에서 발견해야 하며, 성서는 참된 신학을 위한 출처이자 내용이며 기준이지만, 다음과 같은 것들은 우리 기독교 믿음의 기본적인 요소들을 요약해 놓은 것이다. 구약과 신약을 포함하는 성경은 영감되고 무류한 하나님의 말씀으로 사람의 구원을 위한 하나님의 뜻을 드러내는 완전하고도 필수적인 계시이며, 기독교 신앙과 삶을 위한 최종적 권위다. 중국 신학 대학원

역사적 신조와 신앙 고백 ㅣ 예수 그리스도에 대한 이 복음은 하나님이

무류한 성경 안에 공포하신 것으로 하나님 나라의 현재적 실제에 대한 예수님 자신의 선포와 그리스도의 위격, 신분, 사역, 그리고 죄인된 인간이 그로 인해 어떻게 유익을 얻는지에 대한 사도들의 설명을 결합한다. 교부들의 신앙 규범, 역사적 신조들, 종교개혁 신앙 고백, 그리고 그 이후의 복음주의 지체들의 교리적 기초는 모두 이러한 성경의 메시지가 담고 있는 실체를 증거한다. "예수 그리스도의 복음", 복음

성경과 교회의 전통 ㅣ 우리는 성경이 권위 있는 하나님의 말씀으로 인정되어야 한다고 선언한다. 우리는 성경의 권위를 교회나 전통, 혹은 다른 인간적 출처로부터 부여받아야 한다는 주장을 거부한다.

성경은 하나님이 양심을 속박하는 데 사용하시는 기록된 최고의 규범이며, 교회의 권위는 성경의 권위에 종속된다는 것을 선언한다. 우리는 교회의 신조나 회의, 선언이 성경의 권위를 뛰어 넘거나 동등한 권위를 지닌다는 주장을 거부한다. "성경의 무오성에 관한 시카고 선언", 1978년, 조항 I, II

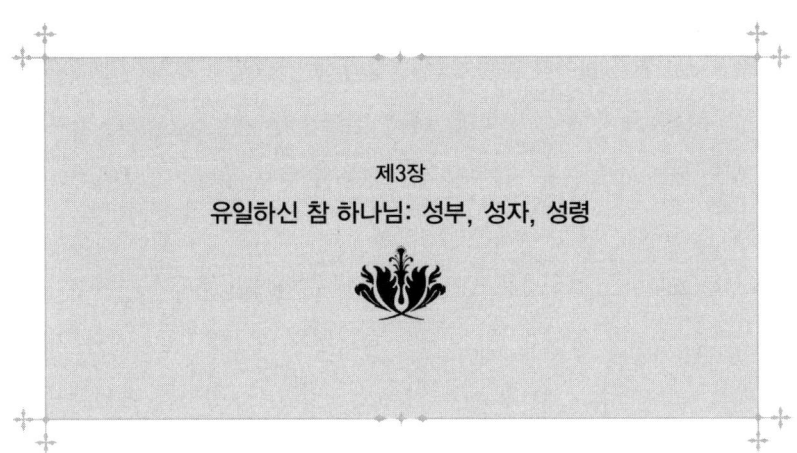

제3장
유일하신 참 하나님: 성부, 성자, 성령

우리는 세상의 창조주이시며 주 되신 영원한 한 분 하나님, 곧 성부, 성자, 성령에 대한 우리의 신앙을 확신한다. 하나님은 그의 뜻과 목적에 따라 만물을 통치하신다.

"로잔 언약", 1974년, 조항 1의 부분

---

1. 한 분 하나님

삼위일체 하나님의 단일성 ┃ 우리는 한 분 하나님, 곧 세 위격 ― 성부, 성자, 성령 ― 으로 영원히 존재하시는 분을 믿는다. 미국 복음주의 협회: "신앙 선언문"

살아 계신 하나님 ┃ 참되고 살아 계신 한 분 하나님(왕상 8:60; 사 43:10-11; 막 12:29, 32; 살전 1:9)은 영원하고 인격적인 영이시다. 그분은 능력과 지혜와 거룩함과 사랑이 무한하고 변함이 없으시다(사 6:3; 약 1:17). 그분은 보이거나 보이지 않는 모든 만물의 주님, 주권적 통치자, 보존자시다(벧전 4:19; 시 103:19; 히 1:3). 그분의 신적인 단일함 가운데, 한 가지 본질, 완전함, 능력을 지닌 세 위격 – 성부, 성자, 성령 – 이 존재한다 (마 3:16-17; 28:19; 고후 13:14). OMS 인터네셔널

계시된 하나님 | [우리가 말하는] 하나님은 자기를 계시하신 우주의 창조주, 유지자, 통치자, 주님이시다. 하나님은 영원히 자존하시며, 거룩한 사랑, 선함, 공의로움, 지혜, 약속을 지키는 신실함에 있어 변함이 없으시다. 하나님은 그분의 존재 가운데 동등하고 영원히 공존하는 세 위격의 공동체이시며, 그분의 위격은 성경을 통해 우리에게 성부, 성자, 성령으로 계시되었다. 이들은 이 세상을 향해서 그리고 이 세상 내에서 하나님이 맺으시는 관계에 일정한 협동적 양식의 모습으로 참여하신다. 하나님은 역사의 주님이시며, 그 역사 가운데서 자기 백성에게 복 주시고, 그분의 통치에 대항하는 인간과 천사의 반역을 정복하고 심판하시며, 결국 전체 창조 질서를 갱신하실 것이다. "암스테르담 선언", 2000년. 핵심 용어 정의 1

2. 하나님의 속성

하나님의 주권성 | 하나님은 창조, 계시, 구속, 최후의 심판에 대한 주권을 지니신 분이다. 영국 IVF

하나님의 무한성. 오직 한 분 하나님은 만물의 창조주이자 보존자이시며, 존재와 완전함 가운데 무한하시다. 그분은 영원히 세 위격으로 존

재하신다. 성부, 성자, 성령은 한 실체이시며, 능력과 영광에 있어 동등하시다. 크리스채너티 투데이 인터네셔널

하나님의 사랑, 심판, 자비의 통일성 | [우리는] 사랑이 무한하고, 완전하게 심판하며, 자비가 불변하신 한 분 하나님, 곧 만물을 창조하시고 유지하시는 분을 [믿는다.] 애즈베리 신학교

3. 삼위일체 하나님의 단일성

창조되지 않은 삼위일체 | 하나님은 성부, 성자, 성령이신 삼위일체시다. 삼위는 각각 창조되지 않은 위격이시고, 본질상 한 분이시며, 능력과 영광이 동등하시다. 복음주의 신학회

삼위일체의 신비 | 우리는 하나님의 삼위일체적 이름 - 성부, 성자, 성령 - 을 단언한다. 우리는 이러한 지칭이 과거의 문화적 경험에서 나온 단순한 은유에 불과하다는 주장과, 따라서 오늘날의 문화적 사조를 반영하는 새로운 상징으로 대체할 수 있다는 주장을 거부한다. "듀페이지 선언", 1990년

하나 가운데 셋인 하나님의 상호 영원성 | 우리는 한 분 하나님, 곧 우주의 창조주이자 주님이시며, 영원히 함께 삼위일체 - 성부, 성자, 성령 - 로 계시는 분을 믿는다. 교도소 선교회

삼위 | 우리는 주권적인 한 분 하나님, 곧 영원히 삼위로 존재하시는 분을 믿는다. 영존하시는 아버지, 그분의 독생자 우리 주 예수 그리스도, 생명의 수여자이신 성령을 믿는다. 휘튼 칼리지

세 위격의 구별 | 더 나아가 우리는 한 분 하나님이 세 위격 – 성부, 성자, 성령 – 으로 영원히 존재하시는 것과 세 위격 모두 같은 본성, 속성, 완전함을 지니시지만, 창조와 구속의 사역에서 각각 구별되나 조화로운 일을 수행하시는 것을 믿는다. 틴데일 대학과 신학교

세 위격의 동등성 | 유일하신 참 하나님은 영원히 세 위격 – 성부, 성자, 성령 – 으로 존재하신다. 그분의 위격 각각은 신성의 모든 속성과 위격성의 특성을 동등하게 소유하고 계신다. 미국 CCC

4. 창조주 하나님

하나님의 말씀을 통한 창조 | 우리는 하나님이 자신의 영광을 위해 말씀으로 하늘과 땅을 무(無)에서 창조하신 것을 믿는다. 휘튼 칼리지

무에서 만물을 창조함 | 하나님은 말씀으로 모든 보이는 것과 보이지 않는 것을 무에서 창조하셨으며, 창조된 것들은 그분의 절대적 주권에 복종한다. 일본 성서 신학교

창조 세계의 좋음 | 하나님은 우주를 창조하셨고, 그것이 좋다고 선언하셨다. 남아프리카 복음주의 신학교(EVANGELICAL SEMINARY OF SOUTH AFRICA)

창조주와 창조 세계의 구분 | 우리는…삼위일체 하나님이 모든 창조 세계의 창조주, 유지자, 통치자이시지만, 창조 세계보다 앞서시며 창조 세계와 구별되신다는 것을 믿는다. 중국 신학 대학원

5. 섭리

창조와 역사 안에 있는 하나님의 계시 ㅣ 자신의 창조 세계를 통해 자신을 드러내신 하나님은 구속 역사에서 말씀과 사건으로 말씀하셨다. 이러한 구속 역사는 성령에 의해 성경을 통해 우리에게 알려진 예수 그리스도, 곧 성육한 말씀 안에서 성취된다. 풀러 신학교: "신앙 선언문"

보존자이자 통치자이신 하나님 ㅣ 살아 계신 참된 한 분 하나님은 만물의 창조주, 보존자, 통치자시다. 그분은 영이시며, 존재와 모든 완전함에 있어 무한하시다. 틴데일 대학과 신학교

섭리의 목적 ㅣ

> 우리는 우리 주 하나님을 믿는다.…
> 그분은 – 창조, 계시, 구속, 심판,
> 하나님 나라의 도래 가운데 –
> 주권적인 섭리의 목적을 성취하시며
> 세상에서 한 백성을 부르셔서
> 사랑 가운데 그분과, 또 서로와 연합하게 하신다.
>
> 런던 바이블 칼리지

제4장
하나님의 다스림 아래 있는 인간의 삶: 죄로 타락한 창조 세계

우리는 인간이 하나님의 형상을 따라 남자와 여자로 창조된 것과 존엄성을 지닌다는 것을 믿는다. 모든 사람은 하나님께 영광 돌리도록, 하나님과 또 서로와 관계를 맺으며 살도록, 창조 세계의 청지기가 되도록 부름받는다. 더 나아가 우리는 우리의 첫 부모가 하나님께 불순종함으로 죄를 범했고, 그 결과 육체적 죽음과 하나님으로부터의 영적인 분리를 초래했으며, 죄, 죄책, 부패, 불행을 모든 인간에게 가져왔다는 것을 믿는다.

틴데일 대학과 신학교

---

1. 하나님의 형상인 남자와 여자

하나님의 형상을 지닌 자 | 창조의 말씀으로 만물을 형성하시고 규례의 말씀으로 만물을 다스리시는 삼위일체 하나님은 자신과의 교제로 생명을 얻도록 자신의 형상대로 인류를 만드셨다. 삼위일체 내의 사랑

으로 서로 교통하는 영원한 교제가 그 원형이다. 하나님의 형상을 지닌 자로서 사람은 그에게 주어진 말씀을 들어야 했으며, 흠모하며 순종하는 기쁨으로 반응해야 했다. 아담 이래로 인간은, 창조 질서와 그 속에서 일어난 일련의 사건 속에 드러난 하나님의 자기 계시뿐 아니라, 성경에 나타나듯이 직접적으로든 성경 전체나 일부분의 형태로 간접적으로든 하나님으로부터 언어로 된 메시지를 받아 왔다. "시카고 성명" 1977년

인간의 원래 조건 가운데 있는 자유 ㅣ 사람은 하나님의 형상으로 창조되었으며(창 1:27), 순수하고 순전했다(롬 5:12). '하나님 닮은 모습'은 옳고 그른 것을 선택할 수 있는 능력을 포함했고, 따라서 그에게는 도덕적인 책임이 있었다(창 3:3; 신 30:19; 롬 2:15). OMS 인터네셔널

창조의 절정인 남자와 여자 ㅣ 하나님은 자신의 말씀으로 자신의 영광을 위해, 자유롭게 세상을 무에서 창조하셨다. 그분은 창조의 절정으로서 자신의 형상을 따라 남자와 여자를 만드셔서 그들로 하여금 자신과 교제를 나누게 하셨다. 풀러 신학교: "신앙 선언문"

남자와 여자의 고유한 존엄성 ㅣ 인간은 남녀 모두 하나님을 알고 사랑하고 섬기도록 하나님의 형상대로 창조되었기 때문에, 모두가 고유한 존엄성과 가치를 지니고 있다. "마닐라 선언", 1989년, 조항 A.1의 부분

2. 타락

인간의 존엄성과 죄 사이의 긴장 ㅣ 우리는…모든 사람의 가치와 존엄성

3. 타락한 인간의 상태

복음 선포의 필수 전제인 인간의 타락 ㅣ 우리는 인간 존재가 하나님의 형상대로 창조되었지만, 죄와 죄책이 있으며, 그리스도 없이 길을 잃었다는 사실이 복음을 이해하기에 앞서 알아야 할 진리임을 단언한다.
"마닐라 선언", 1989, 21개 항의 고백 4

인간의 철저한 타락 ㅣ 복음의 진단에 따르면 보편적인 인간의 상태는 하나님에 대해 죄된 반역을 행하는 상태에 있다. 이러한 반역은, 만일 변화되지 않는다면, 개인들로 하여금 하나님의 정죄 아래서 영원한 상실에 이르게 한다. 우리는 인간 본성의 타락함에 대한 부인, 혹은 인류의 본성적 선함이나 신성에 대한 주장을 모두 거부한다. "예수 그리스도의 복음", 고백과 거부 3

반역적인 인간 상태 ㅣ 율법과 복음은 모두 타락한 인간의 상태를 폭로한다. 타락한 인간의 상태는 고통의 느낌, 불행, 좌절, 예속, 무기력함, 삶에 대한 불만족 이상의 것이다. 성경은 모든 인간이, 그들을 만드시고 또 그들이 여전히 희미하게 알고 있는 하나님께 본질상 반역하는 상태에 있다고 밝힌다. 인간은 하나님으로부터 소외되었으며, 인간 본성의 참된 성취인 하나님을 알고 섬기는 모든 즐거움으로부터 단절되었다. 우리 인간은 하나님을 사랑하고 다른 사람을 사랑하는 영원한 삶 속에 하나님의 형상을 지니도록 만들어졌지만, 우리의 타락하고 죄된 마음에 있는 자기중심성이 그것을 불가능하게 한다. 우리의 부정직함은 종종 종교 의식마저 하나님과 거리를 두는 데 사용하게 했으며, 따라서 하나님이 우리의 경건하지 않은 자기 숭배에 대해 다루시지 못하도록 피했다. 그러므로 모든 인간 존재는 이제 주님의 임재에서 분리된 채, 심판자 그리스도의 최종적 정죄와 영원한 멸망을 대면한다.

우리는 사람들의 현 영적 상태에 대한 진실을 사람들과 나누며, 회개하지 않는 자들이 대면할 심판과 지옥에 대해 경고하며, 우리를 구원하기 위해 자기 아들을 주신 하나님의 사랑을 칭송하는 일에 신실하며 자비로울 것을 서약한다. "암스테르담 선언", 2000년, 헌장 5

모든 사람에게 이른 사망 | 사람은 하나님이 자신의 형상과 모습을 따라 창조하셨지만, 불순종으로 인해 죄 가운데 빠졌으며 "이와 같이 모든 사람이 죄를 지었으므로 사망이 모든 사람에게 이르렀다"(롬 5:12). 세계 복음 선교회(WORLD GOSPEL MISSION)

아담의 후손 | 우리는…첫 번째 인간 아담은 하나님이 그분의 형상으로 창조하신 자이지만, 하나님께 대항하여 죄를 범함으로써 원래 상태에서 타락했고, 그로 인해 자신과 후손에게 죄의 책임과 정죄, 사망을 초래했다고 믿는다. 그러므로 모든 인류에게 구원이 필요하지만, 스스로를 구원할 능력은 전혀 없다. 중국 신학 대학원

죄와 사망에 이르는 타락한 본성 | 우리는 우리의 첫 번째 부모가 하나님이 계시하신 뜻에 반역함으로써 죄를 범한 것과 그로 인해 육체적이고 영적인 죽음을 초래한 것, 그 결과 모든 인간 존재가 생각과 말, 행위에 있어 죄로 이끄는 죄된 본성을 지니고 태어난다고 믿는다. 휘튼 칼리지

4. 죄

죄된 행위와 구별되는 죄된 본성 ㅣ 아담은 죄된 자유의 선택을 통해 하나님께 반역했으며, 원래의 순결함과 순수성을 잃어버렸고, 타락하고 죄된 본성을 받아들였다(롬 5:12). 오늘날 각각의 인간은 죄된 본성을 지니고 태어나며(시 51:5; 갈 3:22), 자신의 죄된 행위로 인해 하나님 앞에서 죄책을 갖게 된다(롬 3:11-23). OMS 인터네셔널

멸망으로 가는 넓은 길 ㅣ 그러나 죄로 인해 그들의 인간성의 모든 부분이 다 왜곡되었다. 인간은 자기중심적이며 자기 자신을 섬기는 반역자가 되어, 마땅히 하나님과 이웃을 사랑해야 하지만 그렇게 하지 않는다. 그 결과, 인간은 창조주와 또 다른 피조물들에게서 소외되었다. 이것이 오늘날 그토록 많은 사람들이 겪고 있는 고통, 방황, 고독의 근본적인 원인이다. 죄는 또한 반사회적 행동, 다른 사람들을 극심하게 착취하는 일, 그리고 하나님이 인간들에게 청지기로서 지키라고 주신 자원들을 고갈시키는 일을 감행한다. 따라서 인간은 변명의 여지가 없는 죄인이며 멸망으로 이끄는 넓은 길을 걷고 있다. "마닐라 선언", 1989년 조항 A.1의 부분

사망 선고 ㅣ 하나님은 아담과 하와를 자신의 형상으로 창조하셨다. 그들은 불순종으로 말미암아 사탄의 유혹을 통해 죄 없는 상태에서 타락했다. 타락은 인간성을 죄와 영적인 죽음의 상태에 빠지게 했으며, 모든 인류에게 영원한 죽음의 선고를 가져왔다. 우리는 오직 하나님의 은혜로 말미암아, 믿음으로, 그리스도의 사역에 근거하여, 성령의

중재하심을 통해, 구원받을 수 있다. 크리스채너티 투데이 인터네셔널

죄의 보편적 결과 | 타락으로 인해 전체 인류는 죄와 죄책을 지니며, 그로 인해 모든 사람은 하나님의 진노와 정죄 아래 있다. 영국 IVF

신적인 심판 | 모든 곳에 사는 모든 사람은 타락했으며 하나님의 심판을 대면한다. 그리고 그들은 예수 그리스도가 십자가 위에서 흘리신 피를 통해, 예수 그리스도에 대한 구원의 지식에 이를 필요가 있다. 빌리 그레이엄 복음 전도 협회(BILLY GRAHAM EVANGELISTIC ASSOCIATION)

순종을 배움 | 성령의 은혜로운 사역을 거부하고 순종 가운데 성장하지 않는 신자는 하늘 아버지의 무한한 사랑 가운데 징벌을 받으며, 이로 인해 순종을 배울 것이다. 백 투 더 바이블(BACK TO THE BIBLE)

5. 죄의 대가

우리의 부패한 상태로는 하나님을 기쁘시게 할 능력이 없음 | 사람은 원래 하나님의 형상으로 창조되었다. 사람은 하나님께 불순종함으로써 타락하였고, 이로 인해 자신의 창조주로부터 소외되었다. 역사적 타락으로 인해 모든 인류는 하나님의 정죄 아래 놓이게 되었다. 사람의 본성은 부패하였고, 따라서 하나님을 기쁘시게 할 능력을 전혀 가지고 있지 않다. 모든 사람은 성령으로 말미암는 중생과 갱신이 필요하다. 미국 CCC

은혜가 없이는 회복이 불가능함 | 사람들은 사탄의 유혹을 받아서 하나님께 대항하여 반역하였다. 그들은 자신의 조물주로부터 떨어져 나

갔지만 그분께 책임 있는 존재이기에, 신적인 진노 아래 놓이게 되었으며, 내적으로 부패하고, 은혜에서 격리되어, 하나님께 돌아가는 것이 불가능하게 되었다. 풀러 신학교: "신앙 선언문"

하나님께 반응하지 못함 ㅣ 우리는 인간이 하나님과 교제를 나누도록 만들어졌지만 본성상 - 즉 "아담 안에서"(고전 15:22) - 죄 가운데 죽었고, 창조자에게 반응하지 못하며, 그분으로부터 분리되었다는 것을 복음을 통해 배운다. 우리는 끊임없이 하나님의 진리를 왜곡하고, 그분의 율법을 어기며, 그분의 목표와 기준을 비하하고, 우리의 거룩하지 못함으로 그분의 거룩함을 범하고 있다. 그래서 우리는 참으로 "세상에서 소망이 없고 하나님도 없는 자였다"(롬 1:18-32, 3:9-20; 엡 2:1-3, 12). 그러나 하나님은 은혜 안에서, 주도적으로 자신의 사랑하는 아들의 죄 없는 삶과 대리적 죽음을 통하여 우리로 하여금 하나님과 화해하게 하신다(엡 2:4-10; 롬 3:21-24). "예수 그리스도의 복음", 복음

훼손된 형상 ㅣ [우리는] 인간 존재가 하나님의 형상으로 창조된 것을 [믿는다.] 하나님의 형상은 우리의 첫 부모가 저지른 불순종을 통해 모든 부분에서 훼손되었으며, 하나님과의 교제는 깨져 버렸다. 하나님은 자신의 선행하는 은혜를 통해 모든 인류에게 도덕적 민감성을 회복시키시고, 모든 자들이, 만일 그들이 원한다면, 그분의 사랑에 반응하고 구원하시는 은혜를 받아들일 수 있게 하신다. 애즈베리 신학교

죄 가운데 죽은 ㅣ 사람은, 하나님의 중생 사역 없이는, 오늘날 죄 가운데 타락해 있으며, 범죄와 죄 가운데 죽어 있고, 하나님도 없고 소망

도 없다(고후 4:3; 엡 2:1-3, 12). OMS 인터네셔널

죄의 상태에 있는 흠 있는 인간의 성취 ㅣ 인간 안에 있는 하나님의 형상이 부패되기는 하였지만, 아직도 인간에게는 이웃을 사랑하고 품위 있는 행동을 하며 아름다운 예술을 창조할 만한 능력이 있다. 그러나 인간이 성취한 것은 제아무리 훌륭한 것이라 해도 숙명적으로 부족할 수밖에 없어 결국은 하나님의 존재 앞에 합당하지 않다. 남녀 구분 없이 모든 사람은 영적인 존재다. 그러나 종교적 행동이나 자립을 위한 기술이 인간의 필요를 다소 경감시킬 수 있을지라도 그것이 죄와 죄책과 심판의 준엄한 실재를 근본적으로 피하게 할 수는 없다. 인간의 종교나 인간의 의나 사회·정치적 제도도 인간을 구원할 수는 없다. 어떤 종류의 자력 구원도 불가능하다. 인간은 자기 스스로서는 영원히 잃어버린 존재다. "마닐라 선언", 1989년, 조항 A.1의 부분

사람은 자신을 구원하는 데 무능력하다 ㅣ 사람은 하나님의 형상으로 창조되었으나 죄의 결과로 타락했으며 자신을 구원할 능력이 없다. 리젠트 대학교(버지니아)

하나님의 사랑과 심판 ㅣ 하나님은 모든 인간 존재를 사랑하신다. 모든 인간은 그리스도를 믿는 신앙을 떠나서는, 하나님의 심판 아래 있으며 지옥에 가도록 정해져 있다. "암스테르담 확언", 1983년

어리석은 낙관주의 ㅣ 그러므로 우리는 인간의 죄, 하나님의 심판, 예수 그리스도의 신성과 성육신, 십자가와 부활의 필수성을 부인하는 거짓 복음들을 거부한다. 우리는 죄를 극소화하고 하나님의 은혜를 인간의

자기 노력과 혼동시키는 사이비 복음들도 배척한다. 우리는 우리 스스로 때로 복음을 보잘것없는 것으로 만들어 버렸음을 고백한다. 그러나 우리는 복음 전도에 있어 하나님의 철저한 진단과 아울러 하나님의 철저한 치유를 기억할 것을 결의한다. "마닐라 선언", 1989년, 조항 A.1의 부분

6. 결혼, 가족, 삶의 가치

인간 삶의 신성함 | 우리는 하나님의 형상으로 창조되었으며, 하나님이 그분의 나라를 섬기도록 우리를 택하셨으므로 인간 삶의 모든 단계가 신성하다는 것을 단언한다. 예를 들어, 우리는 부모의 개인적 선택이 아직 태어나지 않은 아이가 가진 하나님을 섬기는 삶을 살 권리보다 우선하다는 주장을 거부한다. 우리는 계속되는 낙태 행위가 무죄한 자를 살육하는 것으로, 하나님 보시기에 분명 증오스런 일임에 한탄한다. "듀페이지 선언", 1990년

경건한 성 | 우리는 인간의 성에 관한 성경의 지침을 단언한다. 성경은 결혼 관계 밖에서의 순결함, 결혼 관계 안에서의 평생의 정절과 거룩함, 하나님 나라를 위한 독신을 가르친다. 우리는 혼전 혹은 혼외 관계, 시험 결혼, 결혼 관계 외의 동거, 동성애적 관계, 소위 동성애적 연합이 하나님의 백성을 향한 그분의 뜻과 목적에 진정으로 조화를 이룰 수 있다는 주장을 거부한다. "듀페이지 선언", 1990년

여자와 남자 모두를 위한 은사 | 우리는 성령의 은사가 남자든 여자든 하나님의 모든 백성에게 주어져 있으므로, 복음 전도에 있어 동반자

적 협력을 통해 선을 이루어야 함을 단언한다. "마닐라 선언", 1989년, 21개 항의 고백 14

남자와 여자의 관계 ㅣ 하나님은 남자와 여자를 모두 동일하게 하나님의 형상을 지닌 자로 창조하셨고, 그리스도 안에서 차별이 없이 받아들이시며, 아들에게나 딸에게나 똑같이 모든 육체에 당신의 성령을 부어 주셨다. 그리고 또 성령이 은사를 남자에게 주신 것뿐 아니라 여자에게도 주셨으므로, 남녀는 모두 자기 은사를 발휘할 기회를 가져야 한다. 우리는 선교 역사를 통해 여성들이 남긴 찬란한 기록을 찬양하며, 하나님이 오늘날에도 여성들이 그런 역할을 감당하도록 부르신다고 확신한다. 여성들이 어떤 형태의 지도력을 가져야 할 것인가에 대해서는 여러 이견이 있겠지만, 하나님이 세계 복음화 가운데 남자와 여자가 동역하는 것을 누리도록 의도하셨다는 것에 모두 동의한다. "마닐라 선언", 1989년, 조항 B.6의 부분

다르지만 동등함 ㅣ 우리는 하나님이 창조 질서 가운데 남자와 여자가 서로 다른 기능에 적합하게 만드신 것을 믿는다. 남자는 수위(首位)적 지도력을 가지고 역할하게 하셨다. 여자는 양육과 봉사에 특별히 적합하게 하셨다. 우리는 남자와 여자가 주님과의 관계에 있어 동등하다고 믿는다. 그리스도 안에는 남자도 여자도 없기 때문이다. 그리스도 안에 있다는 것이 가정에서나 교회에서나 그들의 타고난 재능을 무효화하지 않는다. "메노나이트 신앙 고백", 1990년, 조항 14

결혼과 가정 ㅣ 우리는 창세기의 창조에 대한 기사에 따라 인간 역사

의 시초부터 하나님이 오직 이성의 결혼을 제정하셨다고 믿는다. 이로 말미암아 하나님은 남자가 아버지와 어머니를 떠나 아내와 연합하며, 사랑과 상호 복종 가운데 둘이 한 몸이 되도록 정하셨다. 결혼은 일부일처제이고, 거룩하며, 죽음이 아니고서는 나뉠 수 없다는 것이 하나님의 뜻이다. 그리스도인들은 주님 안에서 결혼해야 하며, 가정의 영적 연합을 위해 같은 회중의 구성원이 되어야 한다. 결혼은 남편과 아내의 행복을 위해 그리고 자녀의 출산과 기독교적 양육을 위해 제정된 것이다. "메노나이트 신앙 고백", 1990, 조항 15

가족이라는 선물 | 가족은 하나님이 우리에게 책임으로 주신 것으로, 다른 사람을 향한 사역으로 우리를 부르신 것에 신실하게 행하는 것과 동일하게 신실하게 지켜야 할 거룩한 의무다. "암스테르담 확언", 1983년

자녀들을 제자로 삼음 | 우리는 어린이와 젊은이들이 교회의 예배를 풍요롭게 하고 열심과 믿음으로 전도함을 인해 감사한다. 제자도와 복음 전도에 있어 그들을 훈련하여, 그들로 하여금 그리스도를 위하여 자기 세대의 이웃을 전도할 수 있게 해야 한다. "마닐라 선언", 1989년, 조항 B.6의 부분

제5장
예수 그리스도: 위격과 사역 – 요약

이 선언문은 신약 정경이 제시하며 역사적 기독교 신조와 신앙 고백이 증언하는 예수님에 대한 견해를 취한다. 그분은 삼위일체 신성의 제2격이셨고 지금도 그러하시며, 지금과 영원히 성육하신 분이다. 예수님은 동정녀에게서 나시고, 완벽하게 경건함 삶을 사셨으며, 우리의 죄를 위한 대속적 희생 제물로서 십자가 위에서 돌아가시고, 죽은 자 가운데서 육체로 살아나셨으며, 하늘에 오르시어, 지금 우주를 다스리고 계시며, 만물을 심판하고 갱신하기 위해 인격적으로 돌아오실 것이다. 십자가에 못 박히셨다가 지금은 보좌에 앉아 계신 신인(神人)이신 예수님은 주님과 구세주로서 사랑 가운데 우리를 향하여 선지자, 제사장, 왕의 삼중 중보 사역을 성취하셨다. 그분의 칭호 '그리스도'는 예수님을 구약 정경의 모든 메시아 소망을 성취하신 하나님의 기름부음 받은 자로 선포한다.

"암스테르담 선언", 2000년, 핵심 용어 정의 2

1. 위격

역사적 그리스도 | 예언된 메시아이신 예수 그리스도는 성경의 중심 주제이시다. 구약은 예수 그리스도를 미리 내다보았다. 신약은 예수 그리스도의 초림을 돌아보고 재림을 바라본다. 정경 성경은 신적으로 영감된 것이고, 따라서 그리스도에 대한 규범적인 증거다. 그러므로 역사적 그리스도에게 초점을 맞추지 않는 어떠한 해석학도 받아들일 수 없다. 성경이 본질적으로 어떤 것인지에 따라 – 성육한 성자에 대한 성부의 증거로서 – 성경을 다루어야 한다. "성경의 무오성에 관한 시카고 선언", 1978년, 해설: 권위: 그리스도와 성서

예수 그리스도의 성육신 | 우리는 예수 그리스도가 인간의 몸으로 성육신한 하나님이시고, 온전히 사람이자 온전히 하나님이시며, 단지 그뿐만 아니라 모든 인간과 다른 종류의 분임을 단언한다. 우리는 예수 그리스도가 본질적으로 인간성의 꽃, 곧 영적인 스승이자 모든 인간이 될 수 있는 전형적 모범이라는 주장을 거부한다. "듀페이지 선언", 1990년

말씀이 육신이 되다 | 하나님의 아들이신 예수 그리스도, 곧 육신이 되신 말씀, 우리의 선지자, 제사장, 왕이신 그분은 모든 하나님 은혜의 궁극적 중재자이자, 하나님과 우리 사이의 교통을 위한 궁극적 중재자시다. 예수 그리스도가 주신 계시는 말 이상의 것이다. 그분은 임재와 행위를 통해서도 성부를 계시하셨다. 그러나 그분이 하나님이셨고, 그분이 성부로부터 받은 것을 말하셨으며, 그분의 말씀이 마지막 날에 모든 사람을 심판하실 것이기에 그분의 말씀은 결정적인 중요성을

가진다. "성경의 무오성에 관한 시카고 선언", 1978년, 해설: 권위: 그리스도와 성서

2. 신성

참된 하나님, 그분이 인간이 되다 | 우리는 예수 그리스도가 영원한 신성을 지니고(요 10:33-36) 성령의 잉태와 동정녀 탄생(눅 1:31-35)을 통해 인간이 되셨으며, 성경을 따라 우리를 대신해 우리의 죄를 위해 완벽하고 완전한 희생 제사로 십자가 위에서(막 15:23-26; 요 19:16-18) 돌아가신 것을 믿는다(히 9:13-15; 엡 1:6-7). 그분은 죽은 자 가운데서 육체로 다시 살아나사 하늘에 오르시고(고전 15:3-4; 행 1:6-11), 높으신 전능자의 우편에 계신다. 지금 예수 그리스도는 우리의 대제사장이고 변호자시다(히 2:16-17). 국제 기독교 학교 연합(NETWORK OF INTERNATIONAL CHRISTIAN SCHOOLS: NICS)

신성 | 우리는 하나님의 말씀(또는 로고스, 요 1:1)이시고, 삼위일체의 제2격이시며, 성부와 성령과 공동 본질을 지니사 영원히 함께하시는 예수 그리스도를 믿는 신앙이 복음을 믿는 신앙의 토대가 된다고 고백한다. 우리는 예수 그리스도의 완전한 신성을 축소하거나 거절하는 견해가 복음의 신앙이라거나 구원에 효력이 있을 것이라는 주장을 거부한다. "예수 그리스도의 복음", 고백과 거부 6

기적적인 잉태 | 예수 그리스도는 성령으로 말미암은 기적적인 잉태와 동정녀 탄생을 통해 육신이 된, 말씀이신 하나님이시다. 그러므로 그분은 한 위격 안에 영원히 연합되어 있는 완전한 신성이자 참된 인

간이시다. 미국 CCC

신적인 아들됨 | 예수 그리스도는 하나님의 아들로, 성부가 보내셨고, 성령으로 잉태되셨으며, 동정녀 마리아에게서 나셨다. 중국 신학 대학원

3. 신성과 인성의 통일

참 하나님, 참 인간 | 하나님의 성육신하신 아들, 주 예수 그리스도는 온전한 하나님이시다. 예수 그리스도는 동정녀에게서 태어나셨다. 그분의 인성은 진정하며 죄가 없으시다. 그분은 십자가에서 돌아가시고 죽음에서 육체적으로 부활하셨으며 지금은 하늘과 땅을 다스리고 계신다. 영국 IVF

신성과 인성의 통일 | 우리는 영원한 하나님의 아들이신 예수 그리스도가 성육신 가운데 그분의 신적 본성과 참된 인간적 본성을 연합하셨으며, 구분되는 두 본성 그러나 한 위격 가운데 영원히 하나님이자 사람이신 분으로 계속해서 계신 것을 믿는다. 틴데일 대학과 신학교

한 위격 가운데 있는 그리스도의 두 본성 | 예수 그리스도는 영원히 성부에게서 나신 성자, 곧 삼위일체 신성의 제2격이시다. 예수 그리스도는 영원히 성부와 함께 하나이시고(요 1:1; 10:30) 성령으로 잉태하사 동정녀 마리아에게서 태어나셨다(눅 1:27, 35; 마 1:20). 그러므로 온전하고 완벽한 두 본성이 예수 그리스도의 완벽한 한 위격 안에 영원히 연합되었다. 예수 그리스도는 육신이 되신 영원한 말씀이고, 성부의 독생자 성자이시며, 인자(사람의 아들)이시다(요 1:14; 요 3:16; 마 16:13). 예수 그

리스도는 신인(神人), 곧 온전한 참 하나님이자 온전한 참 사람이시다. 그분은 생애 가운데 죄가 없으셨다(요일 3:5). 그분, 오직 그분이 우리의 대속자이자 우리의 구세주가 되실 자격이 있으시다(딤전 2:5; 유 25절).

OMS 인터네셔널

두 본성을 합한 한 위격 ｜ 영원히 선재하신 성자는 육신의 아버지 없이 성육하사 동정녀 마리아에게서 태어나셨다. 그러므로 주 예수 그리스도 안에는 신성과 인성이 둘 다 온전하고 완벽하고 뚜렷하게, 한 위격 안에 연합되어 있다. 고든콘웰 신학교

육체 가운데 나타난 하나님 ｜ 우리 주 예수 그리스도는 육체 가운데 볼 수 있게 나타난 하나님으로, 동정녀 마리아에게서 태어나셨다. 그분은 죄 없는 인간 생애를 사셨다. 그분은 지상 사역 기간에 기적을 행하셨고, 우리의 죄를 속하시려 우리를 대신하여 돌아가셨다. 그분은 묻히신 후 사흘 만에 죽은 자 가운데서 다시 살아나셨고, 하늘에 오르셨다. 그분은 세상의 유일한 중재자이자 구세주시다. 그분은 권능과 위엄 가운데 인격적으로 돌아오실 것이다. 남아프리카 복음주의 신학교

4. 인성

그분은 죄가 없으신 것 외에는 우리와 같으시다 ｜ 우리는 예수 그리스도가 성육하신 하나님이신 것을 고백한다(요 1:14). 동정녀에게서 태어나신 다윗의 자손(롬 1:3) 예수 그리스도는 참된 인간 본성을 가지고 하나님의 율법에 복종하셨으며(갈 4:5) 죄가 없으신 것 외에는 모든 점에

서 우리와 같으셨다(히 2:17; 7:26-28). "예수 그리스도의 복음", 고백과 거부 7

죄 없는 생애 ㅣ 예수 그리스도는 죄 없는 생애를 사셨으며, 우리의 죄를 직접 지셨고, 죽으시고 부활하셨으며, 성부의 우편에 앉아 우리의 중재자와 변호자가 되신다. 빌리 그레이엄 복음 전도 협회

삶과 죽음, 부활에서 그분 위격의 연속성 ㅣ 우리는 역사의 예수와 영광의 그리스도가 동일한 위격이시라는 것과 이 예수 그리스도만이 성육신하신 하나님이시요, 우리의 죄를 담당하시고, 죽음을 이기신 분이요, 재림하실 심판자이므로, 절대 유일한 분임을 단언한다. "마닐라 선언", 1989년, 21개 항의 고백 5

참 인성 ㅣ 우리는 그리스도의 참된 인성을 믿는 신앙이 복음을 믿는 신앙에 본질적이라고 고백한다. 우리는 그리스도의 인성, 성육신, 죄 없으심을 인정하지 않거나 이러한 진리가 복음에 본질적이지 않다고 주장하는 사람이 구원받을 것이라는 주장을 거부한다(요일 4:2-3). "예수 그리스도의 복음", 고백과 거부 7

5. 순종

율법에 대한 순종 ㅣ 예수 그리스도는 성령으로 잉태하사 동정녀 마리아에게서 나셨으며, 하나님의 율법에 완벽하게 순종하셨다. 틴데일 대학과 신학교

완전한 모범 ㅣ 우리는 완전한 모범으로 사셨고, 우리를 대신해서 죽으심으로 죄인에게 마땅한 심판을 자기 것으로 취하셨으며, 죽은 자 가

운데서 육체적으로 살아나사 구세주와 주님으로서 승천하신 온전히 인간이시며 온전히 하나님이신 예수 그리스도를 믿는다. 미국 IVF

그분 순종의 완전함 ｜ 하나님과 인간 사이의 유일한 중재자는 영원한 하나님의 아들, 주 예수 그리스도시다. 그분은 성령으로 잉태되고 동정녀를 통해 태어나셨으며, 온전히 자신을 내어 주고 완전한 순종으로 인간의 삶을 충실히 사셨다. 풀러 신학교: "신앙 선언문"

삶과 죽음 ｜ 우리는 그리스도의 구원 사역이 우리를 대신한 그분의 삶과 죽음 모두를 포함한다는 것을 고백한다(갈 3:13). 우리는 그리스도가 우리를 대신하여 하나님의 율법이 요구하는 모든 것을 성취하신 것을 통해 나타난 그리스도의 완전한 순종에 대한 믿음이 복음에 본질적이라고 고백한다. 우리는 우리의 구원이 그리스도의 완벽한 의로운 삶과 관련 없이, 단지 배타적으로 그리스도의 죽음으로만 성취되었다는 주장을 거부한다. "예수 그리스도의 복음", 고백과 거부 9

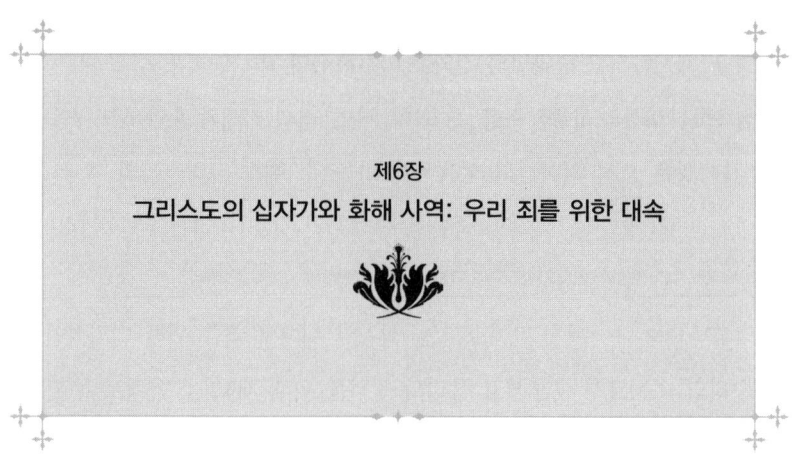

제6장
그리스도의 십자가와 화해 사역: 우리 죄를 위한 대속

예수 그리스도는 구원을 이루시기 위해 죄 없는 생애를 사셨고
죄인의 대속물로서 십자가 위에서 죽으사
죄의 용서를 위한 피를 흘리셨다.

크리스채너티 투데이 인터네셔널

1. 그리스도의 죽음으로 말미암은 속죄

십자가에 못 박히심 ㅣ 우리는, 예수 그리스도가 십자가 위에서 우리를 대신하여, 우리의 죄를 지고 죽으셨기 때문에 하나님은 이에 근거해서만 회개와 믿음으로 나오는 사람들을 값없이 용서하신다는 것을 단언한다. "마닐라 선언", 1989년, 21개 항의 고백 6

승리의 죽음 ㅣ 예수 그리스도는 우리를 대신한 죽음을 통해 우리의 죄책을 제거하고 우리로 하여금 하나님과 화해하게 하사, 하나님의 사

랑을 계시하시고 하나님의 정의를 확정하셨다. 풀러 신학교: "신앙 선언문"

성육하신 아들의 희생적 죽음 ｜ 죄책, 처벌, 죄의 지배와 오염에서 구속되는 것은 오직 하나님의 성육하신 아들 주 예수 그리스도의 (우리의 대표이자 대속물로서의) 희생적 죽음을 통해서인 것을 [우리는 믿는다.] 싱가포르 기독 대학원생회(GRADUATES' CHRISTIAN FELLOWSHIP, SINGAPORE)

대리적 대속 ｜ [예수 그리스도는] 십자가 위에서 죄를 위해 대리적인 승리의 속죄로서 죽으셨고 우리의 칭의를 위해 제3일에 육체로 부활하셨다. 틴데일 대학과 신학교

희생적 죽음을 통해 성취된 속죄 사역 ｜ 성부는 성자를 보내시어 우리를 죄와 사탄의 지배에서 자유케 하셨으며, 우리로 하여금 하나님의 자녀이자 친구가 되게 하셨다. 예수님은 십자가 위에서 우리를 대신해 우리 죗값을 치르셨으며, 희생의 피를 흘리시어 하나님의 정의에 대한 응보적 요구를 만족시키셨다. 그래서 그분을 신뢰하는 모든 자를 위한 칭의를 가능하게 하셨다(롬 3:25-26). 성서는 이러한 위대한 대속적 해결을 대속물, 화해, 구속, 속죄, 악의 권세에 대한 정복으로 설명한다(마 20:28; 고후 5:18-21; 롬 3:23-25; 요 12:31; 골 2:15). 그것은 하나님과의 회복된 관계를 보증하며, 우리에게 용서와 평안, 용납과 나아감, 하나님의 가족으로 입양됨을 가져다준다(골 1:20; 2:13-14; 롬 5:1-2; 갈 4:4-7; 벧전 3:18). 복음이 우리를 불러서 이르게 하는 하나님과 그리스도에 대한 신앙은 이렇게 약속된 것이며 주어진 유익들을 붙잡기 위해 마음으로 신뢰하며 출발하는 것이다. "예수 그리스도의 복음", 복음

하나님의 정의를 만족시킴 | 우리는 그리스도가 하나님이 만세 전부터 세우신 계획에 따라 순종 가운데 완벽한 희생 제사를 드리사, 우리의 죗값을 지불하심으로써 성부의 진노를 풀고 우리를 대신해 하나님의 정의를 만족시킨 그리스도의 속죄가 복음의 본질적 요소라고 고백한다. 우리는 신자들을 대신해 성취된, 하나님의 정의에 대한 대속적 만족을 부정하는 속죄에 대한 견해가 복음의 가르침과 양립할 수 있다는 주장을 거부한다. "예수 그리스도의 복음", 고백과 거부 8

우리의 구속을 위하여 | 우리 주 예수 그리스도이신 성자는 인류의 구속을 위해, 동정녀를 통해 육체 가운데 나타나셨으며, 갈보리에서 죽으시고 부활하셨다. 인간 족속에 속하는 모든 자는 그를 믿는 신앙을 통해 죄로부터 구원받을 수 있다. 세계 복음 선교회

2. 그리스도의 죽음에 참여함

그분만을 신뢰하는 자를 구원함 | 예수 그리스도는 죄 없는 생애를 사셨고, 대속물로서 십자가 위에서 죽으심으로 사람들의 죄를 자발적으로 속하셨으며, 이로써 하나님의 정의를 만족시키시고 그분만을 신뢰하는 모든 자를 위한 구원을 이루셨다. 미국 CCC

죄인들이 하나님과 바른 관계를 가짐 |

우리가 우리의 죄악됨과 죄책을 통해
  하나님의 진노와 저주 아래 놓였을 때
  그분의 유일한 아들 예수 그리스도를 우리를 위해 주신 것과

죄인들이 하나님의 아들을 신뢰할 때

그들로 하여금 하나님 자신과 바른 관계를 갖게 하심으로써

자신의 은혜를 최고로 드러내신 것에서

성부의 거룩한 사랑이 최고로 드러난다.

런던 바이블 칼리지

그리스도 보혈의 공로 | 타락하고 죄인된 인류가 구원받는 것은 - 공로와 무관하게 신앙으로 얻는 - 오직 주 예수 그리스도가 흘리신 피의 공로를 통해서 가능하고, 성령으로 말미암은 중생이라는 특징을 갖는다. 캐나다 복음주의 협회(EVANGELICAL FELLOWSHIP OF CANADA)

그분의 효력 있는 영단번의 속죄 | 예수 그리스도는 완벽하고 충분한 희생 제사로서(히 9:13, 14, 26) 십자가 위에서 흘리신 자신의 피로써, 온 세상의 죄인을 위한(요일 2:2) 온전한 속죄를 이루신다. 예수 그리스도의 희생 제사는 결코 반복되거나 무엇을 더할 필요가 없다. 왜냐하면 그분은 영단번에 구원을 이루셨기 때문이다(히 10:10, 14, 15; 요 19:30). 예수 그리스도의 대리적 죽음은 우리의 구원을 위한 유일한 근거다(행 4:12; 고전 3:11; 15:3). 이것은 온 세상의 죄를 위한 충분한 속죄다(딤전 2:6; 4:10). 이 속죄는 죄가 없는 어린아이들의 구원과 책임 능력이 없는 자들에게 효력이 있다(롬 2:15; 5:13; 마 19:13-15). 책임 있는 연령에 이른 자들에게는 오직 그들이 회개하고 복음을 믿을 때라야 이 속죄가 효력이 있다(행 3:19). OMS 인터네셔널

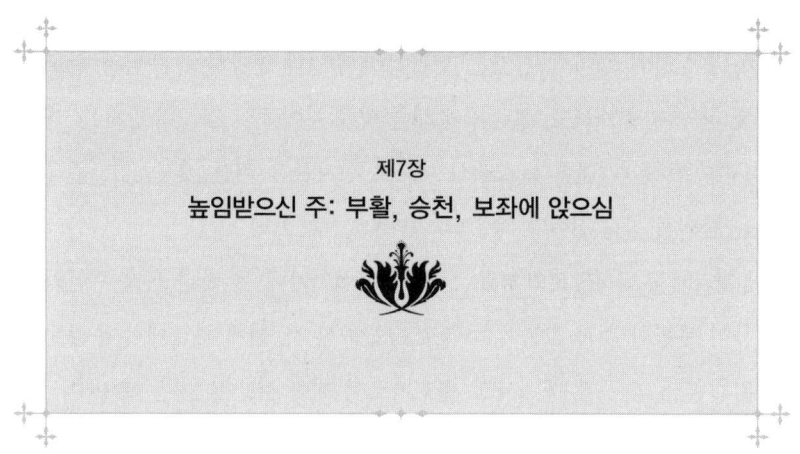

제7장
높임받으신 주: 부활, 승천, 보좌에 앉으심

예수 그리스도는 우리를 죄에서 구속하기 위하여,
제3일에 무덤에서 육체로 다시 일어나사
죽음과 어둠의 권세에 대해 승리하셨다.
예수 그리스도는 하늘에 오르사 하나님의 우편에 계시며,
자기 백성을 위해 중보하시며 주님으로서 만물을 다스리신다.

풀러 신학교 "신앙 선언문"

1. 부활

어떻게 신자가 부활하신 주님과 연합하는가 | 더욱이 이 복음은 예수님의 육체적 부활, 승천, 보좌에 앉으심이 우리를 위한 그분의 영단번의 희생 제사의 효력, 우리를 향해 현재 인격적으로 사역하시는 그분의 실재, 우리를 영화에 이르게 할 그분의 미래 재림의 확실성에 대한 증거라고 선포한다(고전 15장; 히 1:1-4; 2:1-18; 4:14-16; 7:1-10:25). 복음이 제시

하는 신앙의 삶에서, 신자는 부활하신 주님과 연합하고, 주님과 친교를 나누며, 회개하고, 성령을 통해 능력을 부어주실 것을 소망하는 가운데 주님을 기대한다. 그래서 이후로 신자들은 죄를 짓지 않고 주님을 참되게 섬길 것이다. "예수 그리스도의 복음", 복음

십자가에 못 박히신 분의 부활 ┃ 우리는 십자가에 못 박힌 우리 주님의 몸이 부활한 것과 그분이 하늘로 승천하신 것, 현재 하늘에서 우리를 위해 만유의 주님, 대제사장, 변호자로서 계신 것을 믿는다. 휘튼 칼리지

죽음과 부활 ┃ [우리는] 예수 그리스도가 죄에 대한 하나님의 심판을 죄인들을 대신해 직접 받으셔서 모든 자의 죄를 위해 죽으신 것을 [믿는다.] 그분은 육체를 입고 무덤에서 일어나셨고 성부의 우편에 오르셔서 우리를 위해 중보하고 계신다. 애즈베리 신학교

육체적 부활 ┃ 우리는 그리스도가 죽음으로부터 육체적으로 부활하신 것이 성경적 복음에 본질적이라고 고백한다(고전 15:4). 우리는 그리스도의 육체적 부활의 역사적 실재성을 거부하는 소위 복음이라 불리는 어떠한 것의 정당성도 거부한다. "예수 그리스도의 복음", 고백과 거부 10

동일한 육체로 영화롭게 됨 ┃ 예수 그리스도는 영화롭게 되셨지만, 그분이 삶을 살고 죽을 때와 같은 육체로 죽은 자 가운데서 다시 사셨다. 미국 CCC

그분의 부활과 우리의 부활 ┃ 죽은 자 가운데서 문자 그대로 부활하신 우리 주 예수 그리스도는 모든 인간의 부활에 대한 산 보증이시다. 믿는 자들은 의식이 있는 채 영원한 기쁨을 누리도록 구원받고, 믿지 않

는 자들은 의식 있는 채 영원한 형벌을 받는 멸망에 처한다. 세계 복음
선교회

2. 승천과 보좌에 앉으심

통치 ǀ 예수 그리스도는 성부의 우편에 오르셨으며, 그곳에서 지금 자신이 구속한 자들을 다스리시고 그들을 위해 중보하고 계신다. 틴데일 대학과 신학교

승천 ǀ 예수 그리스도는 죽은 자 가운데서 육체로 부활하셨다(고전 15:17, 20, 23; 빌 3:21). 그분은 승천하사 높은 곳에 계신 지극히 크신 이, 곧 성부의 우편에 오르셨고(행 1:9, 11; 히 1:3; 8:1), 지금 그 보좌에 앉아 계신다. OMS 인터네셔널

성부의 우편에 앉아 계심 ǀ 예수 그리스도는 육체로 하늘에 오르사 성부 하나님 우편에 앉으셨으며, 하나님과 사람 사이의 유일한 중재자이신 그분은 자기에게 속한 자들을 위해 그곳에서 중보하고 계신다. GCM

3. 중보

중보 사역 ǀ 예수 그리스도는 제3일에 무덤에 누우셨던 그 육체로 죽은 자 가운데서 부활하셨다. 그분은 성부의 우편에 오르셨고, 거기에서 중보 사역을 행하고 계신다. 그분은 구원 사역을 완료하고 영원 전부터 세우신 하나님의 계획을 완성하기 위해 인간의 모습으로 그리고 가시적인 모습으로 다시 오실 것이다. 크리스채너티 투데이 인터네셔널

우리의 대제사장 ｜ 예수 그리스도는 하늘에 오르셔서 우리를 위한 대제사장으로서의 사역을 실행하시면서 하나님 우편에 앉아 계신다. 일본 성서 신학교

우리의 변호자 ｜ 예수 그리스도는 성경에 따라 우리 죄를 위한 희생 제사로 십자가 위에서 죽으셨다. 더욱이 그분은 죽은 자 가운데서 육체로 부활하사 하늘로 오르셨고, 그곳에서, 곧 높은 곳에 계신 지극히 크신 이의 우편에서 우리의 대제사장이자 변호자로 계신다. 트리니티 신학교

재림의 약속 ｜ 예수 그리스도는 그분의 천년 왕국에 앞서 두 번째 인격적 강림으로 하늘로부터 다시 오실 것이다(행 1:11; 히 9:28; 계 20:6). 그분은 모든 사람의 심판자가 되실 것이다(행 10:42; 딤후 4:1). 그분은 의로 다스리시며 자신의 구속 사명을 완성하실 것이다(계 11:15; 22:12-13). 이러한 그리스도인의 복된 소망은 우리로 하여금 거룩한 삶을 살고, 선교적 증거를 하며, 희생적 봉사를 하도록 고취한다(딛 2:13; 눅 19:13; 마 16:27). OMS 인터네셔널

요약 ｜ 우리는 우리 주 예수 그리스도의 신성, 동정녀 탄생, 죄 없는 생애, 그분이 행하신 기적, 피 흘리심을 통한 대리적이고 속죄적인 죽음, 육체적 부활, 성부의 우편에 오르심, 권능과 영광 가운데 인격적으로 재림하실 것을 믿는다. 월드 비전

제8장
은혜로 말미암은, 믿음을 통한 칭의: 사면

칭의는 회개하고 믿음을 가진 죄인을 완전히 사면하는 하나님의 은혜로운 법정적 행위다(롬 3:24-26; 5:1). 하나님은 죄인의 공로나 노력에 근거한 것이 아니라 예수 그리스도로 말미암은 속죄와 죄인의 신앙에 근거해서 모든 죄책을 완전히 사면하시고, 저지른 죄의 형벌에서 놓아주시며, 의인으로 받아 주신다(롬 3:28; 갈 2:16; 딛 3:7).

OMS 인터네셔널

1. 은혜로 말미암은 칭의

죄인을 향한 하나님의 의를 신뢰함 ㅣ 복음에 따르면, 하나님을 신뢰하는 자들을 향한 칭의는 지금 여기에서 단번에 이루어진다. 이는 죄로 인한 저주와 진노의 상태에서 용납과 호의의 상태로 이행하는 것이며, 그리스도가 자발적으로 죄를 담당하사 죽으신 것에서 정점에 이른 그분의 흠 없는 순종으로 말미암은 것이다. 하나님은 경건하지 않은 자를 의롭다고 보고(간주하고, 그렇게 여기고, 셈하시고) 그들의 죄를 인정하지 않으심으로써(롬 4:1-8) "경건하지 아니한 자를 의롭다 하신다"(롬 4:5). 죄인들은 그리스도만을 믿는 신앙을 통해 "의의 선물"(롬 1:17; 5:17; 빌 3:9)을 받고, 죄인들을 위해 "죄로 삼은 바 되신" 그분 안에서 "하나님의 의"가 된다(고후 5:21). 우리의 죄가 그리스도의 것으로 간주되듯이, 그리스도의 의는 우리의 것으로 간주된다. 이것이 그리스도의 의가 전가됨으로써 얻는 칭의다. 우리가 이를 위해 가지고 나아와야 할 것은 그리스도의 의에 대한 우리의 필요뿐이다. "예수 그리스도의 복음", 복음

복음의 본질적인 가르침 | 우리는 오직 믿음으로 그리스도 안에서만 의롭다함을 받는다는 성경적 교리가 복음의 핵심이라고 고백한다(롬 3:28; 4:5; 갈 2:16). 우리는 성경적 복음을 믿으면서도 동시에 오직 믿음으로 오직 그리스도 안에서 의롭다함을 받는다는 사도적 가르침을 거절할 수 있다는 주장을 거부한다. 또한 우리는 한 가지 참된 복음 외에 다른 복음이 있다는 것을 거부한다(갈 1:6-9). "예수 그리스도의 복음", 고백과 거부 11

우리의 죄를 그리스도의 것으로 간주하고 그리스도의 의를 우리의 것으로 간주함 | 우리는 우리 죄가 그리스도에게로, 그리스도의 의가 우리에게로 전가되며, 그로 인해 우리 죄가 완전히 용서받고 우리가 완전히 용납된다는 교리가 성경적 복음의 핵심이라고 고백한다(고후 5:19-21). 우리는 우리에게 주입된 그리스도의 의로 인해 또는 우리 안에 본래 내재된 것이라고 생각되는 어떤 의로 인해 우리가 의롭다함을 받는다는 주장을 거부한다. 우리로 하여금 의롭다함을 받게 하는 그리스도

의 의는 온당히 그분의 것이며, 그분이 우리와 별개로 완전한 순종 안에서 그리고 그 순종으로 이루신 것임을 고백한다. 이러한 의는 우리의 칭의를 위한 유일한 근거로써, 하나님의 법정적(즉 법적) 선언으로 인해 우리에게 전가되었다. 우리는 우리가 삶의 어느 한 단계에서 수행한 어떤 일이 그리스도의 공로에 더해진다거나 칭의를 위한 근거에 어떤 방식으로든 공헌하는 공로를 우리에게 가져온다는 주장을 거부한다(갈 2:16; 엡 2:8-9; 딛 3:5). "예수 그리스도의 복음", 고백과 거부 12, 13

회개된 모든 죄에 대한 절대적 용서 | 그리스도를 믿는 자들은 모든 죄를 사함받고, 그들에게 돌려진 그리스도의 의라는 이유만으로 하나님께 받아들여진다. 이러한 칭의는 믿는 자들의 노력으로써가 아니라, 오직 그리스도를 신뢰함으로써 얻게 되는, 받을 자격 없는 자에게 베푸시는 하나님의 자비의 행위다. 영국 IVF

2. 오직 믿음으로

오직 믿음을 통해 오직 은혜로 | 우리는 모든 신자에게 성령이 내주하시고, 삶의 과정 가운데 신자들이 그리스도의 형상을 닮고 거룩해지지만, 칭의의 결과는 그것의 근거가 아니라는 것을 고백한다. 하나님은 우리가 아직 죄인 되었을 때에(롬 4:5), 오직 하나님의 은혜로 말미암아 오직 믿음을 통해 오직 그리스도로 인해 우리를 의롭다 선언하시고, 우리 죄를 용서하시며, 우리를 그분의 자녀로 삼아 주셨다. 우리는 하나님이 신자들을 그리스도 안에서 의롭다 선언하시기 전에, 신자들

이 삶을 변화시키는 하나님의 은혜와 협력함으로써 본래적으로 의롭다는 주장을 거부한다. 우리는 우리가 아직 죄인되었을 때에 의롭다 함을 받았다. "예수 그리스도의 복음", 고백과 거부 14

오직 그리스도를 믿는 신앙 ｜ [우리는] 회개하고, 구원을 위해서 오직 예수 그리스도를 신앙하는 모든 자에게 주신 하나님의 은혜를 통한 칭의를 [믿는다.] 미국 IVF

은혜의 열매인 신앙 ｜ 우리에게 신앙을 부여하신 하나님, 곧 성부, 성자, 성령을 믿는 우리의 신앙은 그 자체가 하나님의 은혜로 인한 열매다. 신앙은 우리를 그리스도와 연결시켜 구원을 얻게 한다. 그러나 신앙은 우리에게 아무런 공로가 없다는 것을 인정하는 것이기에, 신앙은 공로 있는 업적이 아니라는 것은 의심할 여지가 없다. "예수 그리스도의 복음", 복음

그리스도를 인격적으로 신뢰함 ｜ 우리를 구원하는 신앙은 복음의 내용에 대한 정신적인 동의, 우리의 죄와 궁핍에 대한 인정, 그리스도와 그분의 사역에 대한 인격적 신뢰와 의지를 포함한다고 고백한다. 우리는 구원 신앙이 단지 복음에 대해 정신적으로만 수용한다거나 칭의는 외적인 신앙 고백만으로도 확정된다는 주장을 거부한다. 더 나아가 우리는 구원 신앙의 어느 요소가 공로적인 업적이라거나 우리에게 구원을 가져다준다는 주장을 거부한다. "예수 그리스도의 복음", 고백과 거부 16

3. 회개

회개의 정의 ｜ 회개는 죄를 깨닫게 하는 성령의 사역의 결과로 나타나는 죄에 대한 경건한 슬픔이다(요 16:7-11; 고후 7:9). 회개는 하나님 앞에서 개인적 죄책을 자각하는 것(시 51:4), 죄에서 자발적으로 돌아서는 것(행 26:20; 사 55:7), 죄를 고백하고 배상이 가능할 때 배상하는 것(잠 28:13; 요일 1:9; 겔 33:15; 눅 19:8)을 포함한다. 회개는 구원을 받게 하는 신앙 – 신자가 자신의 조력자 그리고 증인으로서 성령을 받은 순간부터 (요 14:26; 롬 8:9, 15-16)…구원을 위해 그리스도를 단순히 신뢰하는 것(요 20:31; 롬 1:16; 엡 2:8; 고전 12:13) – 을 위한 본질적인 준비다(막 1:15; 마 3:8; 행 3:19; 20:21; 26:20). OMS 인터네셔널

하나님만이 죄인을 죄에서 돌이킬 수 있으시다 ｜ 우리는 예수 그리스도의 복음에 대해 증거할 때, 성령이 충만하여 성령의 지배를 받기를 구하고 바란다. 왜냐하면 하나님만이 죄인들을 죄에서 돌이킬 수 있으시고 그들로 하여금 영생에 이르게 하실 수 있기 때문이다. "암스테르담 확언", 1983년

하나님께로 돌아섬 ｜ 성령만이 그리스도의 사역으로 인한 효과를 죄인 각자에게 끼치며, 그들로 하여금 죄에서 돌이켜 예수 그리스도를 신뢰할 수 있게 하신다. 영국 IVF

회개를 전함 ｜ 세례 요한은 회개를 전했고, 예수님은 회개를 선포했으며, 사도들은 유대인과 이방인 모두에게 회개를 강조했다(행 2:38; 11:18; 17:30). GCI(GOSPEL CONNECTION INTERNATIONAL)

4. 죄의 속박에서 풀려남

모든 악에 대한 그리스도의 승리 ｜ 우리는 주 예수 그리스도가 성경에 따라 대표적이자 대속적인 희생 제사로서 우리 죄를 위해 죽으셨고, 모든 악에 대해 승리하셨다는 것을 믿으며, 그리스도를 믿는 모든 자는 그분이 흘리신 피로 의롭다함을 받으며 모든 죄에 대해 사함을 얻는다는 것을 믿는다. 휘튼 칼리지

죄의 속박에서 풀려남 ｜ 하나님은 우리 주 예수 그리스도의 대속적 죽음으로 인해 예수 그리스도를 믿는 모든 자를 의롭다 하시고, 그들의 죄와 형벌을 용서하시며, 죄의 지배로부터 풀려나게 하셨다. 일본 성서 신학교

누구든지 믿어야 한다 ｜ 하나님은 예수 그리스도를 통한 은혜를 모든 사람에게 값없이 주사 모든 사람이 죄에서 의로 돌아설 수 있게 하시고 그리스도를 믿음으로써 죄의 용서와 씻음을 받을 수 있게 하셨다 (요 1:4, 9; 롬 5:17-18; 요일 1:9). 그러므로 우리가 지닌 복음은 모든 세상을 위한 것이므로 원하는 자는 누구든지 나아올 수 있으며(계 22:17), 목마른 자는 누구든지 나아올 수 있고(요 7:37), 누구든지 원하는 자는 믿을 수 있고 영생을 얻을 수 있다(요 3:16). OMS 인터네셔널

5. 중생

성령의 중생 사역 ｜ 중생 혹은 거듭남은 회개하는 신자의 도덕적 본성을 어둠에서 빛으로, 자연에서 은혜로, 죽음에서 생명으로, 죄의 속박에서 그리스도 안의 자유로 변화시키는 하나님의 은혜로운 사역이다

(행 26:18; 롬 6:22; 엡 2:1; 딛 3:5). 신자는 그리스도 예수 안에서 새로운 피조물이 되고, 성령으로 태어나며, 하나님과 평화를 누리고 하나님의 뜻에 순종하며 모든 사람을 사랑하는 삶으로 들어간다(고후 5:17; 롬 5:1; 6:13, 18-19). OMS 인터네셔널

거듭남의 필요성 ㅣ 우리는 타락하고 죄인된 사람들의 구원을 위해서 성령으로 말미암은 중생이 절대적으로 필요하다는 것을 믿는다. 우리는 그리스도인 안에 내주하시는 성령의 현재 사역이 경건한 삶을 살 수 있게 한다는 것을 믿는다. 미국 복음주의 협회: "신앙 선언문"

교회의 부단한 갱신 ㅣ 우리는 개인의 거듭남과 성숙함에 이르는 성장을 위해, 그리고 진리, 지혜, 신앙, 거룩함, 사랑, 능력, 선교에서 교회의 부단한 갱신을 위해 성령이 반드시 필요하다는 것을 믿는다. 교도소 선교회

칭의와 중생의 은혜 ㅣ [우리는] 하나님이 은혜 가운데 예수 그리스도를 믿는 모든 자를 의롭다 하시며 중생시키신다는 것을 [믿는다.] 신자들은 하나님의 자녀가 되고, 그리스도를 믿는 신앙과 거룩하게 하시는 성령을 통해 거룩한 삶을 살기 시작한다. 애즈베리 신학교

은혜 가운데 성장함 ㅣ 우리는 자비와 은혜의 하나님이 죄를 회개하고 구원받고자 예수 그리스도를 신뢰하는 모든 자를 구속하시고, 구세주를 믿는 신앙을 통해 그들을 의롭다 하시며 그들에게 성령으로 인한 새로운 삶을 주신다는 것을 믿는다. 더 나아가 하나님은 우리의 주님이자 구세주이신 예수 그리스도를 아는 지식과 은혜 가운데 그리스도인들이 성장하게 하신다. 틴데일 대학과 신학교

6. 하나님의 가족으로 입양됨

하나님의 자녀가 됨 | 우리는 믿음으로 주 예수 그리스도를 영접하는 모든 자는 성령으로 거듭나고, 하나님의 자녀가 되며, 하나님이 받으실 만한 영적 예배를 드릴 수 있게 된다는 것을 믿는다. 휘튼 칼리지

성부께 나아감 | 우리는…사람들이 전파된 복음에 반응하여 그리스도를 믿는 신앙을 통해 은혜로 말미암아 구원받는다는 것과, 또 다르게 표현하자면, 죄인들을 속량하신 분을 통하여 성령의 능력 가운데 하나님의 자녀가 되고 영생을 상속받는 자가 된다는 것을 믿는다.… 예수 그리스도는 하나님과 인간 사이의 유일한 중재자시다. 신자는 그분, 오직 그분만을 통하여 성부께 나아갈 길을 얻는다. 중국 신학 대학원

그리스도와 함께 상속받음 | 양자됨은 의롭다함을 받고 중생한 신자가 하나님의 아들이 되게 하는 하나님의 은혜로운 행위로, 이로 인해 신자는 성부께 나아갈 특권을 얻으며, 하나님의 가족 구성원이 될 자격을 얻고, 그리스도와 함께 상속을 얻게 된다(요 1:12; 롬 8:15, 17). 칭의, 중생, 양자됨은 회개한 신자의 마음 가운데 동시에 존재한다. OMS 인터내셔널

하나님을 아버지라 부를 수 있음 | 하나님은 은혜로 우리를 그분의 가족으로 양자 삼으시며 우리가 하나님을 아버지라 부를 수 있게 하신다. 우리는 성령의 인도를 따라, 주님에 대한 지식 가운데 자라나고, 자유롭게 하나님의 계명을 지키며, 모든 사람이 우리의 선한 행실을 보고 하늘에 계신 우리 아버지께 영광을 돌리도록 세상 가운데서 살아가고자 힘쓴다. 풀러 신학교: "신앙 선언문"

제9장
구원의 의미: 하나님이 죄인을 구원하신다

구원. 이 말은 죄의 지배 아래 있는 모든 사람들이 처한 죄책, 더럽혀짐, 영적인 눈멂과 사망, 하나님으로부터 소외됨, 지옥에서 받기로 확정되었던 영원한 형벌에서 구조되는 것을 의미한다. 이러한 구출은 지금 여기서 의와 섬김의 사역을 하게 하는 성령을 통한 중생과 성화의 선물로, 현재의 칭의와 하나님과의 화해와 하나님의 가족으로 입양됨을 누리고 하나님과의 교제 가운데서 완전한 영화를 누릴 것에 대한 미래의 약속을 포함한다. 이것은 현생에서의 성품과 관계의 변화, 기쁨, 평화, 자유를 포함하며, 미래의 육체적 부활 때에 일어날 온전한 치유에 대한 보장을 포함한다. 우리는 오직 신앙으로 말미암아 의롭다함 받았으며, 신앙이 가져온 구원은 오직 은혜로 말미암은, 오직 그리스도를 통한, 오직 하나님의 영광을 위한 것이다.

"암스테르담 선언", 2000년, 핵심 용어 정의 7

1. 과거, 현재, 미래의 구원

죄책, 죄의 권세, 죄의 현존으로부터 구원받음 ㅣ 완전한 의미의 구원은 과거의 죄책, 현재의 죄의 권세, 미래의 죄의 현존으로부터의 구원이다. 그러므로 신자들은 지금 구원을 미리 맛보고 즐거워하지만, 그들은 여전히 완전한 구원을 기다린다(막 14:61-62; 히 9:28). 구원은 삼위일체적 실재로 성부가 주도하시고, 성자가 이행하시며, 성령이 적용하신다. 하나님의 계획은 모든 족속과 방언 가운데 신자를 구원하사(계 5:9) 그들이 하나님의 교회, 새로운 인간, 하나님 백성, 그리스도의 몸과 신부, 성령의 공동체가 되게 하시려는 것이기에, 구원은 전 지구적인 차원의 것이다. 최종적 구원을 받는 모든 상속자는 지금 여기서 주님과 서로를 사랑 가운데서 섬기고, 그리스도의 고난의 교제를 나누며, 전 세계에 그리스도를 알리기 위해 함께 수고하도록 부름받았다. "예수 그리스도의 복음", 복음

구원의 정의 ㅣ 우리는 구원이 공로와 무관하게 오직 '믿음'으로 받는 죄의 용서, 그리스도의 의의 전가, 영생의 선물로 이루어진다는 것을 믿는다. 초교파 해외 선교 협의회(INTERDENOMINATIONAL FOREIGN MISSION ASSOCIATION)

2. 구원하는 은혜

전적으로 은혜의 사역인 구원 ㅣ 사람의 구원은 전적으로 하나님이 값없이 주시는 은혜의 사역이며, 전체적으로나 부분적으로나 인간의 행위, 선행, 종교적 의식의 효과가 아니다. 하나님은 구원을 위해 오직 그

리스도를 믿는 신앙을 지닌 자들에게 하나님의 의를 전가하시며, 이로 인해 그들은 하나님 보시기에 의롭다함을 얻는다. 미국 CCC

우리의 행위에 근거하지 않은 구원 ǀ [우리는] 주 예수 그리스도의 피 흘리심을 통한, 업적과는 무관하게 믿음으로 말미암은, 타락한 죄된 인간의 구원과 성령으로 말미암은 중생을 [믿는다.] 세계 복음주의 연맹(WEA)

구원은 어떻게 효력을 발휘하는가 ǀ 구원은 사람이 신앙의 행위로 예수 그리스도를 자신의 인격적 구세주와 주님으로 인정할 때 효력을 발휘한다. 구원이 주는 유익은 죄의 용서와 하나님 앞에서의 새로운 신분, 새로운 삶의 수여, 하나님과 새로운 가족의 관계가 되는 것을 수반하는 모든 특권을 포함한다. 현재 소유한 구원에 대한 확신은 그리스도 안에 있는 모든 신자의 특권이다. 백 투 더 바이블

구원의 내·외적인 증거 ǀ 구원의 내적인 증거는 성령의 직접적인 증거다(롬 8:16). 모든 사람을 향한 외적인 증거는 참된 거룩함과 의로움을 지닌 삶이다(엡 4:24; 딛 2:12). 국제 오순절 그리스도의 교회(INTERNATIONAL PENTE-COSTAL CHURCH OF CHRIST)

3. 그리스도가 하신 구원 사역의 우주적 의미

길 ǀ 복음의 핵심은 인간의 적대와 반역에 직면한 우리의 거룩하고 사랑 많으신 창조주가 자신의 자유와 신실하심 가운데 우리의 거룩하고 사랑 많으신 구속주와 회복자가 되시기로 선택하셨다는 것이다. 성부는 성자를 보내셔서 세상의 구세주가 되게 하셨다(요일 4:14). 하나

님의 유일한 구원 계획은 그분의 오직 한 분 아들을 통해서 이행된다. 그래서 베드로는 "다른 이로써는 구원을 얻을 수 없나니 천하 사람 중에 구원을 받을 만한 다른 이름을 우리에게 주신 일이 없음이라"고 전하였다(행 4:12). 그리고 그리스도가 직접 "내가 곧 길이요 진리요 생명이니 나로 말미암지 않고는 아버지께로 올 자가 없느니라"고 가르치셨다(요 14:6). "예수 그리스도의 복음", 복음

다른 이름은 없다 ㅣ 우리는, 복음 전도의 방법은 다양하지만 구세주는 오직 한 분이시며 복음은 오직 하나임을 확신한다. 우리는 자연에 나타난 하나님의 일반 계시를 통해 모든 사람이 하나님에 관한 어느 정도의 지식을 갖고 있음을 인정한다. 그러나 우리는 사람이 이것으로 구원받을 수 있다는 주장은 부인한다. 이는 사람이 자신의 불의로써 진리를 억압하고 있기 때문이다. 우리는 또한 모든 종류의 혼합주의를 거부하며, 그리스도께서 어떤 종교나 어떤 이데올로기를 통해서도 동일하게 말씀하신다는 식의 대화는 그리스도와 복음을 손상시키므로 거부한다. 유일한 신인(神人)이신 예수 그리스도는 죄인을 위한 유일한 대속물로 자신을 주셨고, 하나님과 사람 사이의 유일한 중보자이시다. 예수님 외에 우리가 구원받기 위해 필요한 다른 이름은 없다. 모든 사람은 죄로 인해 멸망할 수밖에 없으나, 하나님은 모든 사람을 사랑하사 어느 누구도 멸망하지 않고 모두가 회개하기를 바라신다. 그럼에도 불구하고 그리스도를 거절하는 자는 구원의 기쁨을 거부하며 스스로를 정죄함으로써 하나님으로부터 영원히 분리된다. 예수님

을 '세상의 구주'로 전하는 것은 모든 사람이 자동적으로나 궁극적으로 구원받게 된다는 말이 아니며, 또 모든 종교가 그리스도 안에 있는 구원을 제공한다고 보장하는 것은 더욱 아니다. 예수님을 '세상의 구주'로 전하는 것은 오히려 죄인들이 사는 세상을 향해 하나님의 사랑을 선포하는 것이며, 마음을 다한 회개와 인격적인 믿음의 결단을 통해 예수님을 구원자와 주로 영접하도록 모든 사람을 초청하는 것이다. 예수 그리스도는 다른 모든 이름 위에 높임을 받으셨다. 우리는 모든 사람이 그분 앞에 무릎을 꿇고, 모든 입이 그분을 주님으로 고백할 그 날을 고대한다(갈 1:6-9; 롬 1:18-32; 딤전 2:5-6; 행 4:12; 요 3:16-19; 벧후 3:9; 살후 1:7-9; 요 4:42; 마 11:28; 엡 1:20-21; 빌 2:9-11). "로잔 언약", 1974년, 조항 3

구원의 유일한 기반 | 우리는 예수 그리스도가 흘리신 피와 그분의 부활이 모든 믿는 자를 위한 칭의와 구원의 유일한 기반이 된다는 것과, 예수 그리스도를 영접하는 사람만이 성령으로 거듭나며, 따라서 하나님의 자녀가 된다는 것을 믿는다. 트리니티 신학교

성령을 통한 그리스도로 말미암은 구원 | 구원은 오직 주 예수 그리스도의 구속 사역을 통해서만 가능하다. 예수 그리스도와 그분의 구원은 성령이 새로운 탄생을 일으킬 때, 인간의 노력과 별개로, 회개와 믿음으로 받는다. 남아프리카 복음주의 신학교

구속 | 죄된 인간은 그들의 대표이자 대속물, 곧 하나님과 인간 사이의 유일한 중재자인 예수 그리스도의 영단번의 희생적 죽음을 통해서만 죄책, 죄의 형벌, 죄의 권능에서 구속될 수 있다. 영국 IVF

보편 구원론의 거짓 평화를 반대함 ｜ 그러므로 우리는 예수 그리스도의 십자가에 못 박히심과 부활에서 모든 시대의 모든 사람이 이미 거듭났고 이미 그분과 평화를 누린다는 보편 구원론에 반대한다. 이것은 하나님의 역사적인 구원 활동이나 그것에 대한 믿음과 관계없는 것이다. 복음화 명령은 이러한 오해로 인해 온전하고 권위 있는 능력과 긴급성을 모두 상실한다. 그로 인해, 회심하지 않은 사람들은 자신의 영원한 운명에 대하여 속은 채, 거짓된 안도감 속에 빠져 버린다. "프랑크푸르트 선언", 1970년

4. 중재자

영단번의 중재 ｜

우리는 예수 그리스도를
　주님이자 하나님으로, 곧 성부의 아들로,
　동정녀 마리아에게서 나신 참 인간으로,
　죄 없고, 은혜와 진리가 충만한 종으로,
　우리를 대신하여 십자가에서 죽으사
　하나님 앞에서 우리를 대표하시고
　우리를 죄의 지배, 죄책, 형벌에서 구속하신
　온 세상의 유일한 중재자이자 구세주로,
　완벽한 순종의 삶을 사시고
　죽음과 부패를 이기시며

영광의 몸으로 죽은 자 가운데서 일어나셔서

성부와 함께하도록 높임 받으시고

어느 날 영광과 심판자로 몸소 다시오사

구속받은 자들에게 영원한 생명을 주시고 타락한 자들에게 영원한 죽음을 주시며

의로운 자가 거할 곳인 더 이상 악과 고난과 죽음이 없을

새 하늘과 새 땅을 세우실

새로운 인간의 머리이신 둘째 아담으로,

우리를 어둠의 권세에서 구해 주시고

그분의 나라로 우리를 이끄시는

사탄과 그 모든 세력에 대한 승리자로,

하나님을 알게 하시는 말씀으로

고백한다.

런던 바이블 칼리지

중재 사역 ㅣ [우리는] 우리 주 예수 그리스도, 육체로 나타나신 하나님이신 그리스도의 동정녀 탄생, 죄 없는 인간 생애, 신적인 기적, 대리적이고 속죄적인 죽음, 육체적 부활, 승천, 중재 사역, 권능과 영광 중에 다시 오심을 [믿는다.] 세계 복음주의 연맹(WEA)

유일한 한 분 중재자 ㅣ 우리는 예수 그리스도, 곧 하나님의 아들이 성령으로 잉태되사, 동정녀 마리아에게서 나시고, 죄 없는 생애를 사셨으며, 십자가 위에서 대속적 속죄의 죽음을 죽으시고, 죽은 자 가운데

서 육체적으로 부활하셨으며, 하늘에 오르시어 그곳에서 참 하나님과 참 인간으로서 하나님과 사람 사이의 유일한 중재자로 계심을 믿는다. 교도소 선교회

성령의 약속 ㅣ 하나님은 그분을 죽은 자 가운데서 일으키사 주님과 그리스도로 높이셨으며, 교회를 위해 성령을 주신다는 약속을 그분에게 주셨다. 중국 신학 대학원

제10장
성령을 보내심: 그리스도와 신자의 연합

우리는 성부와 성자와 함께 예배받으시기에 합당하신,
죄와 의로움과 심판에 대하여 세상을 책망하시는,
그리스도의 죽음을 죄인들에게 효력 있게 하시고
죄인들로 하여금 회개 가운데 하나님께로 돌아서게 하시며,
주 예수 그리스도를 신뢰하게 지도하시며,
중생을 통하여 우리를 그리스도께 연합시키시고
모든 신자들에게 임재하시며
우리를 그리스도의 부활 생명에 참여하게 하사
우리로 하여금 예수를 향하게 하시고
죄의 노예 상태에서 자유케 하시며
우리 안에 성령의 열매를 맺게 하시고
우리에게 은사를 주시며
능력을 주사 세상 가운데서 섬기게 하시는
성령을 믿는다.

런던 바이블 칼리지

1. 성령 하나님의 위격

세상 가운데 있는 하나님의 적극적인 임재 ㅣ [우리는] 성령이 세상 가운데 임재하사 활동하시는 하나님이심을 [믿는다.] 성령은 오순절에 충만하게 교회에 주어졌다. 성령으로 말미암아 그리스도가 교회에 살아 계시며, 복음이 선포되고, 하나님 나라가 세상 가운데 나타난다. 애즈베리 신학교

성령은 성자의 사역을 적용하신다 ㅣ 성령은 삼위일체 하나님의 제3격이시다. 그분은 그리스도의 사역을 사람에게 적용하신다. 우리는 칭의와 양자됨을 통해 하나님 앞에서 올바른 신분을 갖게 되며, 우리의 본성은 중생, 성화, 영화를 통해 갱신된다. 크리스채너티 투데이 인터네셔널

성령의 위격 ㅣ 성령은 예수 그리스도의 말씀을 통해 드러난 신성의 제3격이시며, 그분의 이름 '영'(Spirit)은 호흡과 공기의 기운을 묘사한다. 성령은 세상의 창조 과정에, 신적인 진리의 전달 가운데, 예수 그리스도에 대한 증언에, 예수님을 통한 신자와 교회의 새 창조에, 계속되는 교제와 섬김 가운데 계신 삼위일체의 역동적이고 인격적인 현존이다. "암스테르담 선언", 2000년, 핵심 용어 정의 3

성부, 성자, 성령의 동등성 ㅣ 성령은 삼위일체 신성의 제3격이시다. 성령은 성부, 성자와 함께 한 실체에 속하시고, 성부와 성자로부터 나오셨으며(요 15:26), 영원성, 은혜, 권능에 있어 성부, 성자와 동등하시다. OMS 인터네셔널

2. 성령 하나님의 사역

성령의 사역 ㅣ 예수 그리스도를 영화롭게 하는 것이 성령의 사역으로 (요 16:14), 성령은 그리스도의 교회 가운데 항상 임재해 계시며 활동하신다(요 14:16-17). 그분은 죄에 대해 세상을 책망하시며(요 16:7-8), 회개하고 믿는 자들을 중생시키고(요 3:7-8), 신자들이 경건한 삶을 살고 봉사하도록 성화시키시고 능력을 주신다(롬 15:16; 행 1:8). OMS 인터내셔널

성령 하나님의 사역 ㅣ 성경은 하나님 자신이 으뜸가는 복음 전도자라고 선포한다. 하나님의 영은 진리, 사랑, 거룩, 능력의 영이시고, 복음 전도는 하나님의 역사 없이는 불가능하기 때문이다. 복음 전도자에게 기름을 붓고, 말씀을 확정하고, 듣는 이를 준비시키며, 죄를 깨닫게 하시고, 눈먼 자에게 빛을 주시고, 죽은 자들에게 생명을 주며, 우리로 하여금 회개하고 믿게 하시며, 우리가 그리스도의 몸으로 연합하게 하고, 하나님의 자녀임을 확신하게 하시며, 우리를 그리스도와 닮은 성품과 섬김으로 인도하고, 우리를 그리스도의 증인으로 내보내는 분은 바로 성령이다. 이 모든 일을 하시는 성령의 주요 관심사는 우리로 하여금 예수 그리스도를 보게 하며 우리 속에 예수 그리스도의 형상이 이루어지게 함으로써 예수 그리스도의 영광을 나타내는 일이다. "마닐라 선언", 1989년, 조항 B.5의 부분

효과적인 능력 부여 ㅣ 우리는 인간의 활력이 신적인 활동을 대체할 수 없다는 것과 영적인 성공을 인간적 성취의 관점에서 바라볼 수 없다는 것을 인정한다. 우리가 하는 노력의 유효성은 인간의 전문적 기

술에 있는 것이 아니라 성령의 주권적 활동에 있다. "대위임령 선언"(GREAT COMMISSION MANIFESTO), 1989년

하나님의 자비를 신뢰할 수 있게 함 | 성령은 복음의 선포를 통하여 우리 마음을 갱신시키고, 우리가 죄를 회개하고 예수님을 주님으로 고백하도록 설득하신다. 동일한 성령이 우리로 하여금 신적인 자비를 신뢰하게 하시어 모든 죄를 사함 받게 하시고, 우리 구세주 그리스도의 공로만을 통하여 믿음으로 의롭다함을 받게 하시며, 값없이 영생의 선물을 수여하신다. 풀러 신학교: "신앙 선언문"

모든 진리로 인도함 | 우리는…죄를 깨닫게 하시고, 그리스도를 증언하시며, 신자로 하여금 승리의 삶을 살게 하시며, 모든 진리로 인도하시는 성령을 믿는다. 미국 리벤젤 선교회

3. 성령의 내주

성령의 내주 | 우리는 성령이 내주하시고, 믿는 자들에게 생명을 주시며, 그들로 하여금 성경을 이해할 수 있게 하시고, 경건한 삶을 살도록 능력을 주시며, 섬김과 증거를 위해 그들을 구비시키심을 믿는다. 휘튼 칼리지

신자를 채우심 | 우리는 성령이 현재 그리고 계속해서 성화의 사역을 행하시는 것을 믿는다. 성령은 신앙 있는 그리스도인들을 채우심으로써, 거룩과 섬김의 삶을 살도록 그들을 깨끗하게 하고 능력을 주신다. 아주사 퍼시픽 대학교

성령이 충만한 사역 ㅣ 그리스도를 아는 지식과 그분 안의 새로운 생명을 즐거워하는 것이 관련된 성령 충만한 사역은 사도행전 2장에 기록된 오순절 성령 강림에서 시작한다. 성령은 성서의 신적인 영감자이자 해석자로서, 하나님의 백성이 예수 그리스도의 복음에 대한 정확하고 면밀하며 삶을 변화시키는 소개를 하도록, 그리고 복음의 전달이 듣는 자들에게 은혜의 열매를 맺는 수단이 되도록 하나님의 백성에게 능력을 부여하신다. "암스테르담 선언", 2000년, 핵심 용어 정의 3

4. 성령 안의 삶

새로운 생명을 주심 ㅣ 성령은 그리스도를 계시하고 영화롭게 하기 위해, 그리고 그리스도의 구원 사역을 사람에게 적용시키기 위해 세상에 오셨다. 그분은 죄인들에게 죄를 깨닫게 하시고 그들을 그리스도께 이끄시며, 새로운 생명을 나누어 주시고, 영적 탄생의 순간부터 계속 내주하시며, 구속의 날까지 그들을 인치신다. 성령의 충만함, 능력, 통제는 믿음에 따라 신자의 삶 속에서 달라질 수 있다. 미국 CCC

거룩한 삶을 살 능력을 받음 ㅣ 성령은 죄인에게 죄를 깨닫게 하고 그들을 중생시키시어 하나님의 자녀로 만드신다. 성령은 그들이 거룩한 헌신과 섬김의 삶을 살도록 능력을 주시며 구속된 자들을 그리스도의 형상으로 빚으신다. 일본 성서 신학교

경건한 삶을 살게 하심 ㅣ 우리는 성령이 현재 그리스도인 가운데 내주하심으로써 사역하사 그리스도인이 경건한 삶을 살 수 있게 하신다는

것을 믿는다. 포커스 온 더 패밀리(FOCUS ON THE FAMILY)

성품과 증거에 성령의 능력을 주심 ㅣ 성령은 그분이 중생시킨 모든 자들 가운데 사신다. 그분은 그들의 성품과 행위가 점점 더 그리스도를 닮게 하시며, 세상 가운데서 증거하도록 그들에게 능력을 주신다. 영국 IVF

열매 맺음 ㅣ 모든 신자는 내주하시는 성령의 능력 가운데 삶으로써, 육체의 소욕을 이루는 것이 아니라 하나님의 영광에 합당한 열매를 맺도록 부름받는다. 미국 CCC

성령이 능력을 주신 삶의 증거 ㅣ 성령은 영혼 가운데서 스스로 증거하신다(롬 8:16; 히 10:14-15). 그분은 거룩함을 신자의 삶에 나누어 주심으로(겔 36:26-27; 갈 5:16; 엡 1:4과 롬 5:5) 그리고 신자 안에서 성령의 풍성한 열매를 맺으심으로(갈 5:22-25) 자신의 거룩한 임재에 대한 증거를 보여 주신다. 어떤 한 가지 은사를 지닌 것이나 성령의 현시가 성령 충만한 삶과 성령이 능력 주신 삶의 증거인 것은 아니다(고전 12:4, 5, 11). OMS 인터네셔널

5. 성령의 증거

성령의 증거 ㅣ 성령은 그분이 하나님의 자녀에게 주시는 내적 확신으로(롬 8:16; 요일 3:24; 4:13; 5:6, 10; 롬 8:9) 그리고 영혼 가운데 맺게 하시는 삶의 열매로 ― 하나님과의 화평(롬 5:1; 8:1), 자녀를 향한 하나님의 사랑(요일 3:14; 4:12), 그리스도 안의 기쁨(롬 15:13; 갈 5:22; 살전 1:6), 성령의 인도(롬 8:14), 의로운 행위(요일 2:3-5; 3:9-10)로 ― 구원에 대해 증거하신다. 선

한 행위는 그리스도 안에서 사는 삶의 가시적 열매다. 선한 행위는 구원의 조건이 아니라 구원의 열매다(엡 2:8; 요 15:8, 16). OMS 인터내셔널

사역과 증거 ㅣ [우리는] 신자 안에 내주하심으로 거룩한 삶을 살게 하시고, 주 예수 그리스도에 대해 증거하고 사역하게 하시는 성령을 [믿는다]. 세계 복음주의 연맹(WEA)

성령의 열매 ㅣ 우리가 회개하며 주 예수 그리스도를 믿는 가운데 하나님께로 돌아섰을 때, 우리는 성령의 열매라는 특징을 지니게 되고, 죄와 분리된 삶을 사는 것에 대해 하나님께 책임을 지게 된다. 우리의 말과 행위로 전 세계에 복음을 전파하는 데 기여하는 것이 우리의 의무다. 크리스채너티 투데이 인터내셔널

성령 가운데 걸어감 ㅣ 우리는…모든 신자가 그리스도 안에서 새로운 피조물이고 죄에 대해 죽고 의에 대해 살기 위해 성령 가운데 걸어가도록 부름받았으며, 그로 인해 성령의 열매를 맺으며 그리스도의 형상을 닮아 간다는 것을 믿는다. 우리는 선한 행위가 그리스도인의 삶에 맺히는 열매이지만, 그것들 자체가 칭의에 이르는 길은 아니라는 것을 믿는다. 중국 신학 대학원

성령을 근심하게 하지 않음 ㅣ 우리는, 그리스도에 대한 성령의 증거가 복음 전도에 있어서 절대 필요하며, 따라서 성령의 초자연적 역사가 없이는 중생이나 새로운 삶이 불가능하다는 것을 단언한다.…우리는 자만함으로 우리의 힘으로 복음화하려 했던 것과 성령을 지시하려 했던 모든 시도를 회개한다. 앞으로 우리는 성령을 '근심하게' 하거나 '소

멸치' 않으며, '능력과 성령의 큰 확신으로' 좋은 소식을 전할 것을 다짐한다(엡 4:30; 살전 5:19; 살전 1:5), "마닐라 선언", 1989년, 21개 항의 고백 10; 조항 B.5의 부분

6. 확신

하나님으로부터 난 자들의 커다란 특권 ㅣ 성령으로 거듭난 모든 자는 그리스도를 자신의 구세주로 믿는 순간부터 자신의 구원을 확신할 수 있는 특권을 지닌다. 이 확신은 어떠한 인간의 공로에도 결코 근거하지 않으며, 기록된 하나님 말씀에 있는 그분에 대한 증언을 신자 안에 확정하는 성령의 증거를 통해 생긴다. 미국 CCC

신자의 확신 ㅣ 우리는 성령이 성경에 대해 증거하사, 신자로 하여금 기록된 하나님 말씀의 신뢰성을 확신하게 한다는 것을 선언한다. 우리는 이러한 성령의 증거가 성경과 별개로 이루어진다거나 성경에 반대해서 이루어진다는 주장을 거부한다. "성경의 무오성에 관한 시카고 선언", 1978년, 조항 XVII

하나님의 영의 내적 증거와 신자의 영 ㅣ 신자는 하나님의 영이 신자의 영 가운데 주시는 내적인 증거를 통해, 하나님의 말씀에 있는 은혜로운 약속에 대한 믿음을 통해, 그들의 삶 속에서 맺는 성령의 열매를 통해, 자신이 하나님의 자녀인 것을 확신한다. 애즈베리 신학교

성령 가운데 새로운 삶을 시작하게 하는 은혜를 신뢰함 ㅣ 복음은 자신의 삶을 예수 그리스도께 맡기는 사람은 모두 거듭난 하나님의 자녀이며(요 1:12), 성령이 그 안에 거하시고, 능력을 부어 주시며, 자신의 신분

과 소망에 대한 확신을 갖게 된다(롬 7:6; 8:9-17)는 것을 우리에게 확신시킨다. 우리가 그리스도를 참되게 믿는 순간, 성부는 우리를 그리스도 안에서 의롭다고 선언하시고, 우리가 그리스도의 형상을 닮게 하는 일을 시작하신다. 순전한 신앙은 예수 그리스도를 주님으로 인정하고 의지하며, 하나님의 명령에 점점 더 순종함으로써 신앙을 드러낸다. 그러나 이러한 순종이 결코 우리의 칭의를 위한 근거로 기여하지는 않는다(약 2:14-26; 히 6:1-12). "예수 그리스도의 복음", 복음

제11장
거룩한 삶: 거룩하게 하는 은혜

그리스도는 그분의 거룩게 하시는 은혜로써 우리 안에서 우리의 믿음을 통해 일하신다. 그분은 우리의 타락한 본성을 다시 새롭게 하시고, 우리를 진정한 성숙함, 곧 "그리스도의 장성한 분량의 충만함"에 이르게 하신다(엡 4:13). 복음은 우리를 그리스도께 순종하는 종으로서 그리고 세상 가운데 그리스도의 사자로서 살도록 우리를 불러서, 공의를 행하고 자비를 사랑하며 궁핍한 모든 자를 돕고, 그리스도의 나라를 힘써 증거하게 한다.

"예수 그리스도의 복음", 복음

---

1. 거룩하게 하는 은혜
칭의와 성화 사이의 고유한 관계 | 우리는 기도, 회개, 십자가를 짐, 성령 안의 삶을 통해 거룩함에 이르도록 그리스도와 연합하는 것과 그분의 형상을 점점 더 닮아 가는 것을 칭의와 분리시키는 어떠한 견해

도 거부한다. "예수 그리스도의 복음", 고백과 거부 15

은혜에 반응함 ㅣ 신자는 하나님의 은혜에 대한 반응으로, 하나님의 충만함에 대한 갈급함을 경험하며(요 7:37-39), 자신을 낮추고(사 6:3-7; 롬 7:24-25), 자신을 전적으로 하나님께 드린다(롬 6:13, 16, 19). 전적인 헌신(롬 12:1-2)과 믿음(행 26:18)의 순간에, 성령은 신자의 내면의 본성을 깨끗하게 하시고(행 15:9) 자신의 능력으로 그를 옷 입히신다(눅 24:49; 행 1:8). 이처럼 그리스도는 성령으로 세례 받으시고(요 1:33; 행 1:4-5), 모든 그리스도인이 누릴 수 있는 위대한 "아버지의 약속"을 성취하신다(눅 24:49; 행 1:4; 2:39). 성화의 점진적 측면이란 빛 가운데 순종하며 행하는 것(요일 1:7)과 영적으로 양육되고 훈련받는 것(롬 12:2; 고후 3:17-18), 그리고 깨끗해진 순종하는 신자 가운데 성령의 반복된 충만함과 계속적인 사역에서 비롯되는 것으로, 그리스도인의 성숙함, 그리스도를 닮음, 경건한 실천 가운데 성장해 가는 과정이다(행 4:31; 엡 3:19; 5:18; 롬 8:26). OMS 인터네셔널

어떻게 성화가 신자에게 실현되는가 ㅣ 성화는 신자가 그리스도의 죽음과 부활에 대해 자신을 그리스도와 일치시키고 날마다 그 연합을 의지하여 신앙과 자신의 모든 재능을 성령의 지배 아래 계속해서 내 드리는 것을 통해 신자에게 실현된다(롬 6:1-11, 13; 8:1, 2, 13; 갈 2:20; 빌 2:12, 13; 벧전 1:5). 국제 오순절 그리스도의 교회

세상에서 물러나지도 않고 세상을 닮지도 않음 ㅣ 예수님은 자기를 따르는 자들이 거룩함을 보존하기 위해 세상에서 물러나거나 세상을 닮

아 감으로써 거룩함을 잃는 것을 원치 않으셨다. 그분은 제자들이 세상을 향해 침투하는 동시에 그들이 속한 나라의 독특성을 유지하기를 원하셨다. 그래야만 그들이 좋은 소식을 진실하게 전할 수 있다.
"복음 전도와 사회적 책임", 1982년

성화와 신자 안에 있는 죄 | 성령은 거룩하게 하는 은혜를 통해 하나님을 향한 모든 반역에서 신자들을 건져내시고 하나님과 다른 사람을 전심으로 사랑하는 것이 가능하게 하신다. 이러한 은혜는 신자를 흠 없게 만드는 것도 아니고 죄를 지을 가능성을 없애는 것도 아니다. 신자는 예수 그리스도 안에서 그들에게 주어진 용서와 깨끗케 하심 가운데 날마다 믿음으로 살아야 한다. 애즈베리 신학교

지속적인 회개 | 우리는 구원하는 신앙이 성화, 곧 성령의 능력으로 그리스도를 닮아 성장하는 삶의 변화를 낳는다고 고백한다. 성화는 지속적인 회개, 곧 죄로부터 돌아서서 예수 그리스도를 주님과 주인으로 기쁘게 신뢰하며 그분을 섬기는 삶을 의미한다(갈 5:22-25; 롬 8:4, 13-14). "예수 그리스도의 복음", 고백과 거부 15

2. 그리스도인의 자유

자유와 예속 | 진정한 회심에는 언제나 능력 대결이 있으며, 이 대결에서 예수 그리스도의 우월한 권위가 드러난다. 믿는 자는 사탄과 죄, 두려움과 허무, 어두움과 사망의 속박에서 해방되는데, 이보다 더 큰 기적은 없다. "마닐라 선언", 1989년, 조항 B.5의 부분

섬김으로 부름 | 우리는…모든 신자에게 순종적 섬김을 위한 새 소명과 새 생명을 주시는 성령의 내주하시는 임재와 변화시키는 능력을 믿는다. 미국 IVF

사랑할 수 있음 | 성령이 충만한 사람은 성령의 내주하심으로 인해 그 존재 전체로 하나님을 사랑하고(마 22:37-38; 롬 5:5), 이웃을 자신처럼 사랑하며(마 22:37-38; 롬 5:5), 참되고 거룩한 삶을 살 수 있다(눅 1:75; 엡 5:25-27; 마 5:8; 딛 2:12). OMS 인터네셔널

3. 거룩한 생활

거룩한 생활 | 우리는 그리스도인의 거룩한 생활을 믿으며, 우리가 동료의 상처나 사회적 필요를 돌보아야 한다는 것을 믿는다. 우리는 주님을 섬기는 일과 우리 삶에 대한 그분의 권위에 우리 자신을 새롭게 드려야 한다는 것을 믿는다. 빌리 그레이엄 복음 전도 협회

복음을 구현함 | 우리는 복음을 선포하는 사람들이 거룩함과 사랑을 삶 속에서 드러내야 함을 단언한다. 그렇지 않으면 우리의 증언은 신뢰를 잃는다. "마닐라 선언", 1989년, 21개 항의 고백 15

거룩한 삶으로 증거를 구체화함 | 성령은 신자 각각에게 내주하시고 능력을 주시며 그들을 구비시키신다. 이로써 신자는 거룩한 삶을 살고, 예배, 기도, 복음 전도, 제자화, 긍휼, 정의, 의 같은 주 예수 그리스도 나라의 일들 가운데서 그분을 증거하고 섬길 수 있으며, 또 그래야 한다. 남아프리카 복음주의 신학교

그리스도를 닮아 감 ㅣ 우리는 하나님이 모든 신자가 순종의 삶을 살기를 기대하신다고 믿는다. 그들 삶의 모든 영역은 예수 그리스도의 주 되심 아래 놓이며 그들 삶에서 성령의 열매는 점점 더 분명하게 드러난다. 그리스도인 삶의 목표는 그리스도의 형상을 닮아 가는 것이다. 이러한 삶의 최우선적 특징은 하나님과 다른 사람을 향해 자신을 내주는 사랑이다. 성령을 통해 자라난 그리스도의 삶과 성품은 세상의 삶과는 현저하게 다르다. 백 투 더 바이블

성령은 거룩한 삶을 가능하게 한다 ㅣ 우리는 성령이 현재 사역하고 계심을 믿으며, 성령의 내주하심으로 그리스도인들이 거룩한 삶을 살 수 있다는 것을 믿는다. 북미 오순절/은사주의 교회[전(前) 북미 오순절 연합]

4. 신앙과 삶의 온전성

증거의 온전성 ㅣ 변화된 삶보다 복음을 더 설득력 있게 전하는 것은 없으며, 삶이 복음과 불일치하는 것만큼 복음을 비난받게 만드는 것도 없다. 우리는 그리스도의 복음에 합당하게 행동하고, 거룩한 삶으로써 복음의 아름다움을 드높여 복음을 '빛나게' 해야 한다. 우리를 주시하는 세상 사람들은 그리스도의 제자들이 입으로 고백하는 바를 뒷받침할 만한 증거가 있는지 찾고 있는데 이는 너무도 당연하다. 우리의 온전성이 가장 강한 증거가 된다.

우리를 하나님께 이끌기 위해 그리스도가 죽으셨다는 선포는 영적으로 갈급한 사람들에게 호소력이 있다. 그러나 이러한 사람들도 우

리 자신이 살아 계신 하나님을 안다는 증거를 제시하지 못할 때, 우리의 공적 예배에 현실성이나 적용성이 결여 될 때에는 우리의 증거를 믿지 않을 것이다.

그리스도가 소외된 사람들을 서로 화해시킨다는 우리의 메시지는 오직 우리가 서로 사랑하고 용서하며, 겸손하게 다른 사람들을 섬기며, 자신의 공동체를 넘어 궁핍한 자를 긍휼히 여기고 대가를 치르며 섬기는 것으로 나타날 때에야 그들 속에서 역사할 것이다.

다른 사람들에게 자기를 부인하고 십자가를 지고 그리스도를 따르라는 우리의 도전은 우리 자신이 먼저 이기적인 야망, 부정직, 탐욕에 대해서 철저히 죽고, 검소하게 자족하며 관대한 삶을 살 때에야 비로소 설득력이 있을 것이다. "마닐라 선언", 1989년, 조항 B.7의 부분

온전성의 상실에 저항함 | 우리는 그리스도인 개인의 삶에서나 교회에서 그리스도인다운 언행의 일관성이 없음을 뉘우친다. 즉, 우리들 사이에 있었던 물질적 탐욕, 직업적 교만이나 경쟁, 기독교적 사역에서의 경쟁, 젊은 지도자들에 대한 시기, 선교에서의 가부장적인 자세, 상호 책임의 결여, 성에 대한 기독교적 기준의 상실, 인종적·사회적·성적 차별 등에 대하여 개탄하는 바이다. 바로 이 모든 세속적인 것들로 인해 교회가, 세상 문화에 도전해서 그 문화를 변화시키지 못하고, 오히려 오늘의 세상 문화가 교회를 붕괴시키는 것이다. 우리는 개인으로서나 신앙 공동체 안에서 말로는 그리스도를 긍정하지만 행동으로는 그리스도를 부정했던 것에 대해 깊이 부끄럽게 생각한다. 우리에게 계

속적인 갈등과 실패가 있다는 사실을 인정하지만, 그럼에도 우리는 하나님의 은혜로 우리 자신과 교회의 온전성을 키워갈 것을 다짐한다.

"마닐라 선언", 1989년, 조항 B.7의 부분

불경건함을 멀리함 | 우리는 우리가 세상과 세상의 어리석음, 죄된 관습, 방식과 분리된 삶을 살도록 거룩한 부름을 받았음을 믿는다. 더 나아가 그리스도 죽음의 공로나 중생의 경험과 동떨어진 사회 개선을 추구하는 모든 운동을 멀리하는 것은 교회의 의무다(벧전 2:9; 딛 2:11-14; 2:15; 마 28:19, 20; 18:15-18; 엡 4:11-16; 히 13:17; 행 14:21-23; 1:15-26). "가든 시티 신앙 고백"(GARDEN CITY CONFESSION OF FAITH), 1998년, 조항 10

온전한 청지기직 | 책임 있는 생활 양식에 대한 소명은 책임 있는 증인이 되는 소명과 분리되어서는 안 된다. 왜냐하면 우리 메시지의 신뢰성은 우리가 그 메시지에 어긋난 삶을 살 때마다 심각하게 감소하기 때문이다. 그리스도가 우리를 탐욕에서 분명하게 건져내지 않는다면 우리가 그리스도를 온전히 선포하는 것은 불가능하다. 우리가 소유물에 대해 선한 청지기로서 살지 않는다면 그리스도의 주되심을 온전히 선포하는 것은 불가능하다. 우리가 궁핍한 자에게 우리의 마음을 닫는다면, 그리스도의 사랑을 온전히 선포하는 것은 불가능하다.

"단순한 생활 방식에 대한 복음주의 서약"(AN EVANGELICAL COMMITMENT TO SIMPLE LIFE-STYLE), 1980년

5. 성령의 은사

성령의 다양한 은사 ㅣ 우리는 성령 하나님이 일하시는 것을 믿는다. 성령은 우리 마음을 밝혀 주시고 중생을 위해 일하시며 신자 안에 거하시며, 거룩한 삶을 살게 하시고 주 예수 그리스도에 대해 증거하고 그분을 위해 일할 수 있게 하신다. 복음주의 신학교(루벵, 벨기에)

성령의 은사 ㅣ 우리는 성자가 성부로부터 [성령을] 보내신다는 것을 믿는다. 성령은 세상으로 하여금 죄를 깨닫게 하고, 그리스도를 신뢰하는 자들을 중생시키고 그들 안에 내주하며, 세례를 통해 그들로 그리스도의 몸이 되게 하며, 마지막 구속의 날을 위해 그들을 인치시고, 진리로 이끌며, 거룩함과 승리의 삶을 살도록 충만히 채우시며, 증거와 섬김을 위해 그들에게 능력을 주신다. 우리는 성령이 신자들로 하여금 그리스도의 몸으로서, 곧 교회로서 적절한 기능을 하도록 성령의 은사를 주신다는 것을 믿는다. 백 투 더 바이블

은사의 분배 ㅣ 성령은 주권적으로 교회에 은사를 수여하고 분배하신다(고전 12:11, 18). 다 똑같은 성령의 은사를 모든 신자에게 주시는 것이 아니다(고전 12:29-30). 교회의 개별 구성원은 교회를 세우고 봉사의 일을 하기 위한 성령의 은사를 받는다(엡 4:12). 예로 보여 주는 몇 가지 은사의 목록은 로마서 12:6-8과 고린도전서 12:8-10에 나온다. 성령은 은혜에 우선을 두고, 성령의 은사보다 성령의 열매를 우위에 두며(고전 12:31; 14:1, 12), 여러 은사들 가운데 예언과 가르침의 은사에 우선을 둔다(고전 12:28; 14:1-5). 이처럼 성령의 은사를 받은 하나님의 사람(사

도, 선지자, 복음 전도자, 목사, 교사가 거명된다)은 하나님의 교회를 향한 하나님의 선물이 된다(엡 4:11). 성령은 한 가지 은사인 방언의 사용에 대해서만 상세한 제한을 가하신다(고전 12-14장). OMS 인터네셔널

6. 표적과 기사

표적과 기사 | 신약에는 복음의 진보를 위해 기적, 표적, 이사를 행하고, 여러 종류의 은사를 수여하시며, 인간 삶 속에 있는 사탄의 권세를 굴복시키시는 성령의 초자연적 능력이 나와 있다. 그리스도인들은 성령의 능력이 복음 전도를 위해 필수적이며 그분의 사역에 대해 열려 있는 것이 신자의 특징이 되어야 한다는 것에 모두 동의한다. "암스테르담 선언", 2000년, 핵심 용어 정의 3

기적 | 예수님이 행하신 기적들은 그가 메시아라는 것을 보여 주며 온 세상이 그에게 굴복하게 되는 그의 완전한 왕국의 도래를 예상케 하는 표적으로서 특별한 것이며, 그것이 과거의 일이라고 해서 오늘도 살아 역사하시는 창조주의 권능을 제한할 수는 없다. 우리는 기사와 이적을 부정하는 회의주의나, 또 그런 것들을 무분별하게 요구하는 주제넘음도 모두 배격한다. 그리고 성령의 충만함을 꺼리는 소극성과, 우리가 약할 때 그리스도의 능력이 온전하게 되는 것을 반대하는 승리주의도 배격한다. "마닐라 선언", 1989년, 조항 B.5의 부분

하나님 나라의 표적 | 하나님 나라의 [한 가지] 표적은 치유와 자연 기적 – 눈먼 자를 보게 하고, 벙어리를 듣게 하며, 저는 자를 걷게 하고,

병자를 온전케 하며, 죽은 자를 일으키고(눅 7:22), 폭풍을 잠잠케 하고, 떡과 물고기를 늘리는 기적—이었다. 우리 모두는 이러한 것이 하나님 나라가 실제로 도래한 것을 가리키는 표적일 뿐 아니라, 모든 질병과 기근, 혼란, 죽음이 영원히 폐기될 최종적 하나님 나라에 대한 예기(豫期)라는 것에 동의한다. 또한 우리는 하나님이 여전히 자유로우시고 능력이 있으시며, 특별히 하나님 나라가 대적이 거머쥔 영토로 진입해 들어가는 접경 지역 상황에서는 오늘날도 기적을 행하신다는 것에 동의한다. "복음 전도와 사회적 책임", 1982년

부흥이 일어나는 특별한 때 ㅣ 교회사에서 특별한 때마다, 부흥과 영적 약진에 앞서 회개, 기도, 금식이 한창인 가운데 하나님 백성의 명백한 일치와 연합이 일어났다. 전 세계의 복음을 듣지 못한 사람들에게 복음을 전하려 노력하는 이때에, 우리는 더 깊이 하나님께 의지해야 하며, 기도 가운데 더욱더 하나 되어야 한다.

우리는 주님께서 그분의 추수지에 일꾼들을 보내 주시도록 신실하게 기도할 것을 서약한다. 또한 우리는 세계 복음화에 참여하는 모든 자들을 위해 기도하고, 가족, 지역 교회, 특별한 모임, 선교 단체와 초교파적 사역에 대한 기도를 독려한다. "암스테르담 선언", 2000년, 헌장 10

병자를 고침 ㅣ 신자는 하나님께 병든 자를 고쳐 달라고 구할 특권이 있다(약 5:14-15). 주님이 우리의 몸에 관심을 가지고 계시기 때문이다(고전 6:13). 그러나 병을 고치는 것이 항상 하나님의 뜻이지는 않을 수 있다(갈 6:11; 고후 12:7-9). OMS 인터네셔널

마술에 대한 경고 | 우리는 기독교 용어의 마술적 사용에 관한 분별을 요청하고 영적 전투를 기독교 마술로 만들지 않기를 실무자들에게 경고한다. 영적 전투 사역에서 어떤 특별한 기술이나 방식이 성공을 보장한다는 어떠한 제안도 하나님의 일하심에 대한 마술적이고 유사 기독교적인 이해다.…우리는 현재 모든 형태의 악에 대해 싸우지 않기 위한 변명으로 종말론을 사용하지 않기를 경고한다. "우리를 악에서 구하옵소서 협의회 선언"(DELIVER US FROM EVIL CONSULTATION STATEMENT), 2000년, 경고 3, 11

7. 영적 전쟁에서 인내함

반대를 예상하라 | 사도 시대 이래의 복음 전도 기록, 오늘날 우리 주변 세계의 상태, 언제나 복음의 확산을 대적하는 사탄에 대한 지식, 이 모든 것을 미루어 볼 때, 21세기의 복음 전도 사역은 수많은 반대 속에서 전진할 것이 확실하다. 사탄이 뚜렷하게 이용하고 있는 근래의 전략은 기독교 신앙을 인간 개발에 장애로 보는 세속 이데올로기, 그리스도인이 주님에 대한 충성을 최우선시하는 것을 통치 체제에 대한 위협으로 보는 정치 권력 구조, 그리스도인의 구별됨을 적대시하는 비기독교 종교의 군사적 행동이다. 우리는 혈과 육에 속한 대적이 아니라 하늘에 있는 악한 영적 권세에 맞서 싸우고 있기에 온갖 고난에 대해 예상하고 준비해야 한다.

우리는 개인적 복음 전도, 가족 복음 전도, 지역 교회 복음 전도, 다양한 형태의 협력적 복음 전도를 하면서 지혜롭게 전진해 나가고자 노력할 것과 우리가 대면할 반대에 대해 멸시 속에서도 인내하고자 노력할 것을 서약한다. 우리는 신실하게 복음을 증거하다가 박해를 당하고 심지어 순교를 당하는 그리스도 안의 형제자매와 연대할 것을 서약한다. "암스테르담 선언", 2000년, 헌장 13

영적 전쟁 ㅣ 우리는 우리가 악의 권세들, 그리고 악한 능력들과의 부단한 영적 전쟁에 참여하고 있음을 믿는다. 그 세력들은 교회를 전복시키고 세계 복음화를 위한 교회의 사역을 좌절시키려고 한다. 우리는 하나님의 전신갑주로 자신을 무장하고, 진리와 기도의 영적 무기를 가지고 이 싸움을 싸워야 한다는 것을 안다. 우리는, 교회 밖에서 잘못된 이데올로기를 통해서뿐만 아니라, 교회 안에서 잘못된 복음, 즉 성경을 왜곡시키며 사람을 하나님의 자리에 올려놓는 일을 통해서도 적들의 활동을 감지할 수 있기 때문이다. 따라서 우리는 성경적인 복음을 수호하기 위해 깨어 있어야 하며, 분별력을 갖고 있어야 한다. 우리는 우리 자신이 세속적인 생각과 행위, 즉 세속주의에 대항할 수 있는 면역력을 갖고 있지 않다는 사실을 인정한다. 예를 들어, 숫자적으로나 영적으로 교회 성장에 대해 주의 깊게 연구하는 것은 정당하고 가치 있는 일임에도, 우리는 종종 이런 연구를 게을리하였다. 반면, 어떤 경우에는 복음에 대한 반응에만 열중한 나머지 우리의 메시지를 타협했고, 강압적 기교를 통해 청중을 교묘히 조종하였고, 지나치게 통계에 집착한 나머지 통계를 부정직하게 기록하는 경우도 있었다. 이 모든 것이 세속적인 것이다. 교회는 세상 속에 있어야 하지만, 세상이 교회 속에 있어서는 안 된다(엡 6:12; 고후 4:3, 4; 엡 6:11, 13-18; 고후 10:3-5; 요일 2:18-26; 4:1-3; 갈 1:6-9; 고후 2:17; 4:2; 요 17:15). "로잔 언약", 1974년

정사와 권세 ǀ 우리는 영적인 싸움을 위해서는 영적 무기가 필요하므로, 성령의 능력으로 말씀을 선포하며, 정사와 악의 권세를 이기신 그리스도의 승리에 참여할 수 있도록 항상 기도해야 함을 단언한다.… 모든 복음 전도에는 악의 주관자와 세력에 대항하는 영적 전쟁이 있다. 이 전쟁에서는, 특히 기도와 더불어 말씀과 성령의 영적 무기로만 승리할 수 있다. 그러므로 우리는 모든 그리스도인들이 교회의 갱신과 세계 복음화를 위해 열심히 기도할 것을 호소한다. "마닐라 선언", 1989년, 21개 단언 11; 조항 B.5의 부분

역사를 통틀어 일해 온 대적자 ǀ 고대 교회의 역사에서 발생했던 일과 오늘날의 악마적 대결과 구원에서 발생하는 일 사이에는 놀랄 만한 유사성이 있다. 고대 교회에서 교부들은 그리스도의 부활과 그분의 주장이 참되다는 것을 사탄과 악마의 권세와 영향에서 구원받는 것으로써 증명했다. 세례를 준비하는 것은 참회뿐 아니라 회심자의 삶에서 악마를 부인하는 것, 즉 악마적이고 사전의 종교적인 충성을 폐기하는 것까지 포함한다. 이러한 관습은 오늘날까지 일부 교회에서 계속되어 왔다. 오늘날 서구 교회가 영적 신앙의 실체에 대해 믿기를 꺼려하고 영적 전투에 참여하지 못하는 것은 계몽주의의 영향을 받은 결함 있는 세계관에서 생긴 것이며, 영적 전투와 관련된 전체 교회사를 대표하지 못하며, 현대사에서 세계의 3분의 2 지역에 있는 기독교

의 특징이 되지도 않는다. "우리를 악에서 구하옵소서 협의회 선언", 2000년, 실제적인 영적 전투

하나님의 능력으로 보호받음 ㅣ 신자들은 영원한 구원을 받도록 하나님의 능력으로 보호를 받으며 예수 그리스도에 대한 기쁨의 순종 가운데 제자도와 거룩의 삶을 살도록 부름받는다. 틴데일 대학과 신학교

8. 대적을 이김

사탄의 패배 ㅣ 우리는 사탄, 죄, 악한 권세가 존재한다는 것을 믿으며 하나님이 그리스도의 십자가에서 이 모든 것을 패배시키셨다는 것을 믿는다. 휘튼 칼리지

사탄의 목적 ㅣ 우리는…사탄이 인격적인 존재이며, 사탄이 하나님을 대신하고 하나님의 목적을 좌절시키려는 의도를 지니고 있다는 것과 사탄의 궁극적 최후는 영원한 형벌에 처하는 것임을 믿는다. 카리브 복음주의 협회(EVANGELICAL ASSOCIATION OF THE CARIBBEAN)

거대한 적 ㅣ 우리는 하나님과 사람의 거대한 적인 사탄이 인격성을 지닌 것과 타락한 성품을 지닌 것을 믿는다. 우리는 사탄이 자신을 섬기는 악마적 존재들과 함께 자신의 악한 계획을 불경건한 세상 체제를 통해 실행해 간다는 것, 그러나 하나님의 주권적 통치에 의해 오직 제한된 채로만 이루어진다는 것을 믿는다. 우리는 그리스도가 십자가에서 사탄을 심판한 것과 사탄이 불 못에서 궁극적으로 자신의 최후를 맞을 것이며 그곳에서 영원히 머물게 될 것을 믿는다. 백 투 더 바이블

강력한 그러나 이미 운명이 정해진 ｜ 우리는 사탄의 실재성을 믿는다. 사탄은 창조된 존재로, 하나님과 인류의 적이다. 사탄은 이 세상에서 강력하지만, 그의 운명은 그리스도의 희생적 죽음으로 이미 정해져 있다. 남미 선교회(SOUTH AMERICA MISSION)

원래 창조에서 타락한 대적자 ｜ 우리는 사탄이 원래는 완전한 존재로 창조되었다는 것을 믿는다. 그는 하나님께 반역하였고, 그 결과 타락했으며, 하나님과 그분 백성의 대적자요 악마가 되었으며, 자신과 함께 타락한 천사 무리의 지도자가 되었다. 사탄은 심판받았으며 십자가에서 패배하였다. 국제 오순절 그리스도의 교회

대적자가 하는 일 ｜ 사탄과 "정사와 권세와 이 어두움의 세상 주관자들과 하늘에 있는 악의 영"들은 속임수를 쓰고, 왜곡하며, 죄로 유혹하고, 육체와 감정과 마음과 의지를 괴롭게 하고, 사람을 통제하며, 자연을 어지럽히고, 사회적·경제적·정치적 구조의 역할을 왜곡시키며, 폭력의 정당화를 위한 수단으로 희생양을 만들고, 자기 유익과 불의와 억압과 악습을 부추기고, 밀교의 영역, 거짓 종교, 하나님의 구원 사역과 교회의 선교에 대해 온갖 형태로 방해하며 활동한다. "우리를 악에서 구하옵소서 협의회 선언", 2000년, 신학적 단언 6

그리스도와 계속 교제함 ｜ 신자는 그리스도와 활기 있는 교제를 계속 나눔으로써 하나님의 권세를 통한 보호를 받는다. OMS 인터네셔널

9. 기도와 영적 훈련

성령의 훈련으로 양육함 ㅣ 우리는 교회와 세상에 그리스도의 모범을 보여야 한다는 것을 알기에, 하나님의 종으로서 거룩하고 도덕적으로 순결한 삶을 살 의무가 있다는 것을 인정한다. 정기적이고 신실한 기도 생활과 성경 연구는 우리의 인격적인 영적 성장과 사역에 필요한 능력에 본질적인 것이다. "암스테르담 확언", 1983년

권징의 목적 ㅣ 권징의 목적은 모든 구성원에게 기독교 제자도의 의미를 분명히 밝히고, 각 구성원이 그리스도의 장성한 분량에 이르게 하여 교회의 순결성을 고취하며, 연약한 자와 미성숙한 자에게 심각한 죄의 성질과 하나님의 말씀에 대한 불순종에 대해 경고하며, 죄를 지을 수 있는 구성원을 온전한 교제로 회복시키며, 세상 앞에서 교회의 명성과 증인됨을 유지하기 위한 것이다. "메노나이트 신앙 고백", 1990년, 조항 8

기도 ㅣ 하나님은 우리에게 기도라는 선물을 주셔서, 자녀가 부르짖을 때에 그분의 주권 가운데 복과 능력으로 반응하고자 하셨다. 기도는 교회의 각성과 전 세계를 향한 복음의 전달을 위해 하나님이 정하신 본질적인 수단이다. 신약 교회의 첫날부터, 하나님은 자기 백성의 열정적이고 끈질긴 기도를 사용하사 성령 안에서 그들의 증거에 힘을 더하시고, 주님의 사역에 맞선 대항에 대해 승리하시며, 그리스도의 메시지를 듣는 자들의 생각과 마음을 여셨다. "암스테르담 선언", 2000년, 헌장 10

기도하도록 부름 ㅣ 우리는 모든 곳에 있는 복음주의자들에게 — 하나됨과 복음의 전파…를 위해 — 기도를 부탁한다. 우리는 기도하면서 하

나님을 찬양하고 예배하며, 그분께 간구하고, 우리 죄와 하나님의 은혜에 대한 필요를 고백하고, 하나님의 지혜와 권고를 구하며, 다른 사람을 위해 중보 기도를 하고, 우리 자신을 하나님과 하나님을 섬기는 일에 내 드려야 한다. _{미국 복음주의 협회: "복음주의 선언"(AN EVANGELICAL MANIFESTO)}

균형 잡힌 영성 ㅣ 우리는 한편으로 진정한 영성에 대한 무시로 인해 다른 한편으로는 훈련받지 않은 영성의 과도함으로 인해 고통을 당한다. 우리는 죄의 예속에서 풀려나 성령이 새롭게 하신 참된 인간성에 대한 성경적 모델보다 초인간적 종교성을 더 추구하곤 했다. 그러므로 우리는 믿음으로 그리스도가 주신 구속의 모든 내용을 파악하는 영성을 필요로 한다. 죄책과 죄의 권세로부터의 자유, 성령의 내주와 부으심을 통한 삶의 새로움이 그것이다. 우리는 하나님 말씀을 전하는 것의 중심성을 확언한다. 그것이야말로 성령이 신자 개인의 삶뿐 아니라 교회의 공동체적 삶에서 교회를 새롭게 하실 때 사용하시는 우선적 수단이다. 참된 영성은 개인 경건을 양성하는 것뿐 아니라 세상의 고난과 자신을 동일시하는 것을 요한다. _{"시카고 성명", 1977년}

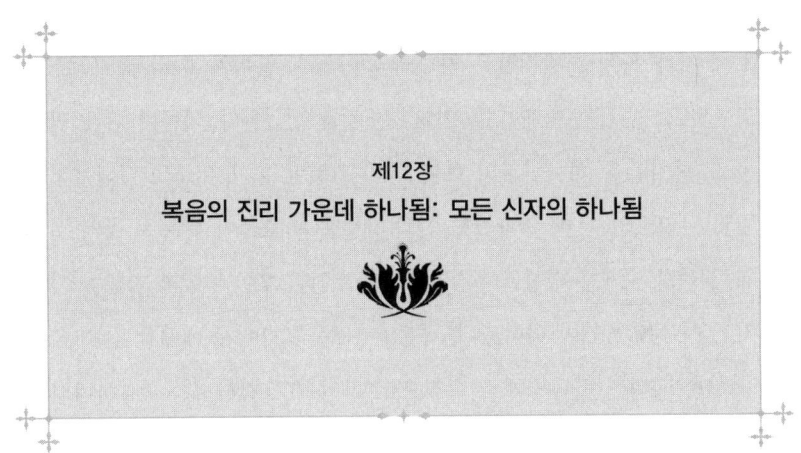

제12장
복음의 진리 가운데 하나됨: 모든 신자의 하나됨

> 우리는…세계 모든 곳에서 제자를 삼아
> 예배하고 증거하는 교회 가운데 명백히 나타내는,
> 예수 그리스도를 믿는 모든 신자의 하나됨을 믿는다.
>
> 미국 IVF

1. 진리와 하나됨

그리스도인의 하나됨의 기초인 기독교 진리 ｜ 모든 그리스도인은 사랑 가운데 하나 되고 진리 가운데 하나 되도록 부름받았다. 우리는 우리의 이름 자체를 복음에서 가져온 복음주의자로서, 하나님이 예수 그리스도 안에서 행하신 구원 사역에 대한 이 위대한 좋은 소식이ㅡ조직된 교회와 교파 사이에서든, 그리스도인들이 함께하는 많은 초교파적 협력 단체에서든 간에ㅡ그리스도인을 하나로 묶는 참된 유대라고 여기며 경축한다. 성경은 그리스도와 그분의 복음을 참으로 신뢰하는 모든 자가 은혜로 말미암은 하나님의 아들과 딸이며, 따라서 그리스도 안에서 우리의 형제이고 자매라는 것을 선언한다. 의롭다 함을 받은 모든 자들은 하나님과의 화해, 죄의 완전한 용서, 어둠의 나라에서 빛의 나라로의 이행, 그리스도 안의 새로운 피조물이 된다는 것의 실재, 성령의 교제를 경험한다. 이들은 그로 인한 모든 평안과 기쁨을 가지고 성부께 즐거이 나아간다. 복음은 모든 신자에게 예배할 것을 요구하며, 예배는 하나님께 지속적으로 찬양하고 감사하는 것, 하나님이 기록된 말씀으로 계시하신 모든 것에 복종하는 것, 기도하며 그분을 의지하는 것, 부주의하게 하나님의 진리를 타협하거나 모호해지지 않도록 경계하는 것을 의미한다. 복음의 기쁨과 소망을 나누는 것은 최고의 특권이다. 그러한 나눔은 예수 그리스도의 대위임령이 여전히 유효하기에, 변치 않는 의무이기도 하다. 예수님은 모든 곳에 복음을 선포하여, 가르치고, 세례를 주고, 제자를 삼으라고 말씀하셨다. "예수 그리스도의 복음", 서언

진리 가운데 하나됨과 하나됨의 모습 | 교회가 진리 안에서 가시적으로 일치를 이루는 것이 하나님의 목적임을 우리는 확신한다. 복음 전도는 또한 우리를 하나가 되도록 부른다. 왜냐하면 우리의 불일치가 우리가 전하는 화해의 복음을 손상시키는 것같이, 우리의 하나됨은 우리의 증거를 힘 있게 만들기 때문이다. 그렇지만 조직적인 일치단결은 여러 형태가 있고, 그것이 반드시 복음 전도를 진척시키지 않을 수도 있음을 인정한다. 그럼에도 불구하고 동일한 성경적 신앙을 소유한 우

리는 교제와 사역과 복음 전도에 있어서 긴밀하게 일치단결해야만 한다. 우리의 증언이 때로 죄악 된 개인주의와 불필요한 중복으로 인해 훼손되었던 것을 고백한다. 우리는 진리와 예배와 거룩함과 선교에 있어서 좀더 깊은 일치를 추구할 것을 약속한다. 우리는 교회의 선교를 확장하기 위해, 전략적인 계획을 위해, 서로 격려하기 위해 그리고 자원과 경험을 서로 나누기 위해 지역적이며 기능적인 협력을 개발할 것을 촉구한다(요 17:21, 23; 엡 4:3, 4; 요 13:35; 빌 1:27; 요 17:11-23). "로잔 언약", 1974년

몸의 하나됨을 위해 기도함 ㅣ 우리는 세계가 평화롭도록, 복음 전도에 있어서 성경의 우선성에 대한 부흥과 갱신된 헌신이 교회 안에서 일어나도록, 그리스도가 다시 오실 때까지 대위임령의 성취를 위해 그리스도 안에서 신자들의 하나됨을 위해, 기도하고 일하는 것에 그리스도의 몸이 우리와 함께하기를 간청한다. "암스테르담 확언", 1983년

2. 복음 안에서 그리스도인의 하나됨

복음과 그리스도인의 하나됨 ㅣ 신약 성경에는 복음 전도와 연합이 긴밀하게 연관되어 있다. 예수님은 세상이 자신을 믿도록 하기 위해 자신이 성부와 하나됨같이 하나님의 백성들이 하나 되기를 위하여 기도하셨다. 또 바울은 빌립보 교인들을 권면하며 "한 뜻으로 복음의 신앙을 위하여 협력하라"(빌 1:27)고 했다. 이런 성경적 비전과는 달리 우리는, 서로 의심하고 대결하며, 비본질적인 것들에 대해 고집을 부리

고, 권력 투쟁과 자기 왕국 건설에 힘씀으로 복음 전도 사역을 부패시키고 있음을 부끄럽게 여긴다. 우리는 복음 전도에 있어서 협력이 필수불가결한 것임을 확인한다. 첫째, 그것이 하나님의 뜻일 뿐 아니라 화해의 복음이 우리의 분열로 인해 불신을 받기 때문이며 세계 복음화 과제가 기필코 성취되려면 우리가 이 일에 함께 협력해야만 하기 때문이다. "마닐라 선언", 1989년, 조항 B.9의 부분

그리스도인 간의 차이를 해결함 | 예수님은 하늘에 계신 아버지께 자기 제자들의 하나됨과 그로 인해 세상이 믿게 되기를 기도하셨다. 전 세계에서 실행되는 복음 전도의 커다란 장애물 중 하나는 그리스도의 백성 간 하나됨이 부족하다는 점이다. 그리스도인들이 그리스도의 마음을 함께 품으려고 하기보다 서로 경쟁하고 싸울 때 이러한 상황은 더욱 악화된다. 우리는 하나님이 우리에게 계시하신 모든 것을 아직 완벽하게 이해하지는 못하기 때문에, 그리스도인 사이의 차이점을 모두 해결할 수는 없다. 그러나 우리는 양심을 해치지 않는 모든 방식으로 그리스도인의 교제에 있어 잘 검증된 규칙을 실행하면서 복음 전도의 과업을 수행하는 일에 다른 신자들과 협력하고 동역하려고 힘써야 한다. 그 규칙은 이것이다. "본질적인 일에는 일치를, 비본질적인 일에는 자유를, 모든 일에 사랑을."

우리는 예수님을 믿는 모든 참된 신자가 진리 가운데 하나 되기를 위하여 기도하고 일하며, 복음 전도하는 일에 그리스도 안의 다른 형제·자매와 가능한 한 충분히 협력하여 온 교회가 온전한 복음을 온

세계에 전하게 할 것을 서약한다. "암스테르담 선언", 2000년, 헌장 14

우리가 신앙의 하나됨에 이를 때까지 ǀ "우리가 다 믿는 것에…하나가 되어…이르리니…평안의 매는 줄로 성령의 하나 되게 하신 것을 힘써 지키며"(엡 4:3, 13) 서로에 대한 예의와 이해를 진작하기 위해 [노력한다.]
오순절 학회(SOCIETY FOR PENTECOSTAL STUDIES)

비본질적인 것에 관한 확신의 자유 ǀ 우리는 역사적으로 모든 참된 그리스도인 가운데 일반적 합의가 이루어졌던 교리적 가르침들을 받아들인다. 우리 운동의 특성화된 부르심으로 인해 그 외의 다른 교리적 사항들에 관해서는 해석이 성경에 근거하고 있고 하나님이 우리로 하여금 섬기도록 부르신 사역에 문제가 되지 않는다면, 자유로운 확신을 가지는 것을 허용하길 원한다. 미국 CCC

경쟁을 피함 ǀ 우리는, 교회와 선교 단체 그리고 그 외 여러 기독교 기관들이 복음 전도와 사회 참여에 있어 경쟁과 중복을 피하면서 상호 협력하는 것이 절실히 필요함을 단언한다. "마닐라 선언", 1989년, 21개 항의 고백 17

선교 협력을 격려함 ǀ 선교의 새 시대가 동트고 있음을 우리는 기뻐한다. 서구 선교의 주도적 역할은 급속히 사라지고 있다. 하나님은 신생 교회들 중에서 세계 복음화를 위한 위대하고도 새로운 자원을 불러일으키신다. 그렇게 해서 복음 전도의 책임은 그리스도의 몸 전체에 속해 있음을 밝히 보여 주신다. 그러므로 모든 교회는 자기가 속해 있는 지역을 복음화함과 동시에 세계의 다른 지역에도 선교사를 보내기 위해 무엇을 해야 하는지 하나님과 자신에게 질문해야 한다. 우리의 선교적 책임과 선교적 역할에 대한 재평가는 계속되어야 한다. 이렇게 해서 교회들 간의 협력은 더욱 강화될 것이며, 그리스도의 교회의 보편성은 더 분명하게 드러날 것이다. 우리는 또한 성경 번역, 신학 교육, 방송매체, 기독교 문서 사역, 복음 전도, 선교, 교회 갱신, 기타 전문 분야에서 일하는 여러 단체들로 인해 하나님께 감사한다(롬 1:8; 빌 1:5; 4:15; 행 13:1-3; 살전 1:6-8). "로잔 언약", 1974년, 조항 8의 부분

하나됨을 고취함 | 우리는 그리스도 몸의 하나됨을 단언하고 고취한다. 우리는 모든 교회와 관계 맺기를 추구하고 사역에 상호 참여가 일어나기를 바란다. 우리는 교회의 총체적 선교에 공헌하고자 한다. 우리는 다른 인도주의 기구에 대해 협력적 자세와 열린 마음을 유지한다. 월드 비전

서로 사랑하라 | 우리는 우리 주 예수 그리스도 안에서 신자의 영적인 하나됨을 믿는다.…"새 계명을 너희에게 주노니 서로 사랑하라. 내가 너희를 사랑한 것같이 너희도 서로 사랑하라. 너희가 서로 사랑하면 이로써 모든 사람이 너희가 내 제자인 줄 알리라"(요 13:34-35). 우리는 복음주의 공동체들에게 주님이시며 구세주이신 예수 그리스도에 대한 공통적 헌신에 기초하여 함께 일할 것을 요청한다. 더 나아가, 우리는 진리가 타협되지 않는 한, 사랑을 실천하는 일에 있어 복음주의자들이 다양한 세부적인 문제들에 대해 복음주의적 정체성을 지니지 않을 수도 있는 다른 자들과 함께하기를 촉구한다. 미국 복음주의 협회:

"복음주의 선언"

분리의 추문 | 우리는 그리스도인이 서로 불명예스러운 분리와 분열을 일으킨 것을 개탄한다. 우리는 그러한 분열은 그리스도인 가운데 하나됨이 있기를 명백히 바라셨던 그리스도에 반(反)하는 것이며 세상 속에서 교회가 증거하는 것을 방해하는 것이라 믿는다. 복음 전도는 너무나도 자주 몰역사적이고 분파적인 사고 방식의 성격을 띠어 왔다. 우리는 성경적 계시의 넓음뿐만 아니라 역사적 기독교의 공교회성을 적절히 활용하는 데 실패했다. "시카고 성명", 1977년

그리스도의 몸의 분열에 대해 고백함 | 세계 복음화에 큰 거침돌이 되는 그리스도의 몸의 분열에 대해서는 우리에게도 책임이 있음을 고백한다. 우리는 그리스도께서 기도하신 대로, 진리 안에서 하나가 되기를 계속 추구하며 나아갈 것을 결의한다. "마닐라 선언", 1989년, 조항 B.9의 부분

3. 그리스도 안의 하나됨을 증거함

타협 없는 협력 | 우리는 복음주의 교파와 운동들이 타협 없이 함께 협력하여 일할 것을 요청한다. 즉 우리의 특별한 독특성을 유지하면서도, 요한복음 13:34-35에 있는 우리 주 예수 그리스도의 명령에 기초하여 함께할 것을 요청한다. 미국 복음주의 협회: "복음주의 선언"

그리스도 안의 하나됨을 가시적으로 표현하기를 노력함 | 그러므로 우리는 복음주의자들이 종교개혁과 그 이후의 복음주의 갱신 운동의 교회 일치적 관심을 회복할 것을 요청한다. 우리는 겸손하고도 비판적

으로 우리의 개별 전통을 검사하고, 종교적인 십볼렛(참고. 삿 12:1-6 – 역주)을 폐기하며, 하나님이 다양한 역사 흐름 가운데 일하신 것을 인정해야 한다. 우리는 모든 것을 희생하면서까지 교회의 연합을 진작하려는 노력은 거부해야 하지만, 교회의 하나됨을 영적인 개념으로만 이해하는 것도 피해야 한다. 우리는 그리스도 안에서 하나 되는 것이 가시적이고 구체적으로 표현되어야 한다고 확신한다. 우리는 이러한 믿음 가운데, 그리스도의 교회 내에서 만남과 협력이 증진되는 것을 환영한다. 우리는 교리적 무관심주의와 거짓된 평화주의를 피하는 동시에, 개별 전통 내부에서와 개별 전통을 뛰어넘어서 합의와 이해의 공통 영역을 열심으로 추구하여 더욱 증가된 토의와 협력을 증진시키도록 복음주의자들을 격려하고자 한다. "시카고 성명", 1977년

추정을 피함 | 우리가 '온 교회'라고 말할 때, 우주적·보편적 교회가 복음주의 공동체와 동일하다고 주장하는 것은 아니다. 세계에는 복음주의 운동에 참여하지 않은 많은 교회가 있는 것을 알고 있기 때문이다.…예를 들어, 성경 번역, 당면한 신학적·윤리적 문제들 그리고 사회사업과 정치적 행동에 대한 연구와 같이, 성경적 진리가 손상되지 않는 적절한 영역에서는 협력이 가능할 수 있을 것이다. "마닐라 선언", 1989년, 조항 B.9의 부분

논쟁적 용어에 대한 불필요한 집착을 삼가함 | 때로 일부 그리스도인들은 교리의 정확한 단어 표현에 불필요하게 집착해 왔다. 마지막 날에 일어날 일에 관한 것, 세례의 의미, '성경의 무오성'과 같은 문구의 사

용 등이 그것이다. 그러나 기독교 진리의 모든 체계화는 미리 정해 놓은 진술이 아니라 모든 부분이 신적으로 영감된 성경에 들어맞아야 한다는 것을 기억해야 한다.…복음주의 신앙에 언제나 중심이 되는 성경의 교리에 대해서, 우리는 오직 한 가지 목표를 가지고 있다. 즉 성서가 성서 그 자체에 대해 가르치는 바를 믿고 정확하게 가르치는 것이다. 풀러 신학교: "우리가 믿고 가르치는 것"

연합과 경건함 ㅣ 그러나 오늘날 그리스도인 사이의 더 큰 연합과 경건에 대한 결정적인 필요는 변화에 대한 끓어오르는 갈망과 맞닿아 있다. 그리고 이것은 교회 전반에 걸쳐 솟아나고 있다. 그리스도의 몸은 이제, 요한복음 17:20-23에 나오는 하나님의 아들의 대제사장적 기도를 통해 우리의 삶 가운데서 역동적으로 갱신될 준비가 되어 있다. "내가 비옵는 것은 이 사람들만 위함이 아니요. 또 그들의 말로 말미암아 나를 믿는 사람들도 위함이니 아버지여, 아버지께서 내 안에, 내가 아버지 안에 있는 것 같이 그들도 다 하나가 되어 우리 안에 있게 하사 세상으로 아버지께서 나를 보내신 것을 믿게 하옵소서. 내게 주신 영광을 내가 그들에게 주었사오니 이는 우리가 하나가 된 것 같이 그들도 하나가 되게 하려 함이니이다. 곧 내가 그들 안에 있고, 아버지께서 내 안에 계시어 그들로 온전함을 이루어 하나가 되게 하려 함은 아버지께서 나를 보내신 것과 또 나를 사랑하심같이 그들도 사랑하신 것을 세상으로 알게 하려 함이로소이다." 미국 복음주의 협회: "복음주의 선언"

우리는 교회가 하나님의 백성, 그리스도의 몸, 하나님의 은혜로 말미암아 구원받은 모든 자들이 성령 안에서 누리는 교제라는 것을 믿는다. 더 나아가 우리는 이러한 하나 된 거룩하고 공교회적이며 사도적인 교회는 신자들로 구성된 지역적 몸 가운데 스스로를 드러내며, 신앙 공동체의 삶을 보여 주는 다양한 지역적·교파적·초교파적 표현을 포괄하고 초월한다는 것을 믿는다. 교회는 삼위일체 하나님에 의해, 성령의 능력 가운데, 예수 그리스도의 좋은 소식을 선포하고 분명히 드러내도록 세상 속으로 부름받고 보냄을 받는다.

틴데일 대학과 신학교

---

1. 교회의 표지

하나님 나라의 표징인 교회 | 하나님은 교회가 하나님 나라의 한 표징이 되도록 의도하셨다. 즉 인간 공동체가 하나님의 의와 평화의 통치

아래 있을 때 어떤 모습일지를 보여 주는 것이다. 복음이 효과적으로 전달되기 위해서는 개인이나 교회에서 복음이 구체적으로 표현되어야 한다. 보이지 않는 하나님은 우리가 서로 사랑하는 것을 통해 오늘 우리에게 자신을 나타내시며(요일 4:12), 특히 작은 모임 안에서 우리가 서로 친교를 나누며 여러 공동체들을 분리시키는 인종 차별, 계층, 성, 연령의 장벽을 초월하게 될 때 자신을 계시하신다.

우리는, 많은 교회들이 내부 지향적이어서 선교보다는 자체 유지를 위해 조직되어 있고 복음 전도를 희생시키면서까지 개교회 중심 활동에만 몰두하고 있던 것에 대해 깊이 회개한다. 우리는 교회를 갱신하여 주께서 구원받는 사람을 날마다 더하게 하실 때까지(행 2:47) 계속 밖으로 뻗어 나가는 일에 전념할 것을 결의한다. "마닐라 선언", 1989년, 조항 B.8의 부분

새로운 인류의 첫 열매 ㅣ 교회는 하나님의 왕적 다스리심이 드러나는 공동체다. 그러므로 교회는 신적인 통치를 증거하고 있으며, 구속받은 인류의 첫 열매다(약 1:18). 교회는 새로운 가치관과 기준을 가지고 살며, 교회 내의 관계는 사랑으로 변화된다. 그러나 교회는 여전히 실패한다. 교회는 '이미'와 '아직' 사이, 곧 하나님 나라의 현재적 실재와 미래적 기대 사이의 편치 않은 긴장 속에서 살기 때문이다. "복음 전도와 사회적 책임", 1982년

언약 공동체로 부르시는 하나님 ㅣ 구원은 **새로운 공동체**와 함께 계속된다. 왜냐하면 성경에서 구원은 단순히 개인적인 개념이 결코 아니기

때문이다. 구약에서처럼 신약에서도, 하나님은 자신을 위해 한 백성을 불러내시고 준엄한 언약으로 그 백성을 자신과 굳게 연결시키신다. 새로운 사회의 구성원들, 곧 그리스도를 통하여 하나님과 서로에 대해 화해하게 된 자들은 모든 인종과 문화에서 이끌려 나오고 있다. 참으로 단일한 새 인류 사회 - 그리스도가 창조하신, 그 안에 어떠한 장벽도 용납될 수 없는 사회 - 는 좋은 소식의 본질적 부분이다(엡 2:11-22).

"복음 전도와 사회적 책임", 1982년

교회의 소명 ㅣ 우리는 하나의 거룩하고 보편적이고 사도적인 교회를 믿는다. 교회의 소명은 모든 열방 가운데서 복음을 전하고 인간의 필요를 채우기 위해 긍휼의 섬김으로써 교회의 헌신을 드러내며 의와 정의를 진작시키면서, 교회의 머리이신 예수 그리스도를 예배하고 증거하는 것이다. 교도소 선교회

교회의 과제 ㅣ 우리는 하나의 거룩하고 보편적인 교회가 그리스도의 몸이며 그리스도의 백성으로 이루어진 공동체로 구성되어 있음을 믿는다. 이 세상에 있는 그리스도의 백성이 할 일은 신앙 고백, 기도, 찬양으로 예배하고, 우리 주 예수 그리스도를 통한 하나님의 구속적 사랑에 대한 복음을 말과 행동으로 땅끝까지 선포하며, 하나님의 모든 창조 세계를 돌보고 모든 자의 유익, 특히 가난한 자와 궁핍한 자들의 유익을 적극 추구함으로써 하나님의 사랑을 구체화하여 하나님의 구속된 공동체가 되는 것이다. 휘튼 칼리지

그리스도의 몸 안에서 교제함 ㅣ 하나님은 인간 족속 전체로부터 죄인

들을 부르사 그리스도 몸의 교제로 들어가게 하셔서, 말씀과 성령으로 하나 된 거룩하고 공교회적이며 사도적인 교회를 창조하신다. 하나님은 동일한 말씀과 성령을 통해 모든 문화에서 형성된 구속받은 새로운 인류가 모든 시대의 하나님 백성과 영적으로 하나 되도록 인도하시고 보존하신다. 풀러 신학교: "신앙 선언문"

2. 신자의 하나됨

서로의 지체 ㅣ 교회는 그리스도 안에 있는 모든 참된 신자로 구성된 그리스도의 보편적 몸으로 그리스도가 그 교회의 머리시다(골 1:18). 모든 거듭난 자는 성령으로 세례 받아 이렇게 한 몸 된 교회가 된다(고전 12:12-13). 그리스도는 자신의 교회를 세우신다(마 16:18). 이 교회는 여러 개의 교파가 있다는 사실로 깨뜨려지지 않으며 교회가 합해져 하나가 되는 것도 아니다. 왜냐하면 그리스도의 참된 한 몸 이상의 것이 있을 수 없으며(엡 4:4), 그 구성원에 대한 기록은 하늘에 있지 땅에 있는 것이 아니기 때문이다(히 12:23). 모든 참된 그리스도인은 서로의 지체이며(고전 12:12-27; 엡 4:25), 이러한 교회와 교회의 각 구성원은 교회를 향한 그리스도의 대위임령에 순종하고 그리스도의 복음을 가지고 온 세계에 나아갈 책임이 있다(마 28:18-20; 막 16:15; 눅 24:47-49; 요 20:21-22; 행 1:8). OMS 인터네셔널

성령의 하나됨 ㅣ [우리는] 모든 참된 신자들이, 곧 그리스도의 몸인 교회가 성령으로 하나 된다는 것을 [믿는다.] 세계 복음주의 연맹(WEA)

신자의 영적인 하나됨. 우리는…구원을 위해 예수 그리스도를 믿고, 성령으로 중생하며, 그리스도가 머리로 계신 교회, 곧 그리스도의 몸을 구성하는 모든 자들의 영적인 하나됨을 믿는다. 카리브 복음주의 협회

그리스도 안에서 연합함 ㅣ 주 예수 그리스도 안에 있는 모든 신자는 서로 영적으로 연합한다. 이 신자들은 교회, 곧 그리스도가 머리로 계신, 그리스도의 몸을 이룬다. 남아프리카 복음주의 신학교

모든 시대의 구속된 자 ㅣ 교회는 하나님의 백성, 그리스도의 몸과 신부, 성령의 전(殿)이다. 하나 된 보편 교회는 신앙의 식구들로 이루어진 초국가적·초문화적·초교파적·다민족적인 가족이다. 가장 넓은 의미에서 교회는 모든 시대의 모든 구속된 자를 포함한다. 그들은 모든 시대와 공간을 아우르는 그리스도의 한 몸이다. "암스테르담 선언", 2000년, 핵심 용어 정의 9

한 가족 ㅣ 우리는 복음 안에서 연합한 복음주의자로서 서로를 지켜보고 돌보며, 서로를 위해 기도하고 용서하며, 모든 곳에 있는 하나님의 백성에게 사랑과 진리 가운데 교제하기로 약속한다. 왜냐하면 우리는 한 가족이고, 성령 안에서 하나이며, 그리스도 안에서 하나이기 때문이다. "예수 그리스도의 복음", 우리의 서약

3. 그리스도의 몸

그리스도의 살아 있는 몸 ㅣ 우리는…그리스도의 소유이며, 성령이 내주하시는 모든 참된 신자로 이루어진 교회는 그리스도의 몸이며 비가

시적 교회인 것을 믿는다. 교회는 거룩하고 보편적이며 그리스도 안에서 하나다. 중국 신학 대학원

중생한 몸 ｜ 우리는 참된 교회가 예수 그리스도를 믿는 구원의 신앙을 통해 성령으로 중생한 모든 사람들로 이루어져 있으며 그리스도의 몸–그리스도가 머리 되시는–에 함께 연합되어 있다는 것을 믿는다. 트리니티 신학교

성령에 의해 형성된 교회 ｜ 우리는 그리스도의 몸(엡 1:23)인 참된 교회는 그리스도를 구주로 믿는 모든 자 가운데서 성령의 역사하심을 통해 형성되는 것임을 믿는다(엡 2:22; 고전 12:13). HCJB 세계 라디오(HCJB WORLD RADIO)/세계 라디오 선교회(WORLD RADIO MISSIONARY FELLOWSHIP)

4. 그리스도와 교회

몸의 머리 ｜ 예수 그리스도는 교회의 머리시다. 교회는 예수 그리스도의 몸이며, 구원하는 신앙을 통해 그분과 연합된, 살아 있거나 이미 죽은 모든 자로 이루어져 있다. 미국 CCC

믿음으로 말미암아 그리스도와 연합함 ｜ 우리는…교회가 그리스도의 몸이라는 것, 믿음으로 말미암아 그리스도와 연합한 모든 자는 동일한 몸의 지체라는 것, 따라서 서로에게 지체가 되어 평화 가운데 서로 교제하고 순전하고 뜨거운 마음으로 서로를 사랑하는 것이 우리의 엄숙하고 언약적인 의무라는 것을 믿는다. 세계 복음 선교회

그리스도께 복종함 ｜ 교회는 그리스도의 몸이다. 그리스도는 머리이시

며, 성령으로 태어난 모든 자들은 교회의 지체다. 지상의 교회는 그 머리이신 그리스도께 복종하고, 신앙과 순수성을 지키고, 그분의 명령에 순종하며, 모든 사람에게 복음을 선포해야 한다. 일본 성서 신학교 8

그리스도의 신부 | 우리는 교회가 그리스도의 신부이며, 성령으로 태어난 모든 자들의 몸을 구성하고 있음을 믿는다. 그리고 이러한 교회의 지역적 표현이 예배, 상호 권면, 증거를 위해 세워진 것을 믿는다. 북미 인디안 선교회

5. 가시적/비가시적 교회, 지역/세계 교회

가시적 교회 속에 스스로를 드러내는 비가시적 교회 | 우리는…비가시적 교회가 가시적 교회, 곧 그리스도를 믿는 믿음을 공언하고 세례 받은 모든 자로 이루어진 지역 회중 속에 드러난다고 믿는다. 또한 우리는 교회가 하나님 백성이자 제사장 나라로서 그리스도의 온전한 분량에까지 자라도록, 그리고 예배, 성례, 교제, 훈련, 섬김 가운데 성령의 은사를 실행함으로써 교회의 선교적 과제를 성취하도록 부름받았음을 믿는다. 중국 신학 대학원

세상 가운데 가시적으로 드러나는 교회 | 이 세상에서 교회는 성경에 따라 교회가 할 일들을 함께 행하기 위해 모인 모든 지역 회중 속에 가시적으로 드러난다. 그리스도는 교회의 머리시다. 믿음으로 그리스도와 인격적 연합을 한 모든 자는 그리스도의 몸에 속하며, 성령으로 그리스도 안의 다른 모든 참된 신자와 연합한다. "암스테르담 선언", 2000년

핵심 용어 정의 9

'그리스도인'의 정의 ㅣ 그리스도인은 하나님을 믿는 사람으로, 성령으로 말미암아 선생과 제자의 인격적인 관계 속에서 예수 그리스도를 주님과 구세주로 따를 수 있게 되고 하나님 나라의 삶을 살 수 있게 된 자들이다. 그리스도인이라는 말을 특정한 문화적·민족적·정치적·이데올로기적 전통이나 집단과 동일시해서는 안 된다. 예수님을 알고 사랑하는 자들은 또한 그리스도를 따르는 자, 곧 신자와 제자로 부름받는다. "암스테르담 선언", 2000년, 핵심 용어 정의 8

지역적이고 세계적인 교회 ㅣ 선교사를 보내는 교회가 그 교회가 속해 있는 지역을 소홀히 해서는 안 되며, 이웃을 복음화하는 교회가 세계 선교를 소홀히 해서는 안 된다.

이 모든 일에 있어, 각 교회 회중과 교단은 경쟁심을 협동심으로 돌이키도록 노력하면서, 가능한 곳에서 다른 교회 및 교단과 더불어 사역해야 한다. 교회는 또한 여러 선교 기관들과도 더불어 일해야 하는데 특별한 복음 전도, 제자 양육, 사회봉사에 있어서는 관계 기관들과 협력해야 한다. 그러한 기관들은 그리스도의 몸의 지체이며, 가치 있고 전문적인 지식을 가지고 있어 교회에 많은 도움을 줄 수 있기 때문이다. "마닐라 선언", 1989년, 조항 B.8의 부분

지역에서 경험하는 세계적 교제 ㅣ

우리는

교회의 머리는 그리스도이시며 교회는 그리스도의 몸으로서

성령을 통해 그리스도 안에서 서로 결합하고 성장하며,
전 세계에 걸친 전체적 교제이자
신자들이 하나님을 예배하러 모인 지역 회중으로서
말씀, 기도, 성례를 통해 은혜 가운데 성장한다는 것을 인정한다.

<small>런던 바이블 칼리지</small>

한 몸 된 보편적 교회를 가시적으로 드러냄 ㅣ 개개의 지역 교회로 드러나는 한 몸 된 보편적 교회, 곧 그리스도의 몸은 성령으로 거듭난 모든 참된 신자로 이루어져 있다. 교회는 신자들의 교제로서 하나님을 예배하고 은혜 가운데 성장하며 그리스도와 그분의 나라에 대해 전 세계에 증거하도록 부름받았다. <small>국제 유럽 그리스도인 선교회(EUROPEAN CHRISTIAN MISSION INTERNATIONAL)</small>

6. 신자의 교제

하나님의 좋은 소식에 대한 인간의 증거 ㅣ 복음 전도자이신 하나님은 그의 백성에게 "하나님과 함께 일하는 자"(고후 6:1)가 되는 특권을 주신다. 하나님 없이는 우리가 복음을 증거할 수 없지만 하나님은 일반적으로 우리를 통해 증거하기를 원하시기 때문에 몇몇 사람들은 복음 전도자, 선교사, 목사가 되도록 부르시면서도 아울러 온 교회와 모든 성도들이 다 증거자가 되도록 부르신다. <small>"마닐라 선언", 1989년, 조항 B.6의 부분</small>

신자의 제사장직 ㅣ 우리는 모든 신자의 제사장됨을 믿는다. 모든 신자는 함께 그리스도가 그 머리시며 그리스도의 몸인 보편 교회를 구성하며, 하나님의 명령에 따라 세상 가운데 하나님을 예배하고 섬기며, 하나님의 진리를 선포하고 방어하며, 하나님의 성품을 보여 주고, 지역 교회와 개인의 생활 양식을 통하여 하나님 나라의 실재를 드러내도록 부름받았다. 복음주의 신학교(루벵, 벨기에)

평신도 증인 ┃ 남녀 평신도에 의한 증거는 지역 교회를 통해서뿐만 아니라…가정이나 일터에서의 친교를 통해서도 이루어진다. 가정이 없는 자나 직업이 없는 자도 모두 증인이 되라는 명령을 함께 받은 것이다. 우리의 일차적인 책임은 친구, 친척, 이웃, 동료에게 복음을 증거하는 일이다.…직업이란 하나님의 소명이다. 그리스도인들은 입술의 언어, 일관성 있는 근면, 정직, 신중성, 일터에서의 정의에 대한 관심 및 특히 다른 사람들이 그들이 하는 일의 내용을 보고 그것이 하나님의 영광을 위해 행해지고 있다는 사실을 볼 때 그리스도를 증거할 수 있게 된다. "마닐라 선언", 1989년, 조항 B.6의 부분

7. 예배 공동체

하나님께 드리는 예배 ┃ 교회는 모든 나라에서 복음을 전하고 제자를 삼음으로써, 말씀과 성찬의 사역과 매일의 목회적 돌봄을 통해 양 떼를 보살핌으로써, 사회 정의를 위해 힘씀으로써, 인간의 재난과 궁핍을 덜어 줌으로써, 하나님이 받으실 만한 예배를 드리고 그분을 섬기도록 그리스도로부터 부름받았다. 풀러 신학교: "신앙 고백문"

예배하기 위해 정기적으로 모이는 특권 ┃ 하나님은 예배를 위해, 성찬식

을 위해, 성경을 통한 권면을 위해, 서로 격려하기 위해 정기적으로 함께 모이라고 자기 백성을 권고하신다. 미국 CCC

예배와 증거 ǀ 모든 기독교 회중은 그리스도의 몸을 나타내는 지역적인 표현이며 동일한 책임을 지고 있다. 회중은 하나님께 예배라는 영적 제사를 드리는 '거룩한 제사장'이며, 또한 복음 전도로 하나님의 탁월하심을 널리 전파하는 '거룩한 나라'다(벧전 2:5-9). 이와 같이 교회는 예배하며 증거하는 공동체요, 모이고 흩어지는 공동체요, 부름받고 보냄받은 공동체다. 예배와 증거는 불가분의 것이다. "마닐라 선언", 1989년, 조항 B.8의 부분

선포는 결단을 요구한다 ǀ 그러나 구원은 먼저 결단을 요구하는 선포와 신자를 사랑의 섬김 가운데 자리 잡게 하는 세례를 통해서 개인에게 일어난다. "프랑크푸르트 선언", 1970년

8. 하나님의 명령을 준수함

하나님께 영광을 돌림 ǀ 보편적인 그리스도의 몸은 지역 모임 가운데 가시적으로 드러난다. 지역 모임의 목적은 예배, 교제, 하나님의 말씀을 가르침, 교회 의식을 지킴, 세상을 향한 섬김 가운데 훈련함을 통해 하나님께 영광을 돌리는 것이다. 백 투 더 바이블

말씀을 전하고, 실행하고, 살아감 ǀ 교회는 그리스도의 몸이다. 교회는 세상에서 신자가 믿음의 순종 가운데 말씀을 듣고, 성례를 받고, 제자로서 살아가는 곳 어디에서든 가시적으로 드러난다. 애즈베리 신학교

그분의 죽음과 부활에 참여함 ｜ 우리는 복음주의자들 사이에서 성례전에 대한 이해가 빈곤한 것에 대해 안타깝게 생각한다. 이것은 대체로 교부들과 종교개혁자들의 많은 가르침과의 연속성을 잃어버린 것에 기인하며, 그로 인해 교회의 성례전적 생활에 퇴화를 가져왔다. 또한 세상 속에서 하나님의 활동이 지닌 성례전적 본성을 인식하지 못한 것은 종종 우리로 하여금 일상 생활의 거룩함을 등한히 하는 데 이르게 하였다. 그러므로 우리는 복음주의자들에게 창조와 성육신의 성례전적 함의에 눈을 뜨기를 요청한다. 이 교리들을 통해 역사적 교회는 하나님의 활동이 물질적 방식으로 드러난다고 선언해 왔다. 우리는 하나님의 은혜가 성령의 작용으로 인한 믿음을 통해 세례와 주의 만찬이라는 성례전과 같이 눈에 보이는 방식으로 드러나게 된다는 것을 인식할 필요가 있다. 교회는 이렇게 성례전으로 그리스도의 죽음과 부활을 선포하고 경축하며 참여한다. 이것은 하나님 나라의 완성을 고대하는 교회 구성원의 삶 전반을 풍요롭게 하는 방식으로 이루어진다. 또한 성경이 우리를 지칭하는 '살아 있는 편지'라는 표현을 기억해야 한다. 이것은 그리스도인 일상 생활의 성례전적 성격을 표현하기 때문이다. "시카고 성명", 1977년

그리스도와 함께 죽고 다시 살아남 ｜ 회개하고 그리스도를 구세주이자 주님으로 믿는 모든 자는 세례 받아야 한다. 이로써 자신이 세상을 향해 그리스도와 함께 죽었다는 것과, 새로운 생명 가운데 걸어가기 위해 그리스도와 함께 다시 일어났음을 선언한다(마 28:19; 막 16:16; 행

10:47, 48; 롬 6:4). 국제 오순절 그리스도의 교회

주의 만찬 ┃ 떡과 포도 열매라는 요소로 구성된 주의 만찬은 우리가 주 예수 그리스도의 신적 본성을 공유한다는 것을 표현하는 상징이다(벧후 1:4). 주의 만찬은 그리스도의 고난과 죽음에 대한 기념(고전 11:26), 그리스도의 재림에 대한 예언(고전 11:26)이며, '그리스도가 오실 때 까지' 모든 신자에게 명한 것이다. 국제 오순절 그리스도의 교회

9. 교회의 질서와 리더십

교회 안의 신적인 권위 ┃ 우리는 그리스도의 교회 안에 있는 권위를 통해 표현된 그분의 주되심에 대한 우리의 불순종에 대해 애통해한다. 이것은 개인과 모임 가운데 자율적 정신을 진작시켰고, 그 결과 그리스도의 몸 안에 고립주의와 경쟁, 심지어 무정부 상태를 낳았다. 우리는 신적인 권위의 부재 가운데 한편으로 형식주의적인 거만한 지도자들이 나타난 것과 다른 한편으로 교회의 치리에 대한 무관심이 나타난 것에 대해 애통하게 생각한다. 그러므로 우리는 모든 그리스도인들이 그리스도의 주되심 아래 교회 안에서 서로와 부름받은 지도자에 대해서 실제적인 순종을 해야 한다고 선언한다. 하나님의 백성인 교회는 세상 가운데 그리스도의 가시적 임재가 되도록 부름받았다.
"시카고 성명", 1977년

교회의 질서 ┃ 우리는 그리스도가 사람에게 성도들을 위한 목회자로서 성직을 수여하고 임명하는 것에 권위를 부여하신 것을 믿는다. 이

것은 하나님의 말씀을 상세히 설명하고, 양 떼를 먹이며, 지도자로서 섬기고, 교회 의식을 시행하며, 교회의 영적 치리를 실행하며, 교회의 종 혹은 지도자로서 역할을 감당하기 위해서다. 성직 수여는 교회에 의한 특별한 책무를 위해 안수를 통해 따로 구별하고, 감당해야 할 일을 위해 신적인 능력을 주시도록 기원하는 것을 포함한다. 신약에서 주요한 직임은 사도직이었고, 다른 사람들은 예언자, 복음 전도자, 목회자, 교사로서 은사를 받았다. 초기 교회에는 - 디모데와 같이 - 지역을 담당하는 감독이나 주교가 있었고, 지역 회중 가운데 목사와 집사가 있었다. 이러한 교우들에게는 회중에 대한 지도력과 목회적 돌봄, 교회 안의 질서를 유지할 것에 대한 책임이 있었다. 우리는 신약이 지속적인 교회의 삶을 위한 지도력의 유형을 제시한다는 것을 믿는다.

"메노나이트 신앙 고백문", 1990년, 조항 10

예배와 교회의 치리 ㅣ 모든 그리스도인은 영적인 은사와 사역을 실행하는 것을 통해 예배와 섬김 가운데 적극적인 제사장직을 행하도록 부름받는다. 우리는 교회 안에서 그리스도와 그리고 서로와의 연합 가운데 있다. 이것은 공동체로 하여금 서로 깊이 관여하고, 시간, 힘, 소유에 대해 서로 헌신하도록 요청한다. 더 나아가, 성경에 근거하고 성령의 지시 아래 있는 교회의 치리는 하나님 백성의 안녕과 사역을 위해 본질적인 것이다. 더 나아가 우리는 모든 기독교 기관이 전체 교회를 향한 진정한 책임감을 가지고 활동하기를 격려한다. "시카고 성명", 1977년

사역 가운데 교회를 인도함 ǀ 신적인 부름을 받고 성서에 입각하여 임명된 성직은 우리 주님이 주신 것으로, (1) 세계 복음화(막 16:15-20), (2) 하나님께 대한 예배(요 4:23, 24), (3) 하나님의 아들의 형상 가운데 성도를 온전케 하며 그리스도의 몸을 세움(엡 4:11-16)이라는 세 가지 부분에서 교회를 이끌기 위한 목적을 가지고 있다. 국제 오순절 그리스도의 교회

신자에 대한 영적 돌봄 ǀ 우리에게는 우리의 사역을 통해 신앙을 갖기 시작한 자들을 영적으로 돌보고, 그들로 하여금 믿는 자들의 공동체와 자신을 동일시하기를 격려하며, 복음을 증거하는 일에 대해 신자들을 지도하기 위해 힘써야 할 책임이 있다. "암스테르담 확언", 1983년

선포를 통해 신자들을 제자로 만듦 ǀ 우리는 예수 그리스도가 자기를 따르는 자들에게, 모든 살아 있는 사람에게 복음을 선포하여 모든 곳에서 모두에게 복음을 전하고 교회의 교제 속에서 믿는 이들을 제자로 삼으라고 명하셨음을 고백한다. 그리스도에 대한 온전하고 신실한 증거란 인격적 증언, 경건한 삶, 이웃을 향한 자비롭고 자애로운 행동까지를 말하며, 이것이 없는 복음 전파는 무익한 것이다. 인격적 증언, 경건한 삶, 이웃을 향한 자비롭고 자애로운 행동이 복음의 선포와 분리된 채로 복음 전도가 된다는 주장도 거부한다. "예수 그리스도의 복음", 고백과 거부 18

10. 종교의 자유

모든 사람의 종교적 자유 ǀ 그리스도인은 기독교에 대한 자유뿐만 아니라, 진심으로 모든 사람들이 종교의 자유를 갖기를 간절히 바란다. 기독교가 우세한 국가에서는 그리스도인이 앞장서서 다른 소수 종교를 위해 자유를 요청하고 있다. 비기독교 국가의 그리스도인들은, 비슷한 상황에 처한 다른 종교인들을 위한 자유 이상으로 자신들의 자유를 요구하고 있지는 않다. "세계 인권 선언"(the Universal Declaration of Human Rights)에 정의된 대로 종교를 '고백하고, 실천하며, 전할' 자유는 상호 인정할 수 있는 권리이며 또 마땅히 그래야만 한다.

우리는 예수님을 따르는 자들이 비열한 방법으로 전도해서 죄를 지었다면, 이에 대해 깊은 유감을 표한다. "마닐라 선언", 1989년, 조항 C.12의 부분

부당하게 투옥된 자들의 자유를 요구함 ǀ 교회가 간섭받지 않으면서 하나님께 순종하고, 주 예수 그리스도를 섬기며, 복음을 전할 수 있도록 평화, 정의, 자유를 보장해야 할 의무는 하나님이 모든 정부에게 지정하신 의무이다. 그러므로 우리는 국가의 지도자들을 위하여 기도하며, 그들이 사상과 양심의 자유를 보장하고 하나님의 뜻을 따라 그리고 "세계 인권 선언"에 규정한 바와 같이 종교를 믿으며 전파할 자유를 보장해 줄 것을 요청한다. 우리는 또한 부당하게 투옥된 모든 자들, 특히 주 예수를 증거한다는 이유로 고난받는 우리의 형제들에 대한 깊은 우려를 표한다. 우리는 그들의 자유를 위해 기도하며 힘쓸 것을 약속한다. 동시에 우리는 그들의 생명을 담보로 한 협박을 거부한

다. 하나님이 우리를 도우시기 때문에, 우리도 어떤 대가를 치르더라도 불의에 대항하고 복음에 신실함을 지킬 것이다. 우리는 핍박이 불가피하다는 예수님의 경고를 잊지 않는다(딤전 1:1-4; 행 4:19; 5:29; 골 3:24; 히 13:1-3; 눅 4:18; 갈 5:11; 6:12; 마 5:10-12; 요 15:18-21). "로잔 언약", 1974년

11. 박해받는 교회

고난의 교제 ㅣ 우리는 복음으로 인해 고난받는 자들과의 연대를 확인하며, 우리 역시 그와 같이 고난받을 가능성에 대비해 우리 자신을 준비시키는 일에 힘쓸 것을 단언한다. 아울러 모든 곳에서의 종교적·정치적 자유가 보장되기를 위하여 일할 것이다. "마닐라 선언", 1989년, 21개 항의 고백 20

십자가와 고난 ㅣ 주님께서 우리에게 자기 십자가를 지라고 부르셨듯이, 우리는 고난이 진정한 그리스도인의 삶의 한 부분이라는 주님의 가르침을 교회에 일깨운다. 정치적·경제적 압제와 함께 점증되는 폭력과 불의의 세상 속에서, 우리는 선교 사역 가운데 고난받기 위해 그리고 고난받는 교회를 섬기기 위해 자신과 다른 사람들을 준비되게 하는 일에 헌신한다. "이과수 선언", 1999년, 서약 10

의를 위해 핍박을 당함 ㅣ 왕께서 그분의 영광에 들어가시기 위해 반드시 고난을 겪으셔야 했다. 참으로 그분은 우리를 위해 고난을 당하셨고, 그분을 발걸음을 좇아 뒤따라야 할 모범을 우리에게 남겨 주셨다 (벧전 2:21). 의를 위해 또는 예수를 증거하기 위해 고난을 겪는 것, 그

고난을 담대하게 감당하는 것은 우리가 하나님의 구원을, 혹은 그분의 나라를 받았다는 것을 모든 주시자들에게 보여 주는 명백한 증거다(빌 1:28, 29; 참고. 살후 1:5). **"복음 전도와 사회적 책임"**, 1982년

인내로 고난을 감당하는 것을 통한 변화 ㅣ 교회의 역사에는—그리고 오늘날에도—박해와 억압에 직면한 그리스도인들이 사회로부터 자기를 분리시켜서 당시의 현 상태를 지지하는 것으로 '보이는' 경우가 많았다. 그러나 실제로 그리스도인들은 가장 혹독한 압제의 상황 속에서도, 자신들의 생활 방식, 이기심 없는 사랑, 고요한 기쁨, 내적 평안, 인내로 고난을 감당함(벧전 2:21-25)으로써 사회에 도전을 주며, 심지어 사회를 변화시킬 것이다. 변화: **"인간의 필요에 반응하는 교회"**, 1983년

박해받는 교회 ㅣ 예수님은 제자들에게 박해를 예상하라고 말씀하셨다. 예수님은 "사람들이 나를 박해하였은즉 너희도 박해할 것이요"(요 15:20)라고 말씀하셨다. 예수님은 심지어 고난에 대해 기뻐하라고 말씀하시며, 열매를 많이 맺으려면 죽어야 한다는 사실을 일깨우셨다.

그리스도인의 고난은 피할 수 없는 일이며 고난이 열매를 맺을 것이라는 예언은 모든 시대의 진리였고, 우리 시대에도 예외는 아니다. 그동안 수없이 많은 사람들이 순교했다. 오늘날의 상황도 다를 바 없다.…

그리스도인들은 국가의 안녕을 추구하는 충성스러운 시민이다. 그들은 국가의 지도자를 위해 기도하며, 세금을 낸다. 물론 예수님을 주로 고백한 자들이 다른 권세를 또 주님이라고 부를 수는 없다. 만일

그리스도인들에게 그렇게 하라고 명하거나 하나님이 금하시는 것을 행하도록 강요한다면, 그 명령에는 불복할 수밖에 없다. 그러나 그들은 양심적인 시민이다. 결혼생활과 가정생활을 안정시키며, 업무에 정직하고 근면하며, 장애인과 곤경에 처한 자들을 돕는 일에 자발적으로 활동함으로써 국가의 안녕에 기여한다. 정의로운 정부는 그리스도인들을 경계할 필요가 전혀 없다.…

그리스도인들은 복음 전도에 있어서 비열한 방법을 거부한다. 비록 우리 신앙의 본성은 복음을 다른 사람들과 나누도록 우리에게 요구하지만, 우리의 방법은 복음에 대한 공개적이고 진실한 진술을 하는 것이어야 하며, 이로써 듣는 자들이 복음에 반응하여 자신의 마음을 결정하는 데 전적으로 자유로울 수 있어야 한다. 우리는 다른 신앙을 지닌 자들에 대해 민감하기를 바라며, 그들에게 회심을 강요하려 하는 모든 접근 방식을 거부한다.…

우리는 예수님을 따르는 사람들이 비열한 방법으로 전도해서 죄를 지었다면, 이에 대해 깊은 유감을 표한다. 우리는 그리스도의 이름이 불명예스럽게 되지 않도록 어떠한 일에도 불필요한 공격을 하지 않기로 다짐한다. 그러나 십자가를 공격한다면 이를 회피할 수 없다. 십자가에 달리신 그리스도를 위해 우리는 하나님의 은총으로 고난도 받고 죽을 준비가 되어 있기를 위해 기도한다. 순교는 그리스도께서 특별히 귀중하게 여기겠다고 약속하신 증인됨의 한 방식이다. "마닐라 선언",
1989년, 조항 C.12의 부분

제14장
종교 다원주의와 그리스도의 유일성: 오직 그리스도 안에 있는 구원

구원은 오직 그리스도 안에서만 찾을 수 있다. 하나님은 창조 세계와 인간의 양심 가운데 자신을 증거하시지만, 그 증거는 그리스도 안에 있는 하나님의 계시가 없이는 완전하지 않다. 우리는 경쟁하는 진리의 주장들을 대면하며, 그리스도가 사람들을 위해 죽으셨으나, 종종 죄뿐 아니라 문화적 장애물도 그리스도를 가리는 것을 인식하면서 그분이 우리의 구세주이심을 선포한다.

"이과수 선언", 1999년 서약 2

1. 교회의 세계 선교

성부는 성자를, 성자는 교회를 세상에 보내신다 ǀ 이 용어는 '보냄'이라는 뜻을 지닌 라틴어 단어 '미시오'(*missio*)에서 나온 것으로, 성부가 성자를 구세주가 되도록 세상에 보내신 것, 성자가 교회를 복음의 전파와, 사랑과 정의의 사역을 수행하며, 모든 사람을 그분의 제자로 삼

으라고 보내신 것 모두에 사용된다. "암스테르담 선언", 2000년, 핵심 용어 정의 10

세상 속으로 보냄 ｜ 하나님 아버지가 그리스도를 세상에 보내신 것 같이, 그리스도 역시 그의 구속받은 백성을 세상으로 보내신다는 것을 우리는 믿는다. 이 소명은 그리스도가 하신 것같이 세상 깊숙이 파고드는 희생적인 침투를 요구한다. 우리는 교회의 울타리를 헐고 비그리스도인 사회에 스며들어가야 한다. 교회가 희생적으로 해야 할 일 중에서 복음 전도가 최우선이다. 세계 복음화는 온 교회가 온전한 복음을 온 세상에 전파할 것을 요구한다. 교회는 하나님의 우주적인 목적의 바로 중심에 서 있으며, 복음을 전파할 목적으로 하나님이 지정하신 수단이다. 그러나 십자가를 전하는 교회는 스스로 십자가의 흔적을 지녀야 한다. 교회가 만일 복음을 배반하거나, 하나님에 대한 산 믿음이 없거나, 혹은 사람에 대한 진실한 사랑이 없거나, 사업 추진과 재정을 포함한 모든 일에 있어 철저한 정직성이 결여될 때, 교회는 오히려 복음 전도의 장애물이 되어 버린다. 교회는 하나의 기관이라기보다 하나님 백성의 공동체다. 따라서 어떤 특정한 문화적·사회적 또는 정치적 체제나 인간의 이데올로기와 동일시되어서는 안 된다(요 17:18; 20:21; 마 28:19, 20; 행 1:8; 20:27; 엡 1:9, 10; 3:9-11; 갈 6:14, 17; 고후 6:3, 4; 딤후 2:19-21; 빌 1:27). "로잔 언약", 1974년

선교의 삼위일체적 기초 ｜ 우리가 살아 계신 하나님이 선교의 하나님이라고 단언하는 것은 과장이 아니다. 모든 인류를 창조하신 하나님은 "모든 육체가 지닌 생명의 하나님"이시고, 아브라함을 부르실 때 그

의 자손을 통해 "땅의 모든 족속이" 복을 얻을 것이라고 약속하셨다. 또한 예수 그리스도는 공생애 기간 동안에 자기 제자들을 "이스라엘의 집의 잃어버린 양"에게로 보내셨고 이어서 그들에게 가서 모든 족속을 제자로 삼으라는 명령을 주셨다. 이 두 명령 사이에 예수 그리스도의 죽음과 부활이 놓여 있다. 예수 그리스도는 십자가에서 세상의 죄를 위해 죽으셨고, 부활하셔서 주님으로 높임 받으셨다. 교회의 전 세계적 선교는 그리스도의 우주적 권위로부터 나온다. 셋째로 성령은 선교의 영으로 오순절은 선교의 사건이다. 성령은 예수님이 미리 말씀하신 대로(행 1:8) 자기 백성에게 증거를 위한 권능을 주셨으며, 그들로 하여금 땅 끝까지 증인이 되라 하신다. 선교를 위한 이러한 삼위일체적 기초는 일차적인 것이다. 그것은 바로 하나님 자신, 곧 성부, 성자, 성령의 선교적 마음이다. 만일 하나님이 사랑 가운데 자신의 잃어버린 세상을 갈망한다면, 그분의 백성인 우리는 반드시 그분의 갈망을 공유해야 한다. 세계 선교에 헌신하는 것은 피할 수 없는 일이며, 세계 선교에 대한 무관심은 변명의 여지가 없는 일이다. "복음 전도와 사회적 책임", 1982년

왕국의 현존 ㅣ 예수님은 공적 사역을 시작하실 때, "때가 찼고 하나님 나라가 가까이 왔으니 회개하고 복음을 믿으라"(막 1:15)고 선언하셨다. 그러므로 예수님은 하나님 나라와 함께 오신 것이다. "종말론이 역사에 침입했다." "예수님의 위격과 하나님 나라의 현존은 불가분 연결되어 있다." 어린아이처럼 겸손하게 자신을 낮추는 자들만이 그 나라에

들어가며 거듭난다. 하나님의 나라는 현존하는 실재이고 미래에 대한 기대다. 비록 예수님은 이 땅에 물리적으로 임재해 계시진 않지만, 현존하는 실재인 예수 그리스도의 성령은 백성의 삶 가운데 예수님의 임재가 이루어지게 하신다. 왕은 자신이 다스리는 백성, 곧 메시아적 공동체를 떠나 계신 것을 결코 생각할 수 없기 때문이다. 더욱이 그분의 통치는 전적인 복(사실상, 구원)과 전적인 요구(순종과 섬김) 둘 다의 모습을 지닌다. "복음 전도와 사회적 책임", 1982년, 5B

교회의 선교 ㅣ 우리는 교회의 선교는 타락하고 절망에 빠진 자들에게 구원의 좋은 소식을 말과 행동으로써 전하는 것이다. 예수 그리스도의 속죄의 죽음과 부활을 모든 나라에 선포하기 위한 선교는 개인적·사회적 거룩함을 추구하는 가운데 제자가 되고 순종할 것을 믿는 자들에게 요청한다. 더 나아가 복음 선포의 열매는 정의와 자비, 평화라고 단언한다. 우리는 교회의 선교가 착취당하는 사람들의 자기 개발이라거나 압제받는 사람들의 정치적 해방이라는 주장을 거부한다. "듀페이지 선언", 1990년

2. 대위임령

모든 나라에게 ㅣ 주 예수 그리스도는 모든 신자들에게 전 세계에 복음을 선포할 것과 모든 나라 사람들을 제자로 삼으라고 명령하셨다. 대위임령의 성취를 위해 모든 세상적이고 개인적인 야망을 "우리를 사랑하시고 우리를 위하여 자신을 내주신" 분께 전적으로 헌신하는 일

에 복종시켜야 한다. 미국 CCC

선포하고, 제자를 삼고, 세례를 주고, 가르침 |

  우리는 그리스도의 위임령이

    사람들을 제자로 삼고, 세례를 주며,

    그리스도께 순종하도록 가르치면서

    모든 사람에게 좋은 소식을 선포하는 것임을 인정한다.

  우리는 그리스도의 명령이

    우리의 이웃을 사랑하라는 것으로

    모든 자가 하나님과 자기 동료와 화해하게 하고,

    모든 종류의 압제에서 자유를 선포하며

    불의한 세상에 그리스도의 정의를 퍼트리는 가운데

    교회와 사회를 섬기는 결과를 낳는다는 것을 인정한다.

런던 바이블 칼리지

선포하고, 초청하고, 세례를 주고, 가르치라 | 하늘과 땅의 모든 권세를 지니신 우리 주 예수 그리스도는 우리를 단지 그분을 향해서만 부르신 것이 아니다. 예수 그리스도는 우리를 세상 속으로 부르셔서 그분의 증인이 되게 하셨다. 예수 그리스도는 그분 영의 능력으로 속죄의 죽음과 부활을 통한 구원의 좋은 소식을 모든 사람에게 선포하고, 회개와 믿음을 통한 제자도로 사람들을 초청하며, 사람들에게 세례를 주어 그분 교회의 교제 속에 들어오게 하며, 그분의 말씀을 가르치라는 명령을 우리에게 주셨다. "베를린 선언", 1966년

대위임령의 긴급성 ㅣ 우리는 그리스도의 마지막 명령에 비추어 보고 (마 28:19, 20), 복음 메시지를 받아들이지 않은 모든 사람의 절망적인 상황을 인식하면서(요 3:18, 36), 우리는 그리스도의 대위임령에 대한 모든 그리스도인의 반응이 긴급함을 믿는다.…"땅 끝까지…내 증인이 되라"(행 1:8)는 우리 구세주의 마지막 명령을 따라서 우리는 이 세대 가운데 하나님의 계획을 실행하는 것을 돕고자 힘써야 한다. 하나님이 우리에게 맡겨 주신 수단을 통해 "모든 믿는 자에게 구원을 주시는 하나님의 능력"(롬 1:16)인 복음의 메시지는 문자적으로 땅 끝까지 전달되고 있다. 또한 우리는 모든 나라를 복음화하는 것에 더하여, 모든 나라를 가르치라는 우리 구세주의 명령(마 18:20)을 실행하려고 노력한다. HCJB 세계 라디오/세계 라디오 선교회

선교의 시간 ㅣ 우리는 그리스도의 승천과 재림 사이의 중간 기간은 하나님 백성의 선교로 채워져야 한다고 믿는다. 그러므로 종말이 오기 전에는 우리에게 이 일을 멈출 자유가 없다. 우리는 또한 마지막 적그리스도에 앞서서 거짓 그리스도들과 거짓 선지자들이 일어나리라는 그의 경고를 기억한다. 그러므로 우리는 인간이 이 땅 위에 유토피아를 건설할 수 있다는 생각은 오만한 자기 확신의 환상으로 간주해 이를 거부한다. 우리 그리스도인들은 하나님이 그의 나라를 완성하실 것이요, 우리는 그날을 간절히 사모하며 또 의가 거하고 하나님이 영원히 통치하실 새 하늘과 새 땅을 간절히 고대하고 있음을 확신한다. 그때까지 우리는 우리의 삶 전체를 지배하시는 그의 권위에 기

꺼이 순종함으로 그리스도와 사람들을 섬기는 일에 우리 자신을 다시 드린다(막 14:62; 히 9:28; 막 13:10; 행 1:8-11; 마 28:20; 막 13:21-23; 요 2:18; 4:1-3; 눅 12:32; 계 21:1-5; 벧후 3:13; 마 28:18). "로잔 언약", 1974년, 조항 15의 부분

역사의 목표 ㅣ 우리는 여러 가지 어려움에도 불구하고 복음이 마침내 "온 세상에 전파되고"(마 24:14), 주님의 구속된 자들이 "각 족속과 방언과 백성과 나라 가운데서"(계 5:9; 7:9) 모여 주님을 영원히 찬양할 날을 고대하고 있다. 세계 복음화에 있어 우리는 역사가 나아가고 있는 목표를 향하여 힘을 쏟고 있다. 그때에 모든 교회가 그분의 거룩으로 가득 찬 아름다움 가운데 성부께 드려질 것이고, 모든 무릎이 예수의 이름 앞에 무릎을 꿇고 모든 입이 예수 그리스도가 주님이신 것을 시인하여 하나님 아버지께 영광을 돌릴 것이다(빌 2:10-11; 롬 10:9-10; 고전 12:3). "'95 세계 선교 대회(GCOWE '95: GLOBAL CONSULTATION ON WORLD EVANGELIZATION, 서울, 1995년) 선언", AD 2000 & BEYOND 운동

3. 전 세계를 향한 총체적 복음

건강하고, 재생산을 하며, 토착적인 교회를 세움 ㅣ 교회의 핵심적인 사명은 세계 복음화다. 우리에게는 하나님의 사랑과 용서에 대한 좋은 소식을 모든 사람에게 전하고, 모든 백성을 제자로 삼아 세례를 주고 가르치라는 주님이 주신 명령이 있다. 예수님은 마지막 가르침에서 이 복음 전도 사역이 우리 주변의 사람들뿐 아니라 사회의 경멸받고 무시당하는 사람들과 땅 끝에 있는 사람들에게까지 주의를 기울이는

것이라고 분명히 밝히셨다. 그래서 이보다 부족한 것은 모두 불순종이다. 더욱이 우리는 전 세계의 청소년과 어린이를 위해 사역하고 그들을 제자로 삼기 위해 새로운 시도를 격려해야 한다고 단언한다. 마찬가지로 복음 전도를 위해 대중 매체와 기술을 좀더 충분히 활용하는 것과 성경적 복음 제시가 충분히 적실하고 상황화되도록 풀뿌리 복음 전도에 인격적으로 계속 참여할 것을 격려할 필요가 있다. 우리는 아직도 복음이 미치지 못한 모든 사람들의 복음화를 향해 나아가는 것이 긴급하다고 생각한다.

우리는 이 땅에 거하는 모든 사람들이 자신이 이해할 수 있는 언어로, 자신이 사는 곳 주위에서 복음을 들을 기회를 가질 수 있도록 일할 것을 서약한다. 더 나아가 우리는 건강하고, 재생산을 하며, 토착적인 교회를 모든 곳의 모든 사람들 사이에 세워서 그 교회가 복음의 메시지에 반응하는 자들로 하여금 영적 성숙에 힘쓰게 할 것을 서약한다. "암스테르담 선언", 2000년, 헌장 1

온 세상을 향한 교회 | 우리는 하나님이 온 세상에 온전한 복음을 전하라고 온 교회를 부르고 계심을 단언한다. 그러므로 우리는 주님이 오실 때까지 신실하고 긴급하게 그리고 희생적으로 복음을 선포할 것을 결의한다. "마닐라 선언", 1989년, 21개 항의 고백 21

우리가 보냄 받은 곳인 세상을 이해함 | 온전한 복음이 온 세상에 알려지도록 온 교회에 위탁되었다. 그러므로 우리는 우리가 보냄 받은 이 세상을 이해할 필요가 있다. "마닐라 선언", 1989년

모든 사람에게 복음을 전함 | 우리는 교회가 하나님의 명령을 받았으며, 따라서 모든 살아 있는 사람에게 복음을 전할 신성한 의무를 부여받았다고 고백한다(눅 24:47; 마 28:18-19). 우리는 복음을 전할 때, 그 민족적·문화적 정체성이 무엇이든 간에 어떤 특별한 계층이나 집단의 사람을 무시하거나 간과할 수 있다는 주장을 거부한다(고전 9:19-22). 하나님은 모든 족속과 방언과 나라의 백성으로 구성된 전 지구적 교회를 목표로 삼고 계신다(계 7:9). "예수 그리스도의 복음", 고백과 거부 5

명령 | 교회는 부활하신 주 예수가 내리신 명령을 받았으며 전체 복음과 그 복음이 전체 세계를 향해 지니는 함의를 분명히 보여 주고 선포할 의무가 있다. 남아시아 고등 기독교학 연구소(SOUTH ASIA INSTITUTE OF ADVANCED CHRISTIAN STUDIES)

부르심을 받아들임 | 우리는 주님의 대위임령에 대한 우리의 헌신을 확언한다. 우리는 그 위임령의 성취를 위해 하나님이 우리에게 요구하시는 대로 기꺼이 어느 곳에라도 가고, 어떤 일이라도 하며, 어떤 것이라도 희생할 것임을 선언한다. 우리는 복음 전도자의 성경적 사역을 향한 하나님의 부르심에 반응하고, 하나님이 기회를 주시는 대로 모든 사람에게 말씀을 전할 우리의 준엄한 책임을 받아들인다. "암스테르담 확언", 1983년

주권적 은혜의 흘러넘침 | 우리는 교회의 길이와 너비를 아우르는 강력한 영적인 각성 가운데 주권적 은혜와 능력이 우리에게 흘러넘치길 갈망한다. 이 과제의 중요성은 우리의 자원을 넘어서는 것이나, 우

리는 하나님과 함께 모든 것이 가능하다는 것을 알고 있다(고후 10:4; 눅 1:37; 빌 4:13). "'95 세계 선교 대회 선언"

4. 현대 세계

현대 세계 ｜ 복음 전도는 진공 속에서가 아니라 현실 상황 속에서 이루어진다. 우리는 복음과 상황 사이의 균형을 조심스럽게 유지해야 한다. 복음을 전하기 위해서는 그 상황을 이해해야 하지만, 그러나 상황이 복음을 왜곡시키게 해서는 안 된다.

이러한 맥락에서, 우리는 과학 기술과 함께 산업화되어 가며, 경제 질서의 변화와 함께 도시화되어 가는 새로운 세계 문화의 출현이라는 '현대성'(modernity)의 영향에 대해 관심을 가지게 되었다. 이러한 요인들이 복합되어 환경을 조성하는데, 그것은 우리가 세상을 바라보는 방식을 형성하게 한다. 더욱이 세속주의는 신앙을 황폐하게 해서 하나님과 초자연적인 사실들을 무의미하게 만들었고, 도시화는 사람들의 삶을 비인간화하였으며, 대중매체는 말을 영상으로 대체해 진리와 권위의 가치를 하락시키는 데 큰 영향을 미쳤다. 결국 이런 복합적인 요인으로, 현대화의 결과는 많은 사람들이 애써 전하는 메시지를 왜곡시키며, 또 선교에 대한 동기 유발을 저해한다. "마닐라 선언", 1989년, 조항 C.10의 부분

현대화의 이익과 불이익 ｜ 현대화는 위험과 함께 축복을 가져오기도 한다. 전 세계를 연결하는 통신망과 교역망을 통해, 전통적 사회든지 전체주의적 사회든지, 현대화는 복음이 미개척지 경계를 넘어 그 닫

힌 사회 속에 파고들어 갈 수 있는 전대미문의 문을 열어 놓고 있다.

"마닐라 선언", 1989년, 조항 C.10의 부분

현대적 수단의 사용 ㅣ [우리는] 전 세계에 예수 그리스도의 복음을 전파하기 위해서 우리가 사용할 수 있는 모든 현대적인 통신 수단을 사용해야 한다고 [믿는다.] 빌리 그레이엄 전도 협회

관심의 대상이 되지 않은 사람들 ㅣ 인류의 3분의 2 이상에 해당하는 27억 이상의 인구(1974년 자료)가 아직도 복음화되어야 한다. 우리는 이토록 많은 사람을 아직도 등한시하고 있다는 사실을 부끄럽게 생각한다. 이는 우리와 온 교회를 향해 끊임없이 제기되는 비판이다. 그러나 오늘날 세계 도처에서는 주 예수 그리스도에 대해 전례 없는 수용 자세를 보이고 있다. 지금이야말로 교회와 모든 선교 단체들이 복음화되지 못한 이들의 구원을 위해 열심히 기도하고, 세계 복음화를 성취하기 위한 새로운 노력을 시도해야 할 때임을 확신한다.…가능한 모든 수단을 총동원해서, 되도록 빠른 시일 안에 한 사람도 빠짐없이 이 좋은 소식을 듣고, 깨닫고, 받아들일 기회를 얻는 것이 목표다. 희생 없이 목표를 성취하는 것을 기대할 수는 없다. "로잔 언약", 1974년, 조항 9의 부분

복음을 듣지 못한 사람들 ㅣ 우리의 일차적이고, 그러나 배타적이지 않은 초점은 '10/40 창'(북위 10도와 40도 사이에 있는 서아프리카와 동아시아에 있는 지역)에 있다. 이 지역은 아직 복음을 듣지 못한 사람들 대부분이 살고 있는 지역이다. 또한 우리는 이 지역에서 심각한 수준의 빈곤, 문맹, 질병, 고난이 있는 것을 발견한다. "'95 세계 선교 대회 선언"

5. 예수 그리스도의 유일성과 종교 다원주의

종교 다원주의 ㅣ 현대의 복음 전도자들은 점점 더 다원주의적이 되어가는 세상에서 복음을 선포하도록 부름받았다. 여러 신앙과 많은 세계 종교가 경쟁하는 이 지구촌에서, 우리의 복음 전도가 그리스도에 대한 좋은 소식에 충실하다는 것과 복음 전도에서의 겸손함을 모두 보이는 것은 중요한 일이다. 하나님의 일반 계시가 창조 세계의 모든 곳에 퍼져 있기 때문에, 여러 비기독교 신념 체계에서 진리와 선, 아름다움의 흔적이 나타나는 것은 당연한 일이다. 그러나 우리에게는 이것들 중 하나를 대안적 복음이나 구원으로 가는 분리된 길로 여길 어떠한 근거도 없다. 평화, 사랑, 기쁨 속에서 하나님을 알 수 있는 유일한 길은 부활하신 주님이신 예수 그리스도의 화해케 하는 죽음을 통해서다. 우리가 이 메시지를 다른 사람과 나눌 때, 우리는 어떠한 거만함, 적대감, 무례함 없이 사랑과 겸손으로 나누어야 한다. 다른 종교를 신봉하는 사람과 대화할 때도, 우리는 예의 바르고 친절해야 한다. 그러나 이런 대화가 선포를 대체하는 것이 되어서는 안 된다. 다만 모든 사람이 하나님의 형상으로 지음받았기에, 우리는 모든 사람의 종교적 자유와 인권을 옹호해야 한다.

우리는 그리스도가 세상의 유일한 한 분 구세주이신 것을 단언하는 동시에, 다른 신앙을 지닌 사람들에게 공손하고 신실하게 대할 것과 하나님이 우리로 하여금 있게 하신 나라에서 겸손히 그 나라를 위해 섬길 것을 서약한다. "암스테르담 선언", 2000년, 헌장 6

모든 인간 문화를 향해 나아감 ㅣ 문화는 항상 성경을 기준으로 검토되고 판단되어야 한다. 사람은 하나님의 피조물이기 때문에 인류 문화의 어떤 것은 매우 아름답고 선하다. 그러나 인간의 타락으로 인해 그 전부가 죄로 물들었고, 어떤 것은 악마적이기도 하다. 복음은 한 문화가 다른 어떤 문화보다 우월하다고 전제하지 않는다. 오히려 복음은 모든 문화를 그 자체의 진리와 정의의 표준으로 평가하고, 모든 문화에 있어서 도덕적 절대성을 주장한다. 지금까지의 선교는 복음과 함께 이국의 문화를 수출하는 일이 너무 많았고, 때로는 교회가 성경보다 문화에 속박되는 경우가 많았다. 그리스도의 복음 전도자는 다른 사람의 종이 되기 위해, 개인의 인격적인 진정성을 제외한 나머지 부분에서 겸손히 자신을 온전히 비우기를 힘써야 한다. 또한 교회는 문화를 변혁하고 풍요롭게 만들고자 애쓰되, 모든 것을 하나님의 영광을 위해서 해야만 한다(막 7:8, 9, 13; 창 4:21, 22; 고전 9:19-23; 빌 2:5-7; 고후 4:5). "로잔 언약", 1974년, 조항 10의 부분

모든 족속과 나라의 성도들 ㅣ 하나님은 모든 족속과 방언과 백성과 나라의 성도들을 어린 양의 피로 사셨다. 하나님은 사람들을 그들의 문화 가운데서 구원하신다. 세계 복음화는 그리스도에 깊이 뿌리박고 있고 지역의 문화와 밀접한 교회가 성장하기를 목표로 삼는다. 그러므로 그리스도를 선포하는 자는 예수님과 바울의 모범을 따라, 모든 사람에게 모든 것이 될 수 있는 그리스도 안의 자유를 사용해야 한다. 이것은 복음을 어떤 특별한 문화와 동등하게 여기는 것을 막는 동

시에 고유한 문화적 정체성을 보호하는 것을 의미한다. 모든 인간 문화가 부분적으로 죄로 인해 형성되었기에, 성경과 성경의 그리스도는 핵심적인 부분에서 그 문화 속의 모든 사람들에게 대안 문화가 된다.

"암스테르담 선언", 2000년, 헌장 7

장벽을 넘어섬 | 몸 된 그리스도의 지체라고 믿고 행하는 우리는 인종과 성별, 계층을 초월하여 성도의 교제를 나눠야 함을 단언한다.

"마닐라 선언", 1989년, 21개 항의 고백 13

문화적 편견을 극복함 | 우리는 우리의 성경 해석이 문화적 편견으로 인해 자주 왜곡되었음을 고백한다. 우리는 비교 문화적 성경 연구를 하기로 다짐한다. 이로써 우리는 '하나님의 모든 백성과 함께' 그리스도의 사랑이 지닌 여러 차원을 파악할 수 있을 것이다. "죽어가는 세상을 향한 살아 있는 말씀" 공동 서약("LIVING WORD FOR A DYING WORLD COMMON" COMMITMENT), 1994년

6. 유일한 구세주

예수 그리스도의 중심성 | 우리는 점차 다원화되어 가는 세상에 그리스도를 선포하도록 부름받았다. 세상에는 옛 종교의 재흥도 있고 새로운 종교가 발생하기도 한다. 주후 1세기에도 "많은 신과 많은 주"(고전 8:5)들이 있었다. 그러나 사도들은 예수 그리스도의 유일성, 필수성 및 중심성을 담대하게 주장했으며, 우리도 그와 같이 행해야 한다. "마닐라 선언", 1989년, 조항 A.3의 부분

다양한 종교적 열망 한가운데서 ǀ 우리는 민족 분쟁, 심각한 경제적 불균형, 자연 재해, 생태학적 위기로 상처 난 세상에서 살아 계신 그리스도를 선포한다. 선교 과제는 지금 지구의 가장 멀리 떨어진 곳에까지 영향을 미치는 기술 개발의 도움을 받기도 하고 방해를 받기도 한다. 수많은 종교와 영적인 실험으로 나타나는 사람들의 다양한 종교적 열망은 복음의 궁극적인 진리에 도전한다. "이과수 선언", 1999년, 서언

구속받아야 하는 종교적인 사람들 ǀ 남녀를 막론하고 모든 인간은 다 하나님의 형상대로 창조되었고, 피조물 속에서 창조주의 흔적을 볼 수 있기 때문에, 기존의 종교 속에 때때로 진리와 미의 요소들이 포함되어 있기도 하다. 그렇다고 이런 것들이 또 다른 복음일 수는 없다. 인간은 죄악된 존재이며 "온 세상은 악한 자의 지배 아래 있기"(요일 5:19) 때문에, 종교적인 사람일지라도 그리스도의 구속을 받아야 한다. 그러므로 우리는 그리스도 밖에서, 즉 그리스도의 사역을 믿음으로 분명히 받아들이지 않고서 구원받을 수 있다고 도저히 말할 수 없다. "마닐라 선언", 1989년, 조항 A.3의 부분

오직 한 복음 ǀ 죽음과 부활로 인해 구원의 유일한 길이 되신 분은 오직 한 분 그리스도이기 때문에, 하나의 복음만이 있을 뿐이다. 따라서 우리는 모든 종교와 영성을 다 같이 하나님께로 나아가는 유효한 접근 방법으로 간주하는 상대주의와, 그리스도에 대한 신앙과 다른 신앙들을 혼합하려는 혼합주의를 모두 배격한다. "마닐라 선언", 1989년, 조항 A.3의 부분

오직 한 길이신 그리스도 ǀ 우리는 다른 종교나 이데올로기가 하나님

께 나아가는 또 다른 길이라고 볼 수 없으며, 그리스도만이 유일한 길이기 때문에 그리스도로 말미암아 구속되지 않는다면 인간의 영성은 하나님께 이르는 것이 아니라 심판에 이른다는 것을 단언한다. "마닐라 선언", 1989년, 21개 항의 고백 7

증언과 종교 간 대화 | 과거 우리는 다른 종교를 신봉하는 사람들에게 무지, 거만, 무례, 심지어 대적의 태도를 취하는 잘못을 범해 왔다. 우리는 이에 대해 회개한다. 그럼에도 불구하고 타종교와의 대화를 포함한 모든 형태의 복음 전도에서, 그리스도의 생애나 죽음과 부활에 있어 우리 주님의 유일성을 적극적으로 증거하며 결코 타협하지 않을 것을 다짐한다. "마닐라 선언", 1989년, 조항 A.3의 부분

선포의 대용품 | 우리는 세상의 다른 종교를 신봉하는 자들 사이에 '그리스도인이 존재하는 것'과 그들과 나누는 상호 협력적 대화가 회심을 목표로 하는 복음 선포를 대신할 수 있다는 생각을 거부한다. "프랑크푸르트 선언", 1970년

그리스도의 주되심 | 하나님 나라는 예수 그리스도를 통해 인간의 삶과 역사의 과정, 그리고 모든 실재를 다스리시는 하나님의 은혜로운 통치다. 예수님은 과거, 현재, 미래의 주님이시며 만물의 주권적 통치자시다. 우리는 예수님이 영광 중에 다시 오실 때 그 나라가 완전히 성취되기를 기다리고 있지만, 예수님이 주신 구원과 예수님이 부르신 신앙 공동체는 지금 여기에 임한 그분 나라에 대한 표징이다. 그동안에 어떤 곳에서든 평화와 정의에 대한 그리스도의 기준의 어느 정도까지라

도 지켜진다면, 그만큼 하나님 나라는 예상되고, 바로 그만큼 인간 사회에 대한 하나님의 이상이 드러난다. "암스테르담 선언", 2000년, 핵심 용어 정의 5

7. 복음과 유대 민족

복음과 유대인 ㅣ 우리는 이스라엘이 하나님의 목적을 계속해서 성취하시는 데 사용하시는 언약 백성으로서 존재한다는 것과, 교회가 예수님을 메시아와 구속주로 인정하는 유대인과 이방인으로 이루어진 새 언약에 따른 선택된 백성이라는 것을 믿는다. 예수님을 위한 유대인(JEWS FOR JESUS)

이스라엘의 선택 ㅣ 우리는 하나님이 아브라함과 영원하고 돌이킬 수 없는 언약을 맺으신 것을 믿는다. 선민 선교회(CHOSEN PEOPLE MINISTRY)

이스라엘의 소명 ㅣ 첫째, 하나님은 그리스도인에게 구원의 길을 주시기 위해 유대 민족을 사용하셨다. 둘째, 유대 민족은 하나님과의 우선적이고 지속적인 언약 관계에 있다(렘 31:31이하; 사 49:6). 이 언약적 책임의 일부에는 세상을 향한 빛이 되는 것이 포함된다. 그러나 유대인은 그리스도가 없이는 그 책임을 완전하게 성취할 수 없다. 셋째, 바울은 유대인이 그리스도에게로 돌아올 것을 고대했으며, 그것은 전체 교회에 생명을 부여하는 것이었다. "유대 민족을 향한 그리스도인의 증거"(CHRISTIAN WITNESS TO THE JEWISH PEOPLE), 1980년

하나님은 자기 백성을 거부하지 않으셨다 ㅣ 많은 그리스도인 사이에는 이스라엘의 특권이 교회로 완전히 이동되었기에 민족으로서 유대인

은 더 이상 하나님 계획의 한 부분을 차지하지 않는다는 태도가 있다. 그러나 하나님은 열방 중에서 아브라함을 부르셨고 모든 사람에게 복이 되도록 아브라함과 그의 자손과 함께 우주적인 언약을 맺으셨다(창 12:1-3). 이 약속은 예레미야가 재확인했듯이(렘 31:35-37) 하나님의 목적을 실행하기 위해 이스라엘을 보존하는 것을 포함한다. 바울은 로마서 11:1에서 "하나님이 자기 백성을 버리셨느냐? 그럴 수 없느니라"고 하고 또한 로마서 11:28에서 "…택하심으로 하면 조상들로 인하여 사랑을 입은 자라"고 하며 그 약속을 반복한다. 그러므로 하나님은 육체를 따라 이스라엘을 보존해 오셨고, 인류를 위한 구속 계획 가운데 유대인 백성과 여전히 관계를 끊지 않으신다. "유대 민족을 향한 그리스도인의 증거", 1980년

동료 상속자 | 우리는 교회가 예수님을 메시아로 받아들이는 유대인과 이방인 둘 다로 이루어져 있다는 것을 믿는다. 메시아 예수에 대한 믿음을 가지게 된 이방인은 하나님의 약속을 믿는 유대인 신자와 동료 상속자다. 우리는 유대인과 이방인이 둘 다 개별적인 문화적 특징을 드러내면서도 연합하여 살기를 격려받는 곳인, 믿는 자들의 지역 공동체를 믿는다. 선민 선교회

누가 유대인인가 | 현대의 유대인들은 유대인 혈통으로 태어난 사람이나 회심한 사람을 유대인이라고 할 수 있다고 생각한다. 정통 유대교 법에 따르면 유대인은 유대인 어머니에게서 태어난 자다. 우리는 하나님이 불변하는 영원한 언약을 맺은 백성에 속하는 사람이 유대인

이라고 정의한다. "유대 민족을 향한 그리스도인의 증거", 1980년

회심한 유대인은 유대인으로 남아 있다 ǀ 그리스도에 대한 신앙에 이르게 된 유대인이 더 이상 유대인이 아니라고 할 수 없다. 그러므로 그 사람은 그리스도 안에서 모든 그리스도인이 행하는 공통적인 경건의 유형이나 종교적인 규범을 따를 자유가 있다. 성경에 일치하는 방식으로 종교적 요소들을 지키는 한, 그리스도 안에서 이스라엘 사람으로서 그에게 적절한 종교적 요소(예를 들면, 유대교 종교 절기)를 지킬 자유 또한 있어야 한다. "유대 민족을 향한 그리스도인의 증거", 1980년

8. 유대인과 그리스도인의 관계

정당화될 수 없는 무관심 ǀ 우리는 유대 민족이 하나님의 계획 가운데 지속적으로 한 부분을 차지하고 있다고 단언한다. 유대 민족의 미래에 대한 그리스도인의 무관심이 정당화될 수 있다는 주장을 거부한다. "윌로우뱅크 선언"(WILLOWBANK DECLARATION), 1989년, 3.12

전달의 장애물 ǀ 복음을 유대 민족에게 전달하는 데는 많은 장애물이 있다. 전달에 장애가 되는 것 중 일부는 그리스도인이 유대 민족의 독특성을 무시하거나 그리스도인을 자처하는 사람들이 유대 민족을 핍박한 것에 대해 제대로 이해하지 못할 때 일어난다. 반면, 유대 지도자들이 유대 민족을 보존하려는 방어 수단으로, 유대인이 그리스도에 대한 주장을 살펴보는 것을 막고자, 지적·사회적 장애물을 놓아둔다는 것도 잘 알고 있어야 한다. "유대 민족을 향한 그리스도인의 증거", 1980년

공통의 성경적 책임 ǀ 그러므로 신약과 구약을 함께 인정해야 하며, 연구, 예배, 전도, 증거에 있어 구약 성경의 배경에서 신약을 이해하고 해석해야 한다. 우리는 기독교가 원래 유대적이라는 것을 유대 민족에게 전달할 능력을 교회가 가지기 위해서뿐만 아니라, 한 권 성경의 말씀이 교회에 정체성, 세상에서의 권한, 섬길 힘을 주기 때문에 교회에 이것을 호소한다. "유대 민족을 향한 그리스도인의 증거", 1980년

삼위일체적 가르침을 고수함 ǀ 우리는 삼위일체에 대해 초대 교회의 교리의 틀을 고수하지만, 한 분 하나님 – 성부, 성자, 성령 – 에 대한 우리의 믿음을 구약과 신약뿐 아니라 그 사이의 기간에 쓰여진 많은 문서들에서 발견되는 성경적 용어로 고백하는 것은 중요하다고 여긴다.
"유대 민족을 향한 그리스도인의 증거", 1980년

9. 반유대주의에 대한 회개

우리 모든 족속이 그리스도를 십자가로 보냈다 ǀ 그리스도를 십자가로 보낸 것은 바로 모든 인간 종족의 죄임을 단언한다. 우리는 예수님을 죽음에 처하게 한 것에 대해 유대 민족만을 지목하는 주장을 거부한다. "윌로우뱅크 선언", 1989년, 3.18

역사적 반유대주의와 현재의 관계 ǀ 우리는 그리스도인이라 고백하는 자들의 반유대주의가 언제나 악하고 부끄러운 것이었으며, 교회가 과거에 그것을 용인하고 격려했던 것과 개인이나 정부의 반유대주의적 행동을 용납했던 것에 대해 비난받을 책임이 있다고 단언한다. 우리는

그 일을 범한 이방인 신자들이 하나님과 유대인 공동체에 반드시 용서를 빌어야 할 일이며, 따라서 과거의 실패로 인해 현재와 미래에 유대인과 복음을 나눠야 할 그리스도인의 권리가 박탈당한다거나 그리스도인의 책임이 약화된다는 주장을 거부한다. "윌로우뱅크 선언", 1989년, 3.17

10. 그리스도인을 위한 유대인의 선물

유대 민족에게 빚진 그리스도인 ㅣ 모든 그리스도인은 유대 민족에게 감사해야 할 상당한 빚이 있음을 인정해야 한다. 복음은 예수님이 그리스도이자, 곧 오랫동안 약속된 유대인 메시아이며, 그분이 자신의 삶, 죽음, 부활로써 죄와 죄의 모든 결과로부터 구원하신다는 것이다. 예수님을 자신의 신적인 주님이자 구세주로서 예배하는 자들은 이처럼 유대 민족을 통해 하나님이 주시는 가장 귀중한 선물을 받았다. 그러므로 이들에게는 모든 가능한 방법으로 유대 민족에게 사랑을 보여주어야 할 이유가 있다. 모든 곳의 인류애적 차원에서, 우리는 유대 민족이 이스라엘 땅에서든 전 세계에 존재하는 그들의 공동체에서든 어디서나 정당하고 평화롭게 존재할 권리가 있다고 지지하기로 한다. 우리는 그리스도인이라는 정체성을 지닌 자들이 과거에 유대인을 박해한 것에 반대하고, 모든 형태의 반셈족주의를 거부하기로 서약한다.

"윌로우뱅크 선언", 1989년, 서언

유대 역사에 뿌리를 둔 기독교 ㅣ 우리는 그리스도인의 신앙이 필연적으로 비유대적이라는 주장과 그리스도를 믿는 이방인은 유대인 신자들과의 연대를 무시할 수 있다거나, 유대적인 것과 관련 없이 그리스도 안에서 새로운 정체성을 형성할 수 있다거나, 히브리어 성경을 하나님으로부터 온 그들 가르침의 일부로 받아들이지 않거나, 스스로를 유대 역사 속에 뿌리를 두고 있는 것을 거부할 수 있다는 주장에 반대한다. 우리는 메시아 신앙을 가진 유대 민족에게, 하나님 앞에서 기독교 성경과 일치하고 그리스도의 몸에 속한 다른 사람들과의 교제를 방해하지 않는 전통적인 유대 관습과 의식을 지키거나 지키지 않을 자유가 있음을 단언한다. "윌로우뱅크 선언", 1989년, 2.10-11

풍성한 유산 | 그리스도인은 하나님이 교회에 유대 민족을 통해 구세주와 성경 모두를 포함하는 풍성한 유산을 맡기신 것에 있어서, 유대 민족에게 빚진 것을 알고 있어야 한다. 유대 전통과 관련 있는 상징의 사용뿐 아니라 기도, 시편 찬송, 율법의 풍요로운 전례는 예배 가운데 적절하게 결합시킬 수 있다. "유대 민족을 향한 그리스도인의 증거", 1980년

유대인을 위해 죽음을 무릅쓴 자들을 기림 | 우리는 죽음의 위기에 처할 때조차 영웅적 행동으로 유대 민족의 안녕과 보존을 위해 자신을 바친 교회 사역자들의 모범을 따르기를 그리스도인에게 촉구한다. "유대 민족을 향한 그리스도인의 증거", 1980년

11. 은혜와 율법

반율법주의를 거부함 | 우리는 유대인에게 접근할 때, 오직 은혜로 구원받았으며 또한 그리스도 안에서의 삶은 하나님의 거룩한 뜻에 따라

사는 것임을 그들로 하여금 보게 하는 것은 매우 중요한 일이다. 그러므로 우리는 교회가 반율법주의적 경향을 거부하고 신자들을 가르침에 있어 구약에 계시된 대로 하나님의 뜻을 행하기를 새롭게 강조할 것을 교회에 호소한다. "유대 민족을 향한 그리스도인의 증거", 1980년

율법은 폐한 것이 아니라 성취되었다 ㅣ 현대 유대교는 율법과 명령을 사람이 하나님께 이르기 위해 타고 올라가야 할 사다리로서 묘사할 수 있는 반면에, 신약은 우리가 모두 죄인이며, 하나님의 거룩한 율법으로 정죄받았고, 행위라는 방식을 통해서는 하나님께 이를 수 없다고 선포한다. 유일한 길은 예수 그리스도이며, 그분은 하늘에서 내려오사 우리로 하여금 자신을 통해 성부께 이를 수 있게 하셨다. 그러나 또한 예수님은 자신이 율법을 폐하러 온 것이 아니라고 강하게 말씀하셨다. 율법은 여전히 하나님의 온전하신 뜻에 대한 계시를 담고 있으며, 그리스도 안의 새 생명은 그 뜻에 전적으로 일치되게 사는 것을 의미한다. "유대 민족을 향한 그리스도인의 증거", 1980년

하나님과 이스라엘의 언약 그리고 십자가 ㅣ 우리는 그리스도가 오시기 이전에, 이스라엘은 예속 상태에서 민족적 구속을 얻은 것에 뒤이어, 율법과 신정적 문화라는 선물, 성실한 순종에 대해 복 주신다는 약속, 범죄에 대한 속죄라는 대책을 하나님이 준비하신 것, 하나님과의 공동체적 언약 관계를 누리는 독특한 특권을 지니고 있었음을 단언한다. 우리는 이러한 언약적 관계 안에서 규례대로 희생 제사를 드리는 회개자에 대한 하나님의 용서와 용납은 예수 그리스도의 작정된 희생

제사에 근거한 것이었다고 단언한다. "윌로우뱅크 선언", 1989년, 3.13

12. 미래의 성취

온 이스라엘이 구원을 얻을 것이다 ǀ 이스라엘의 일부가 계속해서 하나님의 메시아를 거부하고 있지만, 교회가 "온 이스라엘이 구원을 받을" 날까지 모든 세대 가운데 있는 이스라엘의 남은 자에게 나아가는 것이 하나님의 뜻이다(롬 11:26). "유대 민족을 향한 그리스도인의 증거", 1980년

가지를 다시 모음 ǀ 그러므로 우리는 원가지가 감람나무에 다시 접붙여지도록, 곧 그리스도를 믿는 신앙과 세례라는 새 언약의 인을 통해서 메시아 안에 있는 하나님과의 언약적 관계에 다시 들어오기에 힘쓸 것을 호소한다. 우리는 그리스도의 몸 가운데 이스라엘과 다시 연합하고, 그리스도와 또 서로 함께, 여기서와 또 영원한 하나님 나라에서 새 언약의 의미를 경축할 그날을 고대하도록 교회를 격려한다. "유대 민족을 향한 그리스도인의 증거", 1980년

성취된 예언 ǀ 우리는 히브리어 성경 안에 있는 구원과 평화에 대한 하나님이 주신 예표, 예언, 비전이 예수 그리스도 안에서 또 그분을 통하여 현재와 미래의 성취를 발견하게 한다고 단언한다. 예수 그리스도는 하나님의 아들로 성육신하사 유대인이 되셨고 부활하사 하나님의 아들이자 메시아로 나타나셨다. 우리는 아직 세계 역사에 등장하지 않은 어떤 메시아를 찾는 것이 옳다는 주장을 거부한다. "윌로우뱅크 선언", 1989년, 1.2

제15장
그리스도인의 사회적 책임: 말과 행위의 통합

진정한 복음은 변화된 성도들의 삶 속에 뚜렷이 나타나야 한다. 우리가 하나님의 사랑을 선포할 때, 우리는 사랑의 봉사에 참여해야 하며 우리가 하나님 나라를 선포할 때, 우리는 정의와 평화에 대한 그 나라의 요청에 헌신적으로 응답해야 한다.

우리의 주된 관심은 복음에 있으며, 모든 사람이 예수 그리스도를 구주로 영접할 기회를 갖도록 하는 데 있기 때문에 복음 전도가 우선이다. 예수님도 하나님의 나라를 선포하셨을 뿐만 아니라 하나님 나라의 도래를 자비와 능력의 역사로 보여 주셨다. 오늘 우리 역시 이와 같이 겸손한 마음으로 말씀을 전파하고 가르치며, 병자를 돌보며 굶주린 자에게 먹을 것을 주고, 갇힌 자들을 살피며, 억울한 자와 장애가 있는 이들을 도와주며, 억압당하는 자들을 구하는 일을 해야 한다. 영적인 은사가 다양하고, 소명과 상황이 다르더라도 복된 소식과 선한 행위는 분리할 수 없음을 단언한다.

"마닐라 선언", 1989년, 조항 A.4의 부분

1. 개인 구원과 사회 정의

사회적 고난 ㅣ 우리는 인류의 개인적이고 사회적인 고난에 대해 그리스도와 같이 깊은 관심을 가지고 있다. 그리고 우리는 그리스도인이자 복음 전도자로서 인간의 필요를 위해 최선을 다하는 것이 우리의 책임이라는 것을 인정하는 바다. "암스테르담 확언", 1983년

개인적·사회적 책임 ㅣ 여기서 우리는 다시 한 번, 우리가 때로 복음 전도와 사회 참여를 서로 상반된 것으로 여겼던 것을 뉘우친다. 물론 사람과의 화해가 곧 하나님과의 화해는 아니며 또 사회 참여가 곧 복음 전도일 수 없으며 정치적 해방이 곧 구원은 아닐지라도, 우리는 복음 전도와 사회 정치적 참여는 우리 그리스도인의 의무의 두 부분임을 확언한다. 이 두 부분은 모두 하나님과 인간에 대한 우리의 교리, 이웃을 향한 우리의 사랑, 그리고 예수 그리스도에 대한 우리의 순종을 나타내는 데 필수적이다. 구원의 메시지는 모든 소외와 억압과 차별에 대한 심판의 메시지를 내포한다. 그러므로 우리는 악과 불의가 있는 곳 어디에서든지 이것을 고발하는 일을 두려워해서는 안 된다. 사람이 그리스도를 영접하면 하나님 나라 백성으로 거듭난다. 따라서 그들은 불의한 세상 속에서 그 나라의 의를 나타낼 뿐만 아니라 그 나라의 의를 전파하기에 힘써야 한다. 우리가 선포하는 구원은 우리로 하여금 개인적 책임과 사회적 책임을 총체적으로 수행하도록 우리를 변화시켜야 한다. 행함이 없는 믿음은 죽은 것이다(행 17:26, 31; 창 18:25; 사 1:17; 시 45:7; 창 1:26, 27; 약 3:9; 레 19:18; 눅 6:27, 35; 약 2:14-26; 요 3:3, 5;

마 5:20; 6:33; 고후 3:18; 약 2:20). "로잔 언약", 1974년, 조항 5의 부분

복음이 지닌 사회적 함의 ㅣ 우리들이 계속해서 사회에 관심을 가지며 그것을 위하여 힘쓴다고 해서, 하나님 나라가 곧 기독교화된 사회를 의미하는 것으로 혼동하는 것은 아니다. 오히려 성경적 복음에는 언제나 사회적 적용이 내포되어 있다는 사실을 인정하는 것이다. 참된 선교는 언제나 성육신적이어야 한다. 참된 선교를 위해서는 겸허하게 그 사람들의 세계에 들어가서 그들의 사회적 현실, 비애와 고통 그리고 압제 세력에 항거하며 정의를 위해 투쟁하는 그들의 노력에 동참할 필요가 있는 것이다. 개인적인 희생 없이는 선교가 이루어질 수 없다. "마닐라 선언", 1989년, 조항 A.4의 부분

개인 구원과 사회 정의 ㅣ 우리는 구원을 오직 개인적·영적·내세적 문제로 이해하고 하나님의 구원 활동의 공동체적·물리적·현세적 함의를 무시하는 복음주의자들의 경향을 개탄한다. 그러므로 우리는 복음주의자들이 복음에 대한 전체적인 견해를 되찾기를 촉구한다. 성경의 증거는 죄로 인해 우리와 하나님, 우리 자신, 다른 사람들, 창조 세계 사이의 관계가 깨어졌다는 것이다. 십자가에서 그리스도가 이루신 속죄 사역을 통해서 이러한 깨어진 관계를 치유하는 것이 가능하게 되었다. 교회가 부르심에 신실하다면 어디서든 개인의 구원을 선포해 왔고, 육체적이고 정서적인 필요 가운데 있는 사람들에게 하나님의 치유를 전달하는 통로로 존재해 왔으며, 압제당하는 자들과 권리를 박탈당한 자들을 위한 정의를 추구해 왔고, 자연 세계의 선한 청지기로

일해 왔다. "시카고 성명", 1977년

종의 정신 ㅣ 우리는 "예수님이 사셨고, 죽으셨고, 부활하셨다. 예수님은 주님이시다"라고 다 함께 선포한다. 우리는 그분이 우리의 개인적이고 공동체적인 삶에서 중심이 되시길 바란다. 우리는 예수님이 가난한 자, 고통당하는 자, 압제당하는 자, 소외된 자와 자신을 동일시하신 것처럼, 어린아이에게 특별한 관심을 가지신 것처럼, 하나님이 남자와 여자를 동등하게 존중하며 존엄성을 부여하신 것처럼, 불의한 행위와 제도에 대해 도전하신 것처럼, 우리가 가진 것을 서로 나누라고 부르신 것처럼, 차별과 조건 없이 모든 사람을 사랑하신 것처럼, 예수님을 믿는 믿음을 통해 얻는 새로운 생명을 주시려고 자신을 내주신 것처럼 그분을 따르려고 노력한다. 우리는 예수님으로부터 하나님 나라 복음에 대한 총체적인 이해를 이끌어내며, 그러한 이해는 인간의 필요에 우리가 반응할 때 기초를 형성한다. 우리는 종이 되라는 그분의 부르심을 듣고, 그분 생애의 모범을 본다. 우리는 우리 기관에 널리 퍼져 있는 종의 정신에 헌신한다. 이것이 우리 자신의 교만, 죄, 실패에 정직하게 대면하는 것을 의미한다는 것을 안다. 우리는 예수 그리스도를 믿는 신앙을 통해 주어진 구속의 증인이 된다. 우리 기관에 근무하는 간사들은 구속의 증인이 되기 위해 믿음과 실천으로 준비되어 있다. 우리는 그리스도인으로서 정체성을 지켜 갈 것이며, 이 정체성이 드러나는 다양한 상황에 대해서도 민감성을 유지할 것이다. 월드 비전

유토피아적 이상주의의 속박을 거부함 ㅣ 우리는 메시아의 구원을 진보,

개발, 사회 변화와 동일시하는 것을 반박한다. 이것의 치명적 결과는 사회 안에 갈등이 있는 곳에서 개발과 혁명적 분쟁을 돕는 것을 기독교 선교의 현대적 형태로 보는 것이다. 그러나 그러한 동일시는 유토피아적 이상주의자들의 궁극적 목표로 향하고 있는 우리 시대 이상주의 운동에 동참하는 자살 행위일 것이다. "프랑크푸르트 선언", 1970년

소망과 현실주의 사이의 긴장 ㅣ 이상주의적 비전의 영감을 받은 일부 사람들은 하나님 나라가 지상에 편만하게 건설될 수 있다고 제안하는 것처럼 보인다. 성경은 개인적이고 사회적인 죄의 실재와 관영을 알려 주기 때문에(사 1:10-26; 암 2:6-8; 미 2:1-10; 롬 1:28-32), 우리는 그 관점에 동의하지 않는다. 이처럼 우리는 이상주의가 잘못된 꿈에 지나지 않음을 알고 있다. 또 다른 그리스도인들은 증가하는 빈곤과 궁핍, 우파와 좌파 권력에 의한 만연하는 압제와 착취, 핵전쟁의 위협과 짝을 이루며 얽혀 있는 폭력의 실재와 대면하고는 비관주의자가 되기도 한다. 또한 그들은 지구 자원의 무절제한 낭비로 인해 지구라는 행성이 그 위에 살고 있는 인류를 오랫동안 지탱하지 못할 것이라는 가능성이 커지는 것에 관해 염려한다. 그 결과 그들은 이 세상에서 눈을 돌려 오로지 그리스도의 재림만 바라보면서 지금 그리고 여기에 그들이 함께 동참하고 있다는 것을 무력하게 만든다. "변화: 인간의 필요에 반응하는 교회"(TRANSFORMATION: THE CHURCH IN RESPONSE TO HUMAN NEED), 1983년

2. 가난한 자를 돌봄

빈곤한 자를 돌봄 ｜ 우리는, 하나님의 사랑을 구체적으로 표현하되, 정의와 인간의 존엄성, 그리고 의식주의 문제로 어려움을 당하고 있는 사람들을 돌아봄으로써 그 사랑을 실천적으로 입증해야 함을 단언한다. "마닐라 선언", 1989년, 21개 항의 고백 8

가난한 자를 향한 좋은 소식 ｜ 누가가 강조한 바, 우리는 다시 한 번 복음이 가난한 자들을 위한 복된 소식이라는 사실에 직면하면서(눅 4:18; 6:20; 7:22) 이것이 세계 곳곳에서 착취당하며, 고통을 당하거나 억압받는 수많은 사람들에게 무엇을 의미하는지 스스로 반문해 왔다. 우리는, 율법, 선지자, 지혜서 그리고 예수님의 가르침과 사역, 이 모두가 물질적으로 가난한 사람들에 대한 하나님의 관심이며, 따라서 그들을 변호하고 돌보아야 할 의무가 우리에게 있다는 사실을 강조하고 있음을 기억한다. 또한 성경은 오로지 하나님의 자비만을 바라고 있는, 영적으로 가난한 자도 이에 포함시킨다. 복음은 영적·물질적으로 가난한 자 모두에게 복된 소식이 된다. 경제적 상황과 관계없이 영적으로 가난한 사람들이 하나님 앞에 겸손히 나오면 믿음을 통해 값없이 주시는 구원을 선물로 받는다. 이 외에 사람이 하나님의 나라에 들어가는 다른 길은 없다. "마닐라 선언", 1989년, 조항 A.2의 부분

가난한 사람들에 대해 헌신함 ｜ 우리는 가난한 사람들에게 헌신하고 있다. 우리는 특별히 지상에서 가장 궁핍한 사람들을 섬기도록 부름 받았다. 우리는 그들의 고난을 덜어 주고 삶의 상황이 더 나아지도록

섬긴다. 우리는 가난한 사람들의 상황을 이해하고 삶의 온전함을 위해 그들과 함께 일한다.…우리는 가난한 사람과 부요한 사람들을 연결하여 모두에게 변화의 기회를 여는 일을 촉진하고자 한다. 우리는 이렇게 관계를 형성하면서 가난한 사람들을 수동적인 수용자가 아니라 능동적인 참여자로서 존중한다. 월드 비전

이 땅의 불행한 사람들 ㅣ 약 8억의 사람들, 즉 인류의 5분의 1이 생존을 위한 기본적인 필수품 없이 궁핍하게 살고 있다는 것과 그중 수천 명이 매일 기아로 죽어 간다는 것은 끔찍한 일이다. 수백만 이상의 사람들이 적절한 거처와 의복 없이, 마실 만한 물과 의료 지원 없이, 교육과 고용의 기회 없이 살아가고 있으며, 자신이나 가족을 위한 자기 개발의 가능성도 없이 비참한 삶을 겨우 이어 나가는 상황에 처해 있다. 그들은 엄청난 경제적 불평등과 그 불평등을 발생시키고 영속시키는 다양한 경제 제도에 의해 '압제당하는 자들'이다. 다른 사람들을 압제하는 것은 정치적인 것이다. 극좌파나 극우파인 전체주의 정부 아래 그들의 기본적인 인권이 무시당하고 있으며, 그들이 정부에 항의할 때에는 재판 없이 투옥당하고, 고문당하며, 죽임당하기까지 한다.
"복음 전도와 사회적 책임", 1982년

3. 인종적 정의

한 인류 ㅣ 우리는 최근까지 우리들 중 다수가 성경이 말하는 인류의 하나됨에 대해 충분히 명료하고 강하게 주장하는 데 실패해 온 것을

인정한다. 모든 사람은 하나님이 창조하신 인간성을 지닌다는 점에서 하나다. 모든 사람은 공통적으로 신적 구속이 필요하다는 점에서 하나이며, 모든 사람은 예수 그리스도 안에서 구원을 얻는다. 모든 사람은 동일하게 하나님의 정죄 아래 있으며, 하나님 앞에서 동일한 방식으로, 즉 그리스도를 의지하는 모든 자의 주님이자 구세주이신 그분을 믿는 믿음으로 의롭다함을 받아야 한다. 이후로 '그리스도 안에' 있는 모든 자는 그리스도를 믿는 자들의 교제에서든, 예수 그리스도에 대한 좋은 소식을 모든 곳의 사람들에게 선포하는 것에서든, 인종이나 피부색에 근거한 어떠한 차별도, 인간적인 편견에서 나오는 어떠한 제약도 인정할 수 없다. "베를린 선언", 1966년

하나님의 형상에 근거한 인간의 존엄성 ㅣ 우리는 하나님이 모든 사람의 창조주이시요, 동시에 심판자이심을 믿는다. 그러므로 우리는 인간 사회 어느 곳에서나 정의와 화해를 구현하고 인간을 모든 종류의 억압으로부터 해방시키려는 하나님의 관심에 동참하여야 한다. 사람은 하나님의 형상대로 창조되었기 때문에 인종, 종교, 피부색, 문화, 계급, 성 또는 연령의 구별 없이 모든 사람은 천부적 존엄성을 지니고 있으며, 따라서 누구나 존경받고 섬김을 받아야 하며 착취당해서는 안 된다. "로잔 언약", 1974년, 조항 5의 부분

모든 사람의 하나됨과 평등함 ㅣ 우리는 사람이 인종과 피부색 때문에 서로 평등하지 않다는 이론을 거부한다. 우리는 성경과 예수 그리스도의 이름으로 모든 인종차별주의를 정죄한다. 우리는 모든 인간 장벽

과 편견을 초월하는 사랑으로 자기 이웃을 사랑하라는 하나님의 분명한 명령을 인정하기를 거부했던 우리의 지난 죄악에 대해 용서를 구한다. 우리는 하나님의 은혜로, 서로의 관계 속에서 우리가 행한 하나님이 기뻐하시지 않는 것들을 우리의 삶과 증거에서 모두 제거하고자 힘쓴다. 우리는 사랑 안에서 서로에게 손을 내밀기 원하며, 가슴 아프게 나뉘어 있는 우리 세계를 평화의 왕께서 곧 하나 되게 해주시기를 기도하며 이 손을 모든 곳에 있는 사람들에게도 내밀기 원한다.
"베를린 선언", 1966년

4. 창조 세계에 대한 청지기직

생태학적 위기 ㅣ 지구는 주님의 것이고, 복음은 모든 창조 세계를 향한 좋은 소식이다. 그리스도인은 하나님이 모든 인간에게 주신 지구를 돌볼 책임을 공유하고 있다. 우리는 창조 세계에 대한 책임성 있는 청지기직을 실천하면서 생태적 온전성을 지향하는 데 헌신하기를 그리스도인들에게 요청하는 바이며, 또한 환경을 돌보고 보호하는 데 우선권을 둘 것을 권고한다. "이과수 선언", 1999년, 서약 12

하나님의 창조 세계에 대한 청지기직 ㅣ 우리는 청지기다. 우리에게 있는 각종 자원은 우리의 소유물이 아니다. 이러한 자원은 가난한 자들을 돕도록, 하나님이 기부자들을 통해 주신 거룩한 위탁물이다. 우리는 자원을 주어진 목적에 맞게 충실히 사용할 것이며, 가난한 자들에게 최대한 유익을 줄 수 있도록 관리할 것이다. 월드 비전

소유자가 아닌 청지기 | 그러므로 우리는 만물의 소유주이신 하나님께 영광을 돌리기 위하여, 우리가 지닐 수 있는 어떠한 땅이나 재물의 소유자가 아니라 청지기임을 기억하고, 그것을 다른 사람을 섬기는 데 사용하며, 자신을 방어할 능력이 없는 착취당하는 자들과 함께 정의를 추구하기로 결단한다. "단순한 생활 방식에 대한 복음주의 서약", 1980년

단순한 생활로 부르심 | 수많은 사람들이 겪는 빈곤에 우리 모두가 충격을 받으며, 이 빈곤의 원인인 불의에 대하여 분개한다. 우리 중에 풍요한 환경 속에 살고 있는 이들은 검소한 생활양식을 개발해서 구제와 복음 전도에 보다 많이 공헌하는 것이 우리의 의무임을 확신한다 (요 9:4; 마 9:35-38; 롬 9:1-3; 고전 9:19-23; 막 16:15; 사 58:6, 7; 약 1:27; 2:1-9; 마 25:31-46; 행 2:44, 45; 4:34, 35). "로잔 언약", 1974년, 조항 9의 부분

정당하고 단순한 생활 방식 | 그러므로 주 예수 그리스도의 희생으로 말미암아 자유롭게 된 우리는 그분의 부르심 가운데, 가난한 자를 향해 진심 어린 긍휼을 품고, 복음 전도, 성장, 정의에 대한 관심을 가지고, 심판의 날을 진지하게 고대하면서, 단순한 생활 방식을 개발하고 그 가운데 서로를 도우며 다른 사람들도 이러한 서약에 참여하도록 격려하기로 겸손히 서약한다. "단순한 생활 방식에 대한 복음주의 서약", 1980년, 우리의 결단

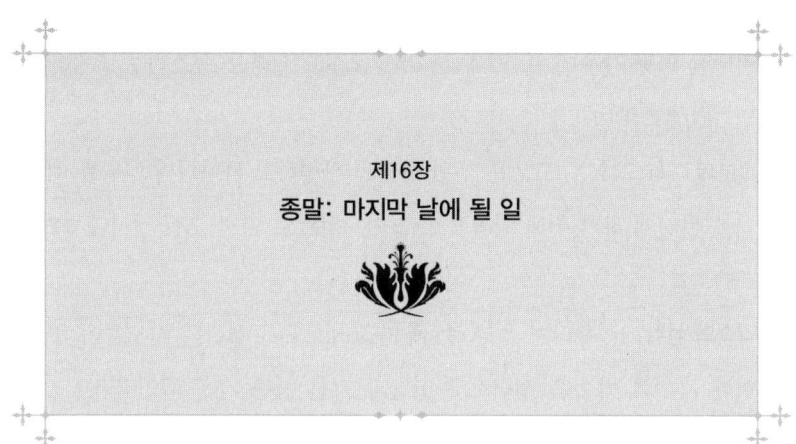

제16장
종말: 마지막 날에 될 일

하나님의 구속 목적은 죽은 자를 다시 살리고, 모든 자를 그들이 육체 가운데서 행한 행위에 따라 심판하며, 그분의 영광스러운 나라를 세우실 그리스도의 재림으로 말미암아 완성될 것이다. 악인들은 하나님의 임재에서 분리될 것이지만, 의인들은 영광스러운 육체 가운데 그분과 함께 영원히 살고 다스릴 것이다. 그때에, 창조 세계가 열망하고 고대하던 것이 이루어지고 온 땅은 만물을 새롭게 만드시는 하나님의 영광을 선포할 것이다.

풀러 신학교 "신앙 선언문"

1. 복스러운 소망

복스러운 소망 | 우리는 예수 그리스도가 자신이 선택한 자들을 모으고 죽은 자를 다시 살리며 열방을 심판하고 그분의 나라를 성취하기 위해, 인격적으로, 가시적으로, 또한 예기치 않은 방식으로, 권능과

커다란 영광 가운데, 이 땅에 곧 다시 오실 것이라는 복스러운 소망을 믿는다. 휘튼 칼리지

그분의 다시 오심 ｜ 그분은 구원 사역을 완성하고 하나님의 영원한 계획을 완전케 하기 위해 인격적으로, 가시적으로 다시 오실 것이다. 고든 콘웰 신학교

약속의 성취 ｜ 우리는 우리 주 예수 그리스도가 천사와 사도들이 증언한 자신의 약속을 성취하사 권능과 크신 영광 가운데 인격적으로 다시 오실 것을…믿는다. 세계 복음 선교회

영광스러운 나타남 ｜ 우리는 "복스러운 소망과 크신 하나님이신 구주 예수 그리스도의 영광이 나타나심을"(딛 2:13) 기다리고, 만물이 결국 그분을 통해 하나님께 복종할 것을 믿는다(고전 15:25-28). HCJB 세계 라디오/세계 라디오 선교회

하나님 나라의 완성 ｜ 우리는 하나님만이 알고 계신 그날과 그때에 우리 주 예수 그리스도가 그분의 의와 평화의 나라를 완성하기 위해 인격적으로, 육체로, 가시적으로, 영광 가운데 다시 오실 것을 믿는다. 틴데일 대학과 신학교

2. 그리스도가 오실 때까지 그분을 선포함

구원과 심판 ｜ 우리는 예수 그리스도께서 친히 권능과 영광 중에 인격적으로 또 눈으로 볼 수 있게 재림하셔서 그의 구원과 심판을 완성하실 것을 믿는다. 이 재림의 약속은 우리의 복음 전도에 박차를 가

한다. 이는, 먼저 복음이 모든 민족에게 전파되어야 한다고 하신 그의 말씀을 우리가 기억하기 때문이다. "로잔 언약", 1974년, 조항 15의 부분

그리스도가 오실 때까지 그분을 선포함 ㅣ 우리는 복음을 가지고 땅 끝까지 가라는 명령을 받았으며, 주님은 그렇게 할 때 이 시대의 종말이 올 것이라고 약속하셨다. 이 두 가지 마지막(곧 시간과 공간의 우주적 종말)이 동시에 있을 것이다. 그때까지 주님은 우리와 함께 있겠다고 약속하셨다.

그러므로 기독교 선교는 긴급한 과업이다. 우리는 선교를 위한 시간이 얼마나 남아 있는지 모른다. 분명 허비할 시간은 없다. "마닐라 선언", 1989년, 결론의 부분

불법이 성할지라도 ㅣ 우리는 마지막 때에 불법이 성하고 많은 사람이 신앙을 버릴 것이며, 세상에는 죄악이 편만하고 악한 자들은 더욱더 악해질 것이고, 교회에서는 배교가 일어나고 사랑이 식어 버리며, 거짓된 교사들이 많이 일어나 속고 속이는 일이 일어날 것이며, 또한 이런 현재의 상황들은 우리가 지금 위험한 시대를 살고 있다는 것을 나타낸다고 믿는다(딤전 4:1, 2; 롬 16:17, 18; 딤후 2:1-5, 13; 벧후 2:1, 2, 10; 마 24:11, 12; 살후 2:3). "가든 시티 신앙 고백", 1998, 조항 XIV

3. 부활과 최후 심판

의인과 악인의 부활 ㅣ [우리는] 구원받은 자와 잃어버린 자 모두 부활할 것과, 구원받은 자들은 생명의 부활에, 잃어버린 자들은 영벌의 부

활에 처할 것을 [믿는다.] 세계 복음주의 연맹(WEA)

몸의 부활 ㅣ 우리는 의인과 악인이 육체적으로 부활한다는 것과 악인은 영원한 형벌을 받고 의인은 영원한 축복을 받는다는 것을 믿는다. 휘튼 칼리지

의로운 자와 불의한 자의 최종적 운명 ㅣ 시대의 끝에 죽은 자들의 몸이 일어날 것이다. 의로운 자는 하나님의 임재 가운데 영원한 지복을 충만히 소유할 것이며, 악한 자는 영원한 죽음에 처할 것이다. 크리스채너티 투데이 인터내셔널

최후의 심판 ㅣ 우리는⋯회개하지 않는 자를 영원한 형벌에 넘기시고 구속받은 자를 영원한 생명으로 영접하시면서 정의와 자비로 모든 사람을 심판하실 예수 그리스도의 승리의 통치와 미래의 인격적 재림을 믿는다. 영광이 하나님께 영원히 있을지어다. 미국 IVF

4. 영생

죽음 한가운데 있는 은혜 ㅣ 신자가 죽음에 이를 때, 그리스도는 신자를 자신에게로 이끌어(빌 1:21) 끊임없이 하나님을 예배하는 가운데 상상할 수 없었던 기쁨을 누리게 하신다(계 22:1-5). "예수 그리스도의 복음", 복음

천국 ㅣ 구원받은 자와 구원받지 못한 자 모두, 죽은 후에 몸으로 부활할 것이다(고전 15:16-17, 42-44; 요 5:29). 구원받은 자를 위한 천국에는 영생과 축복이 있을 것이며(요 14:2-3; 요 3:16), 구원받은 자는 그곳에서 하나님의 직접적인 임재 가운데 거하고(계 22:3-4) 하나님의 영원한 통

치를 받을 것이다(계 22:5). OMS 인터네셔널

영생 ㅣ 주 예수 그리스도를 믿고 영접한 자는 모두 영생을 얻는다. 이들은 영원한 파멸에 이르지 않을 것이다(요 1:12; 요 3:36; 롬 10:9; 요일 5:11, 12). HCJB 세계 라디오/세계 라디오 선교회

5. 잃어버린 자

믿지 않는 자의 죽음 ㅣ 믿음이 없는 자가 물리적 죽음에 이를 때, 그들은 즉시 의식을 지닌 채, 영원히 주님에게서 분리될 것이며, 영원한 심판과 형벌을 위해 자기 몸의 부활을 기다릴 것이다. 미국 CCC

지옥 ㅣ 지옥에는 구원받지 못한 자들을 향한 영원한 죽음과 형벌이 있을 것이며(계 20:15) 거기에서 그들은 의식을 지닌 채 형벌 받을 자의 무리에 참예하여(계 21:8) 하나님에게서 영원히 떠나(살후 1:9) 하나님의 진노의 형벌 아래(요 3:36) 있을 것이다. 마치 구원받은 자에게 영원한 생명이 있듯이 구원받지 못한 자에게는 영원한 형벌이 있을 것이다(마 25:46). OMS 인터네셔널

6. 최후 승리

시대의 끝 ㅣ 그분은 의로운 자와 불의한 자를 육체 가운데 다시 일으키실 것이며, 그들을 심판하사 영원한 복 또는 영원한 벌에 이르게 하실 것이다. 시대의 끝에 그분은 만물을 새롭게 하실 것이며, 그 나라를 성부 하나님께 바칠 것이다. 일본 성서 신학교

나라가 임하시오며 ㅣ [우리는] 하나님이 사탄과 모든 악의 세력에 대해 궁극적인 승리를 거두실 것이며 새 하늘과 새 땅 가운데 완전한 하나님 나라를 세우실 것을 [믿는다.] 애즈베리 신학교

새 하늘과 새 땅 ㅣ 우리는 예수 그리스도가 인격적이고 가시적으로 영광 중에 돌아오셔서 죽은 자를 일으키시고 구원과 심판을 완성하실 것을 믿는다. 하나님은 새 하늘과 새 땅을 세우심으로써 자신의 나라를 완전하게 드러내실 것이며, 거기서 그분은 영원히 영광 받으시고 모든 악과 고통과 죽음을 제하실 것이다. 교도소 선교회

새 창조 ㅣ 하나님은 회개하고 그리스도를 믿는 사람들을 새 창조에 참여하게 하신다. 하나님은 우리에게 새 생명을 주셔서 우리를 죄에서 용서하시며, 또한 성령의 내주하시고 변혁시키는 능력을 주신다. 하나님은 모든 인종과 민족과 문화에 속한 각기 다른 사람들로 구성된 하나님의 새로운 공동체 안으로 우리를 받아 주신다. 그리고 하나님은 어느 날 우리가 하나님의 새 나라에 들어갈 것을 약속하신다. 그때에 악은 모두 제거되고, 자연 세계가 구속되며, 하나님이 영원히 통치하실 것이다.

이 복된 소식은 하나님의 구원의 능력이며, 우리에게는 이 복음을 알려야 할 의무가 있기 때문에, 교회에서 혹은 공공장소에서, 라디오와 텔레비전으로, 혹은 옥외에서도 가능한 곳이면 어디서나 담대하게 이 복음을 선포해야 한다. "마닐라 선언", 1989년, 조항 A.2의 부분

7. 송영

언약에 대한 신실함 ｜ 그러므로 이와 같은 우리의 믿음과 우리의 결심에 따라 우리는 온 세계 복음화를 위해 함께 기도하며, 계획하고, 일할 것을 하나님과 우리 상호 간에 엄숙히 서약한다. 우리는 다른 사람들도 이 일에 우리와 함께 동참할 것을 호소한다. 우리로 하여금 하나님의 영광을 위해 이 언약에 신실하도록 그의 은혜로 도와주시기를 기도한다. 아멘. 할렐루야! "로잔 언약", 1974년, 결론

간구 ｜ 우리를 무지, 오류, 사랑 없음, 교만, 이기심, 불순함, 비겁함으로부터 구해 주십시오. 우리로 하여금 감사하고 친절하며 겸손하고 긍휼히 여기며 순결하고 용감하도록 능력을 주십시오. 구원은 보좌에 앉아 계신 하나님과 어린 양, 당신께 있습니다. 우리가 하는 복음 증거가 영향을 끼치게 되기를 당신께 간구합니다. 우리의 선포에 성령으로 기름 부어 주십시오. 그 선포를 사용하사, 모든 나라에서 언젠가 미래에 당신과 어린 양 앞에 서서 찬양을 드릴 커다란 무리를 모으십시오. 우리 주 예수 그리스도의 공로를 의지하여 간구합니다. 아멘.

"암스테르담 선언", 2000년, 기도

결론

복음주의의 모습

이 장에서 우리는 앞에 나열한 일련의 선언들에서 합리적이고 공정하게 추론할 수 있는 내용을 제시하고자 한다. 그러나 독자들이 이와 같은 종합을 가늠해 볼 수 있으려면 먼저 우리와 함께 잠시 뒤로 물러나 복음주의가 오늘날 전 세계에서 실제로 어떠한 모습으로 드러나는지를 살펴볼 필요가 있다. 여기서 우리는 앞서 제시해 두었던 힌트들을 다시 꺼내어 확장시키고자 한다. 우리는 복음주의자로서 가지고 있는 지식과 이 운동에 참여한 학생들이 지난 반세기 동안 제시해 왔던 여러 가지─전문적이고 대중적인, 호의적이거나 호의적이지 않은, 그리고 신학적·역사적·사회학적·심리학적인─비판적 분석을 사용할 것이다.

신학적으로, 복음주의의 뿌리는 19세기에 만들어진 '복음주의'라는 이름 자체가 제안하는 것보다도 더 뒤로 거슬러 올라간다. 하나님과 경건성에 대한 복음주의의 설명은 교부 시대에 이룩된 삼위일체적이고 성육신적이고 변혁적인 합의와, 오직 그리스도의 공로로 말미암아 오직 은혜를 통하여 오직 믿음으로 얻는 칭의와 성경의 권위에 대한 주류 종교개혁의 합의 위에 있다. 이러한 틀 안에서, 복음주의는 십자가에 대한 형벌-대속적 견해, 성경 가르침의 급진적인 실재성, 성령의 사역을 통해 한 사람을 그리스도인으로 만드는 관계적이고 직접적인 내적 변화(거듭남, 중생, 회심, 믿음, 회개, 용서, 새 창조, 곧 예수 그리스도 안에서 그분을 통한 모든 것)를 강조하는 것이 특징이다. 복음주의는 신자들의 예배, 증거, 사역의 모임으로서 보편적이고 지역적인 교회에 대해 합의된 견해를 명확히 드러낸다. 이것의 토대 위에 있는 교회는 상호 양육과 복음 전도에, 그리고 할 수 있는 한 광범위하게 물질적·영적 필요를 채워 주고자 하는 관대함의 실천으로서 이웃 사랑에 헌신한다.

이 점을 넘어서, 루터파, 개혁주의, 성공회, 감리교, 침례교, 오순절에 속한 복음주의자들 사이에는 생활 방식, 정치 제도, 정책에 있어 중요한 차이점들이 여전히 존재한다. 그러나 그 차이점들은 이들을 결속시키는 선언들에 비하면 부차적인 것으로 보인다. 유아 세례와 성인 세례, 전례적인 예배와 비전례적인 예배, 현대 복음 성가 애호가와 옛 찬송 애호가, 전통적 칼뱅주의자와 전통적 아르미니우스주의자, 은사중단론자들과 은사주의자들, 역기능적 하위 교단으로서 비주류의 지위를 견딜 수 있는 부류와 그럴 수 없는 부류 등, 이들 간의 논쟁은 지금도 계속되고 있다. 그러나 복음주의자들이 지닌 성경과 속죄, 그리스도에 대한 믿음과 그리스도 안의 생명, 교회의 본성과 사역에 대해 공유된 견해는 복음주의자들을 단단히 하나로 묶고 있으며, 교파적 장벽이 더 높았을 때보다도 지금 더 단단히 묶고 있다. 교단의 구분이 약해지고 자유주의 신학이 어느 때보다도 기이하게 성장함에 따라, 과거 반세기 동안 진전된 연대는 계속될 것으로 보인다.

사회적 편차와 교파적·민족적 경계를 가로질러 복음주의자들을 하나로 묶는 여러 가지 다른 결속들도 있다. 복음주의자들은 이 배교의 시대에 자신이 하나님의 진리의 청지기이자 하나님의 복음의 수호자로서 부름받았다고 생각한다. 또한 세계 기독교 내에 갱신을 일으키고 새로운 활력을 불어넣는 세력으로, 반율법적인 세속성으로 황폐해진 땅에서 분별과 훈련, 재건의 선봉으로 부름받았다고 생각한다. 복음주의자들은 개인적이고 공동체적인 영적 생활의 참된 비밀로서 성경, 복음, 성령의 사역을 소중히 간직하고 있다. 복음주의자들은 자신의 구원을 위해 그리스도의 자비를 겸손히 간구할 때에도, 십자가에 못 박히고, 다시 사시고, 다스리시며, 우리의 평화·길·상급으로서 다시 오실 그리스도를 확신에 차서 선포한다. 복음주의자들은 하나님의 말씀을 전하는 것을 교회 예배의 절정으로 여기고, 성찬을 하나님의 은혜를 확증하는 것으로 여긴다. 또한 성경 연구와 기도 모임을 영적 생활의 유지를 위한 핵심 수단으로 평가한다. 복음주의자는 성령의 은사가 모든 신자에게 주어진다는 것과 그리스도의 몸 가운데서 이루어지는 모든 지체의 사역은 회중의 전진을 위한 선도적인 원리임을 믿는다. 이러한 특징들의 조합이야말로 복음주의자들을 다른 형태의 기독교 신앙이나 생활과 구별되게 한다.

더 나아가, 신학교, 성경 대학, 기관, 협의회, 세미나, 라디오·텔레비전·테이프 등을 통한 개인적 사역의 연결망뿐 아니라, 복음주의 출판사, 잡지, 미디어 프로그램, 선교 단체에서 펴낸 수많은 출판물, 게다가 방대한 인터넷 자료들까지 — 기독교 세계의 다른 곳에서는 유례를 찾을 수 없는 방식으로 — 복음주의 운동을 비옥하고 견고하게 하고 있다. 복음주의 공동체를 풍성하게 하기 위한 내적 활동은 그 한도를 알 수 없을 정도다. 또한 성경적·신학적 토론, 개인의 증언, 즉흥적인 기도를 반기는 등, 사기를 돋우고 비형식성을 장려하는 복음주의의 특징적인 기풍도 있다. 낙태, 요청에 따른 안락사, 가족의 약화, 교육의 세속화, 동성애적 행위에 대한 정치화된 권한 부여 등의 사회적 해악들을 동반하는 환원적 자연주의와 초자연화된 기독교의 다양한 형태의 소모적인 병폐들에 반대하는 합의는 더 강화된다.

이 모든 것을 종합해 보면 왜 복음주의권이 오늘날 강한지, 왜 복음주의가 젊은이를 대상으로 하는 사역에서 성공하면서 더 강하게 성장하는 것처럼 보이는지가 분명해진다. 앞에서 제시한 신앙 선언문들을 산출하고 그에 따라 살아가는 지지자들이야말로 이 자료들의 중요성을 숙고할 때 우리가 반드시 기억해야 할 사실이다.

복음주의적 합의

우리가 살펴본 결과를 다음과 같은 열 가지로 정리할 수 있다.

1. 복음주의적 합의는 정경적 성경의 응집력 있는 이야기와 그에 대한 온전한 정경적 해석에 초점을 맞춘다. 우리가 사용하는 정경적 성경이란 개신교 성경의 66권을 일컫는다. 그리고 정경적 해석이란 이 성경 전체를 하나님이 우리의 신앙과 삶을 위해 주신 안내, 규범, 지도로 여기는 해석을 일컫는다. 이 해석은 성경의 각 권들 사이의 내적 연결을 주목하는 방식을 통해, 모든 성경의 가르침을 포괄하는 것을 목적으로 삼고 있으며, 삭제, 왜곡, 비일관성, 내적 모순이 없다. 이것은 보편 교회가 설교, 가르침, 양육, 교리 문답, 교정 사역을 행하면서 지속적으로 추구하는 그런 종류의 해석이다. 이러한 방식으로 성경에 접근하고 살필 때, 성경은 역사적이고도 신학적인 명확한 줄거리를 내놓는다. 이것은 복음주의 문서들이 채택하는 방식이기도 하다. 이는 복음주의 문서들이 성경을 참고 구절로 인용할 때, 무책임하게 증명 구절을 제시하는 것이 아니라, 문맥 가운데 있는 본문을 주해하는 것에 헌신한다는 점을 선언하는 것이다. 복음주의 문서들은 성경을 충실히 반영한 진술이며, 이것은 선언적이고, 실천적이며 증명이 필요하다면 성경에 근거하여 교정할 수 있음을 의미한다.

2. 복음주의적 합의는 초기 교회의 신조와 신앙 고백이 담고 있는 그리스도 중심적인 구속 이야기를 제시한다. 우리가 인용한 문서들은 참되신 한 분 하나님, 삼위일체적 창조주, 보존자, 인류를 죄, 죄책, 타락, 최종적

죽음에서 구원하기 위해 이루어진 모든 역사와 자연적 사건들의 섭리적 인도자에 대한 좋은 소식으로 복음을 간결하게 제시한다. 인간은 하나님의 형상을 지니도록 지음받았지만, 잘못된 길로 나갔으며, 지금도 계속 그렇게 하고 있다. 그러나 2천 년 전 팔레스타인 땅 예루살렘에서 신인(神人)이신 예수 그리스도가 성부 자신이 계획하신 대로 성부로 하여금 우리와 화해하게 하고자, 십자가 위에서 죽으셨다. 예수님은 부활하사 통치하고 계시는 주님이시며, 모든 곳에 있는 모든 사람의 충성을 요구하신다. 성부가 시작한 구원은 성자를 통해 주어졌고 성부에 의해 적용되었다. 성령은 우리로 하여금 회개를 통해 하나님께 돌아서게 하시며, 그리스도의 부활 생명에 참여하도록 그리스도와 연합시키시고, 죄의 예속에서 우리를 자유케 하시며, 우리 가운데 그리스도를 닮은 성령의 열매를 맺게 하시며, 세상 가운데서 그리스도를 섬기도록 우리에게 능력을 주신다. 칭의와 양자됨을 통해 우리는 하나님과 바른 관계에 있게 되고, 중생, 성화, 영화를 통해 우리의 타락한 본성은 그리스도의 형상 안에서 갱신된다. 그리스도 안에 있는 모든 신자는 그분에게 연결되고 하나님의 가족으로서 서로에게 연결된다. 이렇게 성부는 말씀과 성령으로 성자를 통해 하나의 다국적·다문화적·다세대적인 거룩하고 사도적인 공교회를 만드시고 성장하게 하신다. 교회는 온전한 복음을 온 세계에 전하도록 부름받았다. 마치 교회가 각 세대마다 이러한 끝없는 과제와 대결해 오고 있듯이, 현재 전투는 여러 가지 형태로 여러 대적에 맞서 일어나고 있다. 그러나 이 일이 언제나 그렇게 계속되지는 않을 것이다. 우주적 부활, 우주적 심판, 그리고 영광스러운 하나님 나라의 우주적 현시를 위해 그리스도가 다시 오심으로써, 하나님의 구속 목적이 하나님과 그분의 백성, 곧 새로운 인류인 우리가 다 함께 영원히 누릴 영광 가운데 완성될 것이다.

하나님의 일반 계시는 모든 곳에 펼쳐져 있기 때문에, 비록 평안과 사랑과 기쁨 가운데 하나님을 알 수 있는 유일한 길은 그리스도를 통해서이지만, 여러 가지 비기독교적 신념 체계 안에서 진리와 선, 아름다움의 흔적을 발견할 수 있다. 모든 사람이 하나님의 형상 가운데 지어졌기 때문에 비록 지금은 훼손되어 있다 하더라도, 모든 사람의 종교의 자유와 인권은 반드시 보호되어야 한다. 그리스도가 사역을 하면서 은혜의 말씀과 함께 자비의 사역을 행하셨듯이, 그리스도인들도 입으로 증거하고 목회적 수고를 감당하는 것과 함께 병든 자, 주린 자, 갇힌 자, 불리한 조건 가운데 있고 신체적 장애를 가진 자, 압제당하는 자를 섬기는 선한 사역을 행해야 한다.

간략히 말해, 이것이 그러한 합의를 담은 문서들 안에 어려 있고 표현되어 있는 복음주의 신앙이다. 물론 이 신앙이 전체적으로 교회 일치 신조와 종교개혁 신앙 고백, 초기 시대의 주류 신학 전통과 동일 선상에 있다는 것은 달리 논증할 필요가 없는 분명한 일이다. 즉 우리가 여기에 제시한 것은 공교회적 기독교의 한 입장으로 인정받고 평가받을 그러한 것이다.

3. 복음주의적 합의는 선포하는 바가 내적으로 일관성 있고 포괄적이다.

20세기 초반 서구 영어권에서 자유주의가 기존에 복음주의 교파, 기구, 연맹이 지니고 있었던 리더십을 획득했을 때, 예전의 길을 고수하던 사람들은 자신의 신앙의 기초를 제시하여 자신과 자신이 속한 기관의 정체성을 밝힐 필요성을 느꼈다. 그들의 선언들은 임시적이고 대응적이며 논쟁적이고 비판적인 색채를 띠고 있었기에, 본질적인 기독교 신앙을 언제나 통전적인 방식으로 잘 밝혀냈던 것은 아니다. 그래서 이 선언들이 담고 있는 모든 복음주의적 설명이 기이하고 내적인 조화가 없으며 파편적이고 그 어조와 경향이 분파주의적이어서, 신학적으로 오랫동안 중요한 위치에 머물러 있지는 못할 것이라는 예상을 낳았다.

안타깝게도, 처음에는 그 예상이 부분적으로 옳은 것처럼 보였다. 그러나 우리가 지금까지 서술하면서 정렬한 선언문들은 그 예상을 비껴 간다. 선언문들에서 우리가 발췌한 것들이 보여 주는 주제적 순서와 언어적 정확성이 이미 그 점을 분명하게 드러냈기를 바란다. 당연히, 특정 주제에 관하여 복음주의자들이 말해야 할 사항들의 양은 성경적 기독교에서 개별 주제가 지니는 고유한 중요성뿐 아니라, 어느 정도는 복음주의자들이 재확립하려는 것에 반대하는 주장들이 얼마나 많은가에 따라 결정된 것이다. 예를 들어, 성경의 수위성을 설명하는 데 할당한 분량이 바로 어떤 점에서 우리가 한 선택을 반영한다. 그러나 이러한 근래의 선언들이 방어적인 비밀회의나 음모에서 나온 강령이 아니라 초교파적 교회 병행 선교 단체들의 강령이라는 것과, 이 선언문들의 잠재적 지지자들을 향한 초청-실로 재집결을 위한 부름-이라는 취지를 지니고 있으며, 이 선언문의 실제 지지자들이 자신에게 규정된 역할을 행할 때 사용할 통합적인 판단 기준을 구성하기 위해 작성된 것이라는 점을 파악할 필요가 있다. 그러므로 이러한 선언문들은 공교회적(소문자 c로 시작하는 catholic) 기독교, 즉 예수님의 사도들이 세상을 향해 신앙으로 진술한 종교의 폭과 지혜, 유기적 일관성을 구현하는 것을 확고한 목표로 삼고 있다. 우리가 생각하기에 이 선언문들은 그 점에서 성공적이다. 여기에는 진정한 성경적 기독교의 길이와 너비, 높이와 깊이가 담겨 있으며, 모든 기록된 사도적 사상과 가르침의 온전하고, 유기적이고, 그리스도 중심적이며, 포괄적인 특질을 띠고 있다. 이 선언문들의 작성은 지난 반세기 동안 교회가 산출했던 다른 담화들에 충분히 필적하는 것이며, 이 선언문들이 일관되고, 포괄적이고, 명료하게 진술하는 합의된 입장은 전적으로 신약의 증거에 부합한다.

4. 복음주의적 합의는 신실한 그리스도인이 언제나 믿어 왔던 것의 연속 선상에 있음을 주장한다. 우리가 발췌한 문장들의 출처인 선언문들은 단지 복음주의자들이 당면한 환경 속에서 확신했던 바에 관한 것들뿐 아니라 하나님의 사람들 모두가 주장해 온 신앙의 정수를 언어로 표현하려고 애쓰면서 대화 가운데 고심하며 만든 것이다. 다시 말해, 의도적인 정책이나 의도하지 않는 본능, 또는 둘 다를 통해 그들

은 자신의 주장이 정통으로 인정받는 5세기의 전형적 규칙에 부합한다는 것을 보여 주려고 힘썼다. 그것은 "모든 곳에서, 언제나, 모든 사람이 믿어온 것"이라는 규칙이다. 르랭의 빈켄티우스가 「비망록」(Commonitorium)에서 정제해 놓은 규칙, 곧 빈켄티우스의 규준이라고 흔히 불리는 이것은 사실상 하나님의 말씀 가운데 제시된 하나님의 진리를 하나님 백성에게 가르치는 성령의 지속적인 사역에 대한 확신을 선포하는 것이다. 복음주의자들은 건전한 성령론을 지녔을 뿐 아니라 자립적 이성과 공인되지 않은 사색에 대해 건전한 불신도 지니면서, 성령의 사역이 필요하다는 것을 잘 인식하고 있으며, 지속적이고 의식적으로 성령의 사역을 의지하고자 힘쓴다. 그러므로 세대와 문화를 초월하여 사고하고자 하는 시도는 모든 복음주의적 신학과 복음주의적 신앙 고백의 본질이다. 자신의 국지적이고 전술적인 관심이 어떠한 것이든 간에 복음주의자들은 언제나 성경에 있는 영단번의 복음이 지닌 참된 통일성과 그것의 적절한 적용(복음이 모든 시대와 문화를 위한 것이기에)에 초점을 맞추는 것이 목표다. 결코 변함없으신 그리스도를 증거하는 데 있어 변화를 겪지도 않고 변화하지도 않는 진리가 바로 그들이 다루고 있다고 믿는 바이며, 그들은 자신이 산출한 선언문의 중심에 있는 그리스도와 그분의 진리에 의식적으로 충성을 다한다. 그래서 빈켄티우스의 필요 요건에 부합하고자 하는 것은 우리 시대를 휩쓰는 사조 한가운데서 성경적 신앙을 수호하기 위해 지금 여기서 무엇이 진술되어야 하는지에 관한 복음주의적 성찰로 이어진다.

5. 복음주의적 합의는 우리 주 예수 그리스도를 향한 진심 어린 제자도를 요청한다. 사람들은 이따금씩 어리둥절하여 복음주의자들이 왜 그렇게 행동하는지 묻는다. 그 질문에 대해 자주 제시되는 전형적인 대답은 복음주의자들이 보수적인 향수에 사로잡혀 있다는 것이다. 복음주의자들은 옛 시대의 종교와 옛 시대의 사회·정치·경제적 상황을 선호하며 전통적인 사고방식에 사로잡혀 있다는 것이다. 빠르게 변화하는 사회·문화적 환경과 더 광범위한 세상과 보조를 맞추기 위해 자신을 끊임없이 재창조하는 자유주의 신학의 시대에 그런 편견이 주어지는 것도 이해할 만한 일이며, 그에 해당되는 복음주의자들이 존재한다는 것도 의심할 여지가 없기에 더욱더 그렇다.

그러나 전반적으로, 그리고 복음주의의 미래를 논의하는 여러 모임에서, 이런 편견은 전적으로 틀린 것으로 입증된다. 시험도 거치지 않고 비판도 받지 않는 온실 속의 보수주의는 복음주의에 대한 적절한 이름이 아니며, 우리의 선언문들이 이를 보여 준다. 이 선언문들에는 복음주의의 방식이 양심과 관련된 문제로서, 현재와 과거 모두를 성경에 비추어 판단하며, 믿음뿐 아니라 행위와 관련하여 어떤 문화적 유산이라도 성경적 기준에 비추어 선하고 옳고 적절한 것만 유지한다는 점이 명확히 나타난다. 복음주의자들은 판에 박은 것 같은 반응을 보이는 보수적인 반동분자라기보다는 비판적인 수호자라고 말할 수 있을 것이다. 더 나아가, 이 문서들은 복음주의자들이 가난한 자를 돌보고, 환경에 대해 청지기적 정신을 가지며, 인권 문제 등의 사회적 책임을 받아들이고 행동하기로 결단하는 것을 보여 준다. 복음주의적 동기는 정치적이지 않다. 아치 벙커(Archie Bunker, 미국 시트콤 "All in the Family"의 주인공-역주)는 복음주의적 모범 인물이 아니며, '선한 사마리아인의 지갑'(Samaritan's Purse, 빌리 그레이엄 목사의 아들 프랭클린 그레이엄이 회장으로 있는 구호 단체-역주)은 위장한 권력 다툼을 하고 있는 것이 아니다. 대신 복음주의자들은 나쁜 일들을 덜 나쁘게 만들기 위해서 그리고 좋은 일들이 계속되도록 하기 위해서 보상을 기대할 수 없는 상황에서 이기심 없는 섬김에 나서도록 서로에게 요청하고 있다. 왜 그러한가? 무엇이 그들로 하여금 그렇게 하게 하는가? 어떤 유익도 아니고, 영광을 얻고자 하는 것도 아니고, 과거 일들에 대한 열정도 분명히 아니다. 그렇다면 무엇인가? 질문들이 답을 요구한다.

사실, 우리가 인용한 글들의 행간을 읽는다면 답은 매우 분명하다. 이러한 합의 선언문들은 인간의 산물이며, 잘 들어 보면 그 안에 있는 인간의 심장 고동 소리를 들을 수 있다. 적어도 들을 귀를 가진 사람이라면 말이다. 이 선언문들은 이러저러한 미혹들에 대처하는 제자도에 대한 교리적 증언에 그치는 것이 아니다. 하나님과 이웃을 향한 사랑의 명령을 드러내고, 다음과 같은 깨달음으로부터 자신들의 원동력을 얻으려는 헌신의 결단이다. 성육신하신 하나님의 아들, 갈릴리 사람 예수 그리스도가 오늘날 실제로 살아 계시며, 그분을 통해 살아가는 그리스도인들은 예수가 육신을 입고 팔레스타인에 계실 때 문자적으로 그분을 따랐던 자들의 충성과 헌신에 상응하는 인격적인 충성과 헌신으로 그분을 향해 살아야 한다는 깨달음이 그것이다.

복음주의자들은 모든 중생한 마음에 새겨진 지워지지 않는 세 가지 진리를 알고 있다. 하나님이 하나님이시기에 우리는 그분께 영광을 돌리고, 그분을 영화롭게 하며, 섬겨야 한다(우리를 향한 하나님의 창조에 대한 통찰). 우리는 우리에게 보여 주신 선하심과 은혜에 반응하여 감사해야 한다(거룩한 삼위께 지고 있는 측량할 수 없는 사랑의 빚과 관련된 구속에 대한 통찰). 우리는 다른 사람들에게 선을 행해야 한다(예수 그리스도가 자신을 따르는 자이자 제자인 모든 그리스도인에게 명령하신 것이기도 한, 하나님이 우리를 지으신 대로 모든 인간에게 적절하고 만족스러운 공동체적 삶에 대한 사회적 통찰). 그리스도 안에서 새로운 피조물인 믿는 자들은 자신의 소명과 최우선 과제뿐 아니라 자신의 본능과 최우선 갈망이 이 세 가지 통찰 모두를 살아내는 것임을 알게 된다. 그러므로 이 세 가지 결합이 복음주의자들로 하여금 많은 수고를 감당하게 하는 동기 부여의 원동력이 된다. 복음주의자들은 더 이상 죄의 노예가 아니며 모든 일에 주님을 기쁘시게 하고자 힘쓰며 의를 섬긴다. 이것은 오직 믿는 자들만이 알고 있는 마음과 생각의 상태다. 세상은 이를 이해하지 못했으며, 이해할 수도 없을 것이다. 이것은 주님 안에서 사는 삶의 방식이다.

6. 복음주의적 합의는 교회가 예수 그리스도에 대한 제자도의 한 표현으로서 선교하는 가운데 계속 존재해야 한다고 이해한다. 복음의 확장(오늘날 선교라고 일컬어지며, 그리스도인이 담당할 부분으로 강조되는)은 항상 복음주의의 주요 관심사였다. 교회는 교회 바깥의 사람들의 유익을 위해 존재

하는 사회로 잘 설명될 수 있으며, 이 관점은 선언문들이 표명하고 있는 선교적 헌신에 반영되어 있다. 개신교 자유주의는 여러 문화가 함께하는 교회를 세우는 것을 포기했다고 할 수 있다. 동방 정교회는 유입이라 부를 수 있는 것을 어느 정도 실행했으나, 몇몇 예외를 제외한다면 거의 외적 사역이라고 이름 붙일 만한 것이 없다. 로마 가톨릭은 요한 바오로 2세가 새로운 복음화의 함의라고 부른 것과 씨름해 왔다. 전 세계에 걸친 실무적인 복음 전도 활동의 관점에서, 복음주의는 50년에 걸쳐 이 분야의 현장을 주도해 왔다. 특히 로잔, 마닐라, 암스테르담의 선언문은 전 세계 복음 전도를 강화했으며 자원을 제공했다. 이것이 바로 선언문들이 존재하는 이유였다. 이 선언문들은 교회의 머리 되신 그리스도가 교회에 명하신 마태복음 28:19-20의 대위임령을 구체화하려는 일련의 시도로 보아야 한다. 이 점에서 이 선언문들은 장식용 신학을 위한 안내서가 아니라, 그리스도의 말씀을 세상에 전달하는 활동에 대한 사도적 열정으로의 초대라 할 수 있다. 복음주의자들은 신실한 제자도는 이 일에 대해 기도와 실천이 함께하는 헌신을 요구한다는 믿음의 관점을 놓쳐서는 안 된다. 왜냐하면 이것은 우리가 검토하고 있는 합의에 필수적인 것이기 때문이다.

7. 복음주의적 합의는 교리적 범위를 확장해 왔다. 우리 문서들이 말하는 이야기의 일부는 과거 반세기 동안 복음주의자들이 성경적 정통성을 유지하고자 함께 힘쓰며, 이전에 지니고 있다고 생각했던 것보다 더 넓고 더 깊은 정도로 진리 가운데 하나됨을 발견했다는 것이다. 분

리되어 있는 복음주의 단체들을 선교의 실제적인 협력을 위해 한데 모으면서, 하나님은 이전에 분리되어 있었던 – 분열되어 다투었다고도 말할 수 있었던 – 복음주의 신학적 증언들의 흐름들을 지금 하나 되게 하고 계신다. 복음주의자들은 이전에 그들이 나뉘어 있다고 생각했던 문제들에 대해서 일치된 생각을 지니고 있다는 것을 깨닫고 있다. 참으로 더 옛 세대에 속하는 신학적 논쟁자들과 더 최근의 신학적 평화주의자들이 그러하다고 말했던 것처럼 말이다. 이러한 일은 놀랍게도 종교개혁 갈등의 기초적인 양대 분야, 즉 성경의 본성과 권위에 대한 교리, 그리고 믿음으로 말미암는 칭의의 의미와 근거에 대한 교리의 분야에서, 수많은 미결정 사항들이 여기저기 떠돌고 있던 가운데 일어난 것이었다.

성경과 관련하여 '성경의 무오성에 관한 국제 회의'(International Council on Biblical Inerrancy, 이하 ICBI)는 성경의 '무오성 없는 무류성'이라는 개념이 진척되고 있을 때 형성되었다. 그러나 1978년과 1988년 사이에 ICBI는 주의를 기울여 정교하게 만든 일련의 서적과 선언문을 내놓았고 대부분의 복음주의자들은 이에 대한 합의에 이르렀다. 성경의 권위에 대한 협소하고 취약한 견해를 내려놓고, 이전에는 찾을 수 없을 것처럼 보였던 교리적 연대를 발견함으로써 합의에 이른 것이다. 칭의에 관해, 웨슬리의 시대 이래로 세부 사항에 관한 불일치들로 인해 복음주의권 내에서 큰 소란이 일어났으나, 1999년에 출간된 합의 선언문 "예수 그리스도의 복음: 복음주의 축전"은 모든 복음주의 전통을 대표하는 수백여 명의 지도자들에게 지지를 받았다. 이 선언문은 이전의 어떤 대표적인 복음주의 선언문보다도 더 충분하고 정확하게 우리의 용서와 용납의 근거로 그리스도에게서 전가받은 의에 대하여 자세하게 설명하였다. 이제까지 찾을 수 없을 것 같아 보였던 교리적 연대가 다시 한 번 나타났고, 모호하게 들리던 견해는 다시 한 번 제거되었다.

두 경우에서 우리가 핵심적인 문서들에서 취한 확대된 인용문들은 지금 존재하고 있는 합의를 잘 보여 주었다. 공동의 신앙 고백 안에 있는 주요한 사항들에 대해 복음주의적 관심이 증가하고 명료성이 이루어진 것은 단순히 임시적인 실용주의적·경건주의적 연합이 아니라 하나님의 본질적이고 불변하는 진리에 대해 책임성 있게 지속되는 증거로서, 이 운동의 미래에 대한 전조가 되고 있다.

8. 복음주의적 합의에는 신앙 고백, 선포, 목회적 돌봄의 영역에서의 하나됨에 대한 깊은 관심이 나타난다. 새 천년이 되면서, 복음주의자들은 오늘날 주류라고 불리는 교회의 안팎에 있는 다양한 교파적 조직, 예전적 유형과 양식, 역사적 정체성, 다양한 형태와 크기의 회중, 정치 형태와 치리 방식 내에 존재하면서 활동하고 있다. 가톨릭과 정교회를 포함해, 많은 비개신교인들이 주류 종교개혁의 상속자들과 함께 활동하는 것이 가능하다는 것을 깨닫고 있다. 복음주의적 합의는 역사적 평화 교회들, 곧 개신교 분리주의의 남은 자들과, 특별하게 상호 사역과 격려를 추구하는 세계의 3분의 2에 속하는 좀더 젊은 그리스

도인 지체들 가운데서 좀더 광범위하게 선언되고 있다.

전에는 복음주의적 선교 단체 운동들, 곧 특정한 목적을 이루기 위한 단체나 연합으로 조직된 운동들은 단지 여러 교파의 보조 단체이며, 따라서 부차적인 중요성을 지니고 있다고 생각되었다. 그러나 이제는 교단의 의의가 약화되고 교단 자체가 세계 기독교 무대에서 부차적인 실체가 되어가는 동시에, 복음주의는 자신의 초교파적, 초-신앙고백적, 초문화적인 성경에 근거한 신앙의 연합이 교회의 미래를 위한 길을 가리키고 있다는 것을 더욱 단도직입적으로 주장하고 있다. 성공회, 루터파, 개혁주의, 침례교, 회중파, 웨슬리파, 오순절파, 부흥주의, 분리주의, 성결교, 은사주의, 그리고 복음에 대해 증언하는 많은 다른 흐름들이 복음주의적 신앙 고백으로 함께 흘러들어 오고 있다. 자유주의 교회들이 더욱 반-신앙 고백적이 되어 가는 동안, 복음주의는 그 기조상 더욱 의도적으로 신앙 고백적이 되어 가고 있으며 신약에 따라 그리스도가 요구하시는 기본적인 것들을 삶으로 살아내는 복음주의적 실천을 하는 데 더욱 관심을 쏟고 있다. 옛 개신교 교회들이 이 점에서 더 교회다움을 잃어 가고 있는 상황에서 복음주의는 그리스도인의 정체성에 대한 생생한 초교파적 의식을 가지고 더욱 고삐를 조이기 위해 나아가고 있다.

복음주의자들은, 일부 사람들이 생각하는 것처럼, 반교파적이지 않다. 사실상 복음주의자들은 과도하게 신앙을 현대 사상에 맞추어 재단하거나 최신 문화 유행을 따라잡으려는 사람들에 비해 자신의 신앙이 허용하는 한 옛 교파적 전통 안에 더욱 머물고자 한다. 그러나 복음주의자들은 교파보다는 지역 회중에 좀더 자신을 조화시키려 하는 특성이 있다. 그들은 일반적으로 하나님의 종들을 양육하기 위해서는 따뜻한 가르침과 교제가 필요하며, 하나님은 그것을 얻지 못하는 텅 빈 냉장고와 같은 곳에서의 생활을 불만스럽더라도 받아들이라고 하지 않으신다는 원칙을 가지고 행동한다. 그 결과, 복음주의자들은 자신의 인생 여정에서 새로운 회중을 선택할 때 자연스럽게 교파 노선을 넘나들어 왔는데 그것은 무리한 일이 아니다. 복음주의자들의 지속적인 관심은 성경과 성경이 제시하는 복음이 그들의 예배 장소에서 충실하게 이행되는 것이며, 그들의 헌신은 보통 바로 이것이 실제로 일어나는 교회 공동체로 향한다.

9. 복음주의적 합의는 교회 일치적으로 의미심장한 실재다. 우리가 제시한 모든 선언문들은 위대한 교회 일치적 신조, 곧 사도신경과 니케아 신조, 그리고 그에 뒤이어 (예를 들면) 페트루스 롬바르두스(Peter Lombard)의 「신학명제집」(*Sentences*), 멜란히톤(Melanchthon)의 「신학요론」(*Loci*), 칼뱅의 「기독교 강요」(*Institutes*), 사도신경에 관한 존 피어슨의 글, 그리고 그 이후의 여러 조직적인 신앙 개괄 같은 것들의 해설 순서를 따르고 있다. 이러한 순서의 일관성은 우연한 것이 아니다. 이것은 삼위일체가 전체 기독교 진리를 포괄하기 위한 기초적인 성경적 틀이라는 것과 기독교 메시지는 세 가지 본질적인 부분(만유의 건설자이신 성부의 사역인 창조와 섭리; 만유의 중재자이신 성자의 은혜로운 사역인 화해, 부활, 구

속, 회복, 보상; 만유의 제작자이자 완성자이신 성령의 은혜로운 사역인 친교가 있는 용서, 성례가 있는 교회, 새 소망이 있는 새 생명)으로 구분할 때 가장 분명하게 드러난다는 통찰을 반영한다. 신적인 모든 세 위격이 모든 신적인 사역에 인격적으로 참여하시며, 그분들 중 누구도 홀로 행하실 수 없거나 없는 것처럼 보인다. 그러나 성경은 보통 우리가 지금 막 이야기한 세 가지 구분 가능한 신적 활동의 영역을 다룰 때에 다른 두 분보다 한 분에 더 초점을 맞춘다. 그래서 성부는 창조하시는 분으로, 성자는 구속하시는 분으로, 성령은 새롭게 하시는 분으로 계시된다. 이러한 점에서 역사적 신조들은 성경을 따르며, 오늘날 복음주의 선언들도 그렇게 한다. 자유주의 신학에 만연한 암묵적 유니테리언주의에 대한 방벽으로서, 이 전통적인 정렬 방식은 모든 시대의 전 세계 교회에게 가치가 있다. 그것을 능가할 수 있는 것은 없으며, 어떠한 다른 방식의 정렬도 이것만큼 좋지는 않다. 그러므로 복음주의적 합의는 이러한 점에서 옛길을 고수함으로써 교회를 섬기고 있다.

10. 복음주의적 합의는 명백하게 널리 퍼져 있다. 이 책 안에 문서화된 합의는 대부분 다소간 선교, 교육, 치료, 구제라는 목적을 지닌 독립적인 교회 병행 단체 협의회나 기관들 간에 반세기 동안의 수렴에서 싹튼 것이다. 또한 교회가 그리스도인이 부름받은 영역에서 해야 할 필요가 있는 것들을 충분하게-많은 경우, 전혀-하고 있지 않았다는 인식에서 나온 것이기도 하다. 이 단체들은 복음 진리를 전파하는 것과 모든 종류의 복음 사역을 지원하는 것을 통해 하나님께 영광을 돌

리며, 공공연하게 송영적 의도를 가지고 복음주의적 신앙을 때로 격력하게, 더욱 빈번하게는 협력적으로 선언했다.

선교 개척자들의 세계를 끌어안는 열정, 성경 교사들과 성경 대회 조직가들의 열정적인 성경 중심적 초점, 그리고 교회를 제대로 인도하지 못하고 기독교 선교에 대해 제대로 인식하지 못하는 자유주의 지도자들을 향한 분개에다 자유주의자들의 학문적이고 사회문화적인 방침에 맞서 언젠가는 자유주의자들을 패배시킬 수 있으리라는 대담한 꿈이 더해져, 이 모든 것이 교회 병행 단체의 진전에 공헌했으며, 많은 낙심 거리를 극복하고 여러 방면에서 주목할 만한 성취를 이루어 낸 활력과 강인함을 교회 병행 단체들에게 부여하였다. 교회 병행 단체들의 종교개혁적 확신들, 경건에 우선권을 둔 것, 돈과 문헌이라는 자원, 저돌적인 목회 전략과 계획, 곧 복음주의적 열정과 하나님을 위한 사역에 대한 열심을 다하는 헌신에서 나온 모든 것은 그 단체들을 무시하지 못할 만한 세력으로 만들었다. 교회 병행 단체들의 온전성에 관한 공격(기본적으로 두 가지: 지성적으로 반계몽주의적이고 지지될 수 없으며, 강력한 지도자들의 노리갯감에 불과하다는 공격)에 대해서는 확신에 찬 응답이 제시되었다. 교회 병행 단체는 그 지지자들에 대해 책임 있게 행하고 외부 사람들에 대해서는 아무런 숨김없이 투명하게 행함으로써 그러한 운동(독립적 개체들이 북적대는 집합 장소)이 적절하게 될 수 있을 정도로 그 모습에 있어 성숙하게 되었다. 모든 표지들은 단체들이 오늘날 그러한 모습대로 계속되고 있음을 나타낸다.

자유주의가 주도하는 교단의 교회들이 활력을 잃는 것과 달리, 교회적 책임 – 곧 새로운 회중을 심고, 돌보고, 섬기고, 지원할 책임과 죽어 가는 다른 자들을 부흥시킬 책임 – 에 대한 복음주의적 감각은 자라나고 있는 것처럼 보인다. 아마도 언제나 그렇지는 않겠지만, 지금은 그러하며, 이는 또한 지속될 것으로 보인다. 현재의 합의를 낳은 복음주의는 분파주의적이고 분리주의적인 것이 아니라 목회적이고, 결합력 있으며, 합의적이다. 기독교의 미래에 관심을 가지고 있는 모든 자들은 이것과 나란히 가야 할 필요가 있다. 이것은 명백하게 널리 퍼져 있다. 지금은 시류에서 벗어난 옛 교회 일치 운동은 한때 우리 시대의 위대하고 새로운 사실이라고 불렸던 적이 있다. 발전해 왔고 또 발전하고 있는 복음주의 운동은 그렇게 묘사될 분명한 자격이 있다.

우리는 한 번에 다 읽을 수 있을 뿐 아니라 미래의 참고 자료로도 사용할 수 있도록, 복음주의적 합의에 이른 신앙을 문서화하였다. 우리는 지금 동방 정교회나 로마 가톨릭, 자유주의, 세속적 탐구자들과 비평가들에게 복음주의 신념 체계의 주해적 근거, 성경적 충실성, 신학적 생존력, 이성적 타당성, 교회 일치적 가능성을 검토하도록 초청한다. 이것은 세상에 있는 신자들 중 매우 크고 지금도 성장하고 있는 권역의 신조이며, 이것은 성경적 중도주의의 우월한 입장을 담대히 주장하고 있다. 반드시 이것에 주의를 기울여야 한다.

복음주의의 소생

우리는 변호하려고 하기보다, 이 자료를 이해하는 데 도움을 줄 수 있는 사실적 언급만 하고자 했다. 그러나 글을 맺으면서 우리는 간략하게 우리의 의도를 보여 주고, 우리가 앞에서 집약해 놓은 합의에 동의하는 사람들을 향한 우리의 소망을 언급하고자 한다.

우리는 복음주의를 본질적으로 회복과 갱신을 위해 성령이 이끄는 운동으로 이해한다. 이 회복은 공교회적인 성경적 진리, 전통적인 기독교적 지혜, 예수 그리스도를 주님과 구세주로 선포하는 것, 회개를 촉구하는 죄에 대한 지식, 성령 안에서 예배와 증거와 섬김을 위한 능력의 회복을 말한다. 그리스도 안에 있는 새 생명을 공표하고 권유하고 표현하는 것은 항상 교회의 최우선 과제였으나 교회가 그 과제를 놓아 버리고 얼마간 그것에 충실하지 못한 — 우리 시대와 같은 — 시기들이 있었다. 그때에, 복음주의라 불리는 현상은 본질상 교회를 그 과제의 근원으로 회복시키고 적절한 사역을 행하도록 깨우기 위한 성령의 운동이다. 그러므로 복음주의는 먼저 복음의 진리를 위한 하나님이 주신 청지기적 책무이며, 개인적 신앙과 영성, 목회적 양육과 권징, 신학적 증거와 교육, 잃어버린 세상을 향해 나아가는 복음 전도 사역에서 왜곡된 것들을 소생시키고 부흥시키며 개혁하기 위해 하나님이 보내 주신 권능이다. 복음주의는 교리적 순수성, 그리스도를 닮은 성품과 행위, 튼튼한 개인적 영적 건강, 갈망과 기쁨에 찬 열정이 있는 예배를 회복하고자 한다. 또한 성경에 따른 교회 성장, 즉 먼저 질적인 성장(엡 4:11-16을 보라)을 이루고 그 틀 안에서의 양적인 성장(많은 복음주의자들이 질보다 숫자를 우선시하는 것을 교회 성장 운동이라고 보는 잘못을 범하고 있다)을 이루고자 하는 가치들의 회복을 추구한다. 복음주의적 합의는 복음주의적 실체를 수호한다. 복음주의적 실체는 본질적으로 하나님 그분의 말씀에 따라 그분 백성의 공동체로 들어가고 또 그 공동체로부터 나오는 새 생명이다.

복음주의는 미래의 물결로서 그것이 지닌 진리와 생명으로 인해 하나님의 복을 받을 준비가 되어 있다. 오늘날의 교회와 세계는 진리와 생명을 모두 필요로 한다. 이 운동이 지닌 교회적 정체성과 책임성에 대한 자각은 점점 더 증가하고 있는 것으로 보인다. 그리고 만일 그렇다면, 복음주의로 하여금 우리 시대의 가장 깊은 필요에 부응하게 하는 것은 하나님의 성령이다.

복음주의 안에는 내적 연약함이 늘어 갈 가능성이 있고, 한 세기 전에 개신교 교회를 풍미한 자유주의가 복음주의 운동을 여전히 독으로 생각하고 있으며 끝날까지(그날은 그리 멀지 않을 수도 있다) 그것을 방해할 것이라고 예상되기 때문에, 우리는 복음주의가 미래의 물결이 되지 않을 수도 있다는 것을 인식하고 있다. 그러나 우리가 진심으로 바라기는, 복음주의가 미래의 물결이 되는 것이다. 바로 복음주의 없이는 교회의 갱신이 가능하지 않을 것으로 보이기 때문이며, 교회 안의 새로운 영적·도덕적·지적·송영적 힘은 우리 대부분이 고대하며 갈망하는 것이기 때문이다.

"강림절 넷째 주일을 위한 성공회 기도집"은 그 모든 고풍스런 표현을 사용하면서 이 지점에서 우리의 마음을 말해 준다.

오 주여, (당신께 기도하나이다) 당신의 권능으로 일어나사 우리 가운데 오셔서 위대한 권능으로 우리를 구원하소서. 우리의 죄와 악으로 인해 우리 앞에 놓여 있는 경주를 달려가면서 심히 실망하고 방해를 겪지만, 당신의 풍성한 은혜와 자비가 신속히 우리를 돕고 구원할 것입니다. 우리를 속죄하신 당신의 아들 우리 주님께, 당신과 성령께 영예와 영광이 영원히 있기를. 아멘.

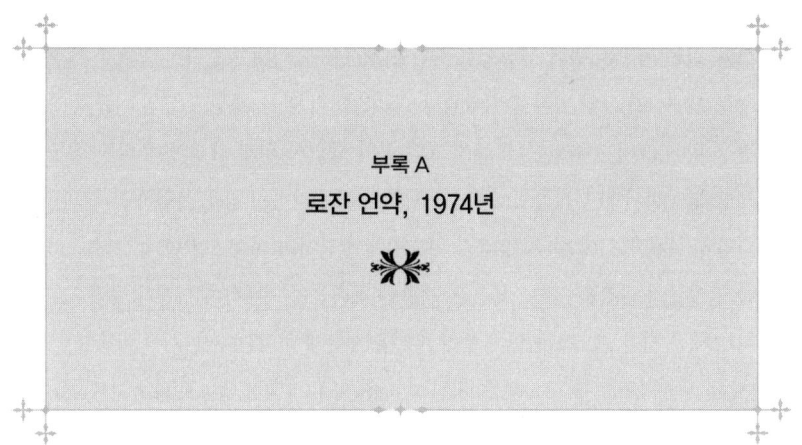

**부록 A
로잔 언약, 1974년**

서론

로잔에서 열린 세계 복음화 국제대회에 참가하기 위하여 150여 개 나라에서 온 예수 그리스도의 교회의 지체인 우리는, 크신 구원을 주신 하나님을 찬양하며, 하나님의 위대하신 구원으로 인해 그를 찬양하며 우리로 하나님과 교제하고 서로 교제하게 하심을 기뻐한다. 우리는 하나님이 우리 시대에 행하시는 일에 깊은 감동을 받으며, 우리의 실패를 통회하고 아직 끝나지 않은 복음화 과업에 도전을 받는다. 우리는 복음이 온 세상을 위한 하나님의 좋은 소식임을 믿으며 이 복음을 온 인류에게 선포하여 모든 민족을 제자 삼으라고 분부하신 그리스도의 명령에 순종할 것을 그의 은혜로 결심한다. 이에 우리는 우리의 신앙과 결단을 확언할 것을 열망한다.

1. 하나님의 목적

우리는 세상의 창조주이시며 주되신 영원한 한 분 하나님, 곧 성부, 성자, 성령에 대한 우리의 신앙을 확신한다. 하나님은 그의 뜻과 목적에 따라 만물을 통치하신다. 그는 자기을 위해 세상으로부터 한 백성을 불러내시고 다시 그들을 세상으로 보내시어 그의 나라를 확장하며, 그리스도의 몸을 세우고, 그의 이름의 영광을 위해 그의 부름받은 백성을 그의 종과 증인이 되게 하신다. 우리는 종종 세상에 동화되거나 세상으로부터 도피함으로 우리의 소명을 부인하고 우리의 사명을 실천하는 데 실패하였음을 부끄럽게 생각하며 이를 고백한다. 그러나 비록 질그릇에 담겼을지라도 복음은 귀중한 보배임을 기뻐하며 성령의 능력으로 이 보배를 널리 선포하는 일에 우리 자신을 새롭게 헌신한다.

(사 40:28; 마 28:19; 엡 1:11; 행 15:14; 요 17:6, 18; 엡 4:12; 고전 5:10; 롬 12:2; 고후 4:7)

2. 성경의 권위와 능력

우리는 신구약 성경이 하나님의 영감으로 기록되었음을 믿으며, 그 진실성과 권위를 믿는다. 성경 전체는 기록된, 하나님의 유일한 말씀으로서, 그 모든 가르치는 바에 전혀 착오가 없으며, 신앙과 실천의 유일하고도 정확무오한 척도임을 믿는다. 우리는 또한 그의 구원 목적을 이루는 말씀의 능력을 확신한다. 성경 말씀은 온 인류를 위한 것이다. 그리스도와 성경에 나타난 하나님의 계시는 불변하기 때문이다. 성령은 오늘도 그 계시를 통해 말씀하신다. 성령은 어떤 문화 속에서나 모든 하나님 백성의 마음을 조명하여 그들의 눈으로 이 진리를 새롭게 보게 하시고, 하나님의 각종 지혜를 온 교회에 더욱더 풍성하게 나타내신다.

(딤후 3:16; 벧후 1:21; 요 10:35; 사 55:11; 고전 1:21; 롬 1:16; 마 5:17, 18; 유 3절; 엡 1:17, 18; 3:10, 18).

3. 그리스도의 독특성과 보편성

우리는, 복음 전도의 방법은 다양하지만 구세주는 오직 한 분이시며 복음도 오직 하나임을 확신한다. 우리는 자연에 나타난 하나님의 일반 계시를 통해 모든 사람이 하나님에 관한 어느 정도의 지식을 갖고 있음을 인정한다. 그러나 우리는 사람이 이것으로 구원받을 수 있다는 주장은 부인한다. 이는 사람이 자신의 불의로써 진리를 억압하고 있기 때문이다. 우리는 또한 모든 종류의 혼합주의를 거부하며, 그리스도께서 어떤 종교나 어떤 이데올로기를 통해서도 동일하게 말씀하신다는 식의 대화는 그리스도와 복음을 손상시키므로 거부한다. 유일한 신인(神人)이신 예수 그리스도는 죄인을 위한 유일한 대속물로 자신을 주셨고, 하나님과 사람 사이의 유일한 중보자이시다. 예수님 외에 우리가 구원받을 다른 이름은 없다. 모든 사람은 죄로 인해 멸망할 수밖에 없다. 그러나 하나님은 모든 사람을 사랑하시기 때문에 한 사람도 멸망하지 않고 모두가 회개할 것을 원하신다. 그럼에도 불구하고 그리스도를 거절하는 자는 구원의 기쁨을 거부하며 스스로를 정죄함으로써 하나님으로부터 영원히 분리된다. 예수님을 '세상의 구주'로 전파하는 것은 모든 사람이 자동적으로 혹은 궁극적으로 구원받게 된다는 말이 아니며, 또 모든 종교가 그리스도 안에 있는 구원을 제공한다고 보장하는 것은 더욱 아니다. 예수님을 '세상의 구주'로 전하는 것은 오히려 죄인들이 사는 세상을 향해 하나님의 사랑을 선포하는 것이며, 마음을 다한 회개와 신앙의 인격적인 결단으로 예수님을 구세주와 주로 영접하도록 모든 사람을 초청하는 것이다. 예수 그리스도는 모든 이름 위에 높임을 받으셨다. 우리는 모든 사람이 그 앞에 무릎을 꿇고 모든 입이 그를 주로 고백하는 날이 오기를 고대한다.
(갈 1:6-9; 롬 1:18-32; 딤전 2:5-6; 행 4:12; 요 3:16-19; 벧후 3:9; 살후 1:7-9; 요 4:42; 마 11:28; 엡 1:20-21; 빌 2:9-11)

4. 복음 전도의 본질

복음 전도는 좋은 소식을 널리 전파하는 것이며, 좋은 소식은 예수 그리스도께서 성경대로 우리의 죄를 위해 죽으시고, 죽은 자들 가운데서 다시 살아나신 것과, 만물을 통치하시는 주로서 지금도 회개하고 믿는 모든 사람들의 죄를 용서하시고, 우리를 자유하게 하시는 성령의 은사를 공급하신다는 것이다. 전도하기 위해 그리스도인이 이 세상에 존재하는 것은 필수 불가하며, 상대방을 이해하려면 이야기를 경청하는 대화도 매우 중요하다. 그러나 복음 전도 자체는 사람들로 하여금 그리스도께 인격적으로 나아와 하나님과 화해하도록 설득하기 위해, 역사적이고 성경적인 그리스도를 구원자와 주로 선포하는 것이다. 복음에 초대할 때 우리는 제자도의 대가를 치러야 한다는 사실을 무시해서는 안 된다. 예수님은 여전히 그를 따르는 모든 사람으로 하여금 자기를 부인하고, 자기 십자가를 지고, 그들이 새로운 공동체에 속하였음을 분명히 하도록 부르신다. 복음 전도의 결과는 그리스도께 대한 순종과 그의 교회로의 연합, 세상에서의 책임 있는 섬김을 포함한다.

(고전 15:3, 4; 행 2:32-39; 요 20:21; 고전 1:23; 고후 4:5; 5:11, 20; 눅 14:25-33; 막 8:34; 행 2:40, 47; 막 10:43-45)

5. 그리스도인의 사회적 책임

우리는 하나님이 모든 사람의 창조주이시요, 동시에 심판자이심을 믿는다. 그러므로 우리는 인간 사회 어느 곳에서나 정의와 화해를 구현하고 인간을 모든 종류의 억압으로부터 해방시키려는 하나님의 관심에 동참하여야 한다. 사람은 하나님의 형상대로 창조되었기 때문에 인종, 종교, 피부색, 문화, 계급, 성 또는 연령의 구별 없이 모든 사람은 천부적 존엄성을 지니고 있으며, 따라서 누구나 존경받고 섬김을 받아야 하며 착취당해서는 안 된다. 이 사실을 우리는 등한시해 왔고, 때로 복음 전도와 사회 참여를 서로 상반된 것으로 여겼던 것을 뉘우친다. 물론 사람과의 화해가 곧 하나님과의 화해는 아니며 또 사회 참여가 곧 복음 전도일 수 없으며 정치적 해방이 곧 구원은 아닐지라도, 우리는 복음 전도와 사회 정치적 참여가 우리 그리스도인의 의무의 두 부분임을 확언한다. 이 두 부분은 모두 하나님과 인간에 대한 우리의 교리, 이웃을 향한 우리의 사랑, 그리고 예수 그리스도에 대한 우리의 순종을 나타내는 데 필수적이다. 구원의 메시지는 모든 소외와 억압과 차별에 대한 심판의 메시지를 내포한다. 그러므로 우리는 악과 불의가 있는 곳 어디에서든지 이것을 고발하는 일을 두려워해서는 안 된다. 사람이 그리스도를 영접하면 하나님 나라 백성으로 거듭난다. 따라서 그들은 불의한 세상 속에서 그 나라의 의를 나타낼 뿐만 아니라 그 나라의 의를 전파하기에 힘써야 한다. 우리가 선포하는 구원은 우리로 하여금 개인적 책임과 사회적 책임을 총체적으로 수행하도록 우리를 변화시켜야 한다. 행함이 없는 믿음은 죽은 것이다.

(행 17:26, 31; 창 18:25; 사 1:17; 시 45:7; 창 1:26, 27; 약 3:9; 레 19:18; 눅 6:27, 35; 약 2:14-26; 요 3:3, 5; 마 5:20; 6:33; 고후 3:18; 약 2:20)

6. 교회와 복음 전도

하나님 아버지가 그리스도를 세상에 보내신 것같이, 그리스도 역시 그의 구속받은 백성을 세상으로 보내신다는 것을 우리는 믿는다. 이 소명은 그리스도가 하신 것같이 세상 깊숙이 파고드는 희생적인 침투를 요구한다. 우리는 교회의 울타리를 헐고 비그리스도인 사회에 스며들어가야 한다. 교회가 희생적으로 해야 할 일 중에서 복음 전도가 최우선이다. 세계 복음화는 온 교회가 온전한 복음을 온 세상에 전파할 것을 요구한다. 교회는 하나님의 우주적인 목적의 바로 중심에 서 있으며, 복음을 전파할 목적으로 하나님이 지정하신 수단이다. 그러나 십자가를 전하는 교회는 스스로 십자가의 흔적을 지녀야 한다. 교회가 만일 복음을 배반하거나, 하나님에 대한 산 믿음이 없거나, 혹은 사람에 대한 사랑이 없거나, 사업 추진과 재정을 포함한 모든 일에 있어 철저한 정직성이 결여될 때,

교회는 오히려 복음 전도의 장애물이 되어 버린다. 교회는 하나의 기관이기보다 하나님의 백성의 공동체다. 따라서 어떤 특정한 문화적·사회적 또는 정치적 체제나 인간의 이데올로기와 동일시되어서는 안 된다.

(요 17:18; 20:21; 마 28:19, 20; 행 1:8; 20:27; 엡 1:9, 10; 3:9-11; 갈 6:14, 17; 고후 6:3, 4; 딤후 2:19-21; 빌 1:27)

7. 복음 전도를 위한 협력

교회가 진리 안에서 가시적으로 일치를 이루는 것이 하나님의 목적임을 우리는 확신한다. 복음 전도는 또한 우리를 하나가 되도록 부른다. 왜냐하면 우리의 불일치가 우리가 전하는 화해의 복음을 손상시키는 것 같이, 우리의 하나됨은 우리의 증거를 힘 있게 만들기 때문이다. 그렇지만 조직적인 일치단결은 여러 형태가 있고, 그것이 반드시 복음 전도를 진척시키지 않을 수도 있음을 인정한다. 그럼에도 불구하고 동일한 성경적 신앙을 소유한 우리는 교제와 사역과 복음 전도에 있어서 긴밀하게 일치단결해야만 한다. 우리의 증언이 때로 죄악된 개인주의와 불필요한 중복으로 인해 훼손되었던 것을 고백한다. 우리는 진리와 예배와 거룩함과 선교에 있어서 좀더 깊은 일치를 추구할 것을 약속한다. 우리는 교회의 선교를 확장하기 위해, 전략적인 계획을 위해, 서로 격려하기 위해 그리고 자원과 경험을 서로 나누기 위해 지역적이며 기능적인 협력을 개발할 것을 촉구한다.

(요 17:21, 23; 엡 4:3, 4; 요 13:35; 빌 1:27; 요 17:11-23)

8. 교회의 선교 협력

선교의 새 시대가 동트고 있음을 우리는 기뻐한다. 서구 선교의 주도적 역할은 급속히 사라지고 있다. 하나님은 신생 교회들 중에서 세계 복음화를 위한 위대하고도 새로운 자원을 불러일으키신다. 그렇게 해서 복음 전도의 책임이 그리스도의 몸 전체에 속한 것임을 밝히 보여 주신다. 그러므로 모든 교회는 자기가 속해 있는 지역을 복음화함과 동시에 세계의 다른 지역에도 선교사를 보내기 위해 무엇을 해야 하는지 하나님과 자신에게 질문해야 한다. 우리의 선교적 책임과 선교적 역할에 대한 재평가는 계속되어야 한다. 이렇게 해서 교회들 간의 협력은 더욱 강화될 것이며, 그리스도의 교회의 보편성은 더 분명하게 드러날 것이다. 우리는 또한 성경 번역, 신학 교육, 방송매체, 기독교 문서 사역, 복음 전도, 선교, 교회 갱신, 기타 전문 분야에서 일하는 여러 단체들로 인해 하나님께 감사한다. 아울러 이런 단체들도 교회 선교의 한 사역자로서 그 효율성을 평가하기 위해 지속적인 자기 검토를 해야 한다.

(롬 1:8; 빌 1:5; 4:15; 행 13:1-3; 살전 1:6-8)

9. 복음 전도의 긴박성

인류의 3분의 2 이상에 해당하는 27억 이상의 인구(1974년 자료)가 아직도 복음화되어야 한다. 우리는 이토록 많은 사람을 아직도 등한시하고 있다는 사실을 부끄럽게 생각한다. 이는 우리와 온 교회를 향해 끊임없이 제기되는 비판이다. 그러나 오늘날 세계 도처에서는 주 예수 그리스도에 대해 전례 없는 수용 자세를 보이고 있다. 지금이야말로 교회와 모든 선교 단체들이 복음화되지 못한 이들의 구원을 위해 열심히 기도하고, 세계 복음화를 성취하기 위한 새로운 노력을 시도해야 할 때임을 확신한다. 이미 복음이 전파된 나라에 있는 해외 선교사와 그들의 선교비를 감축하는 일은, 토착 교회의 자립심을 기르기 위해 혹은 아직 복음화되지 않은 지역으로 그 자원을 내보내기 위해 때로 필요한 경우가 있을 것이다. 선교사들이 겸손한 섬김의 정신으로 더욱더 자유롭게 육대주 전역에 걸쳐 교류해야 한다. 가능한 모든 수단을 총동원해서, 되도록 빠른 시일 안에 한 사람도 빠짐없이 이 좋은 소식을 듣고, 깨닫고, 받아들일 기회를 얻는 것이 목표다. 희생 없이 목표를 성취하는 것을 기대할 수는 없다. 수많은 사람들이 겪는 빈곤에 우리 모두가 충격을 받으며, 이 빈곤의 원인인 불의에 대하여 분개한다. 우리 중에 풍요한 환경 속에 살고 있는 이들은 검소한 생활양식을 개발해서 구제와 복음 전도에 보다 많이 공헌하는 것이 우리의 의무임을 확신한다.

(요 9:4; 마 9:35-38; 롬 9:1-3; 고전 9:19-23; 막 16:15; 사 58:6, 7; 약 1:27; 2:1-9; 마 25:31-46; 행 2:44, 45; 4:34, 35)

10. 복음 전도와 문화

세계 복음화를 위한 전략 개발에는 상상력 풍부한 개척 방법이 요청된다. 하나님의 뜻을 따라 전도한다면, 그리스도 안에 깊이 뿌리내리면서도 자신들의 문화에 적합하게 맞추어진 여러 교회들이 일어날 것이다. 문화는 항상 성경을 기준으로 검토되고 판단되어야 한다. 사람은 하나님의 피조물이기 때문에 인류 문화의 어떤 것은 매우 아름답고 선하다. 그러나 인간의 타락으로 인해 그 전부가 죄로 물들었고, 어떤 것은 악마적이기도 하다. 복음은 한 문화가 다른 어떤 문화보다 우월하다고 전제하지 않는다. 오히려 복음은 모든 문화를 그 자체의 진리와 정의의 표준으로 평가하고, 모든 문화에 있어서 도덕적 절대성을 주장한다. 지금까지의 선교는 복음과 함께 이국의 문화를 수출하는 일이 너무 많았고, 때로는 교회가 성경보다 문화에 속박되는 경우가 많았다. 그리스도의 복음 전도자는 다른 사람의 종이 되기 위해, 개인의 인격적인 진정성을 제외한 나머지 부분에서 겸손히 자신을 온전히 비우기를 힘써야 한다. 또한 교회는 문화를 변혁하고 풍요롭게 만들고자 애쓰되, 모든 것을 하나님의 영광을 위해서 해야만 한다.

(막 7:8, 9, 13; 창 4:21, 22; 고전 9:19-23; 빌 2:5-7; 고후 4:5)

11. 교육과 리더십

우리는 때때로 교회 성장을 촉구한 나머지 교회의 깊이를 포기하는 결과를 가져왔고, 복음 전도와 신앙적 양육을 분리해 왔음을 고백한다. 또한 우리 선교 단체들 중에는, 현지 지도자들이 그들의 마땅한 책임을 감당할 수 있도록 준비시키고 격려하는 일에 매우 소홀했음을 인정한다. 그러나 이제 우리는 토착화 원칙을 믿고 있으며 모든 교회가 현지 지도자들을 세워, 지배자로서가 아닌 봉사자로서의 기독교 지도자상을 제시할 수 있기를 열망한다. 우리는 신학 교육, 특히 교회 지도자들을 위한 신학 교육이 개선되어야 할 필요가 있다는 점을 인정한다. 모든 민족과 문화권에서 교리, 제자도, 복음 전도, 교육 및 봉사의 각 분야에 목회자, 평신도를 위한 효과적인 훈련 프로그램이 수립되어야 한다. 그러한 훈련 프로그램은 틀에 박힌 전형적인 방법에 의존할 것이 아니라 성경적 기준을 따라 지역적인 독창성을 바탕으로 개발되어야 한다.

(골 1:27, 28; 행 14:23; 딛 1:5, 9; 막 10:42-45; 엡 4:11, 12)

12. 영적 전쟁

우리는 우리가 악의 권세들, 그리고 악한 능력들과의 부단한 영적 전쟁에 참여하고 있음을 믿는다. 그 세력들은 교회를 전복시키고 세계 복음화를 위한 교회의 사역을 좌절시키려고 한다. 우리는 하나님의 전신갑주로 자신을 무장하고, 진리와 기도의 영적 무기를 가지고 이 싸움을 싸워야 한다는 것을 안다. 우리는, 교회 밖에서 잘못된 이데올로기를 통해서뿐만 아니라, 교회 안에서 잘못된 복음, 즉 성경을 왜곡시키며 사람을 하나님의 자리에 올려놓는 일을 통해서도 적들의 활동을 감지할 수 있기 때문이다. 따라서 우리는 성경적인 복음을 수호하기 위해 깨어 있어야 하며, 분별력을 갖고 있어야 한다. 우리는 우리 자신이 세속적인 생각과 행위, 즉 세속주의에 대항할 수 있는 면역력을 갖고 있지 않다는 사실을 인정한다. 예를 들어, 숫자적으로나 영적으로 교회 성장에 대해 주의 깊게 연구하는 것은 정당하고 가치 있는 일임에도, 우리는 종종 이런 연구를 게을리하였다. 반면, 어떤 경우에는 복음에 대한 반응에만 열중한 나머지 우리의 메시지를 타협했고, 강압적 기교를 통해 청중을 교묘히 조종하였고, 지나치게 통계에 집착한 나머지 통계를 부정직하게 기록하는 경우도 있었다. 이 모든 것이 세속적인 것이다. 교회는 세상 속에 있어야 하지만, 세상이 교회 속에 있어서는 안 된다.
(엡 6:12; 고후 4:3, 4; 엡 6:11, 13-18; 고후 10:3-5; 요일 2:18-26; 4:1-3; 갈 1:6-9; 고후 2:17; 4:2; 요 17:15).

13. 자유와 핍박

교회가 간섭받지 않으면서 하나님께 순종하고, 주 예수 그리스도를 섬기며, 복음을 전할 수 있도록 평화, 정의, 자유를 보장해야 할 의무는 하나님이 모든 정부에게 지정하신 의무이다. 그러므로 우리는 국가의 지도자들을 위하여 기도하며, 그들이 사상과 양심의 자유를 보장하고 하나님의 뜻을 따라 그리고 "세계 인권 선언"에 규정한 바와 같이 종교를 믿으며 전파할 자유를 보장해 줄 것을 요청한다. 우리는 또한 부당하게 투옥된 모든 자들, 특히 주 예수를 증거한다는 이유로 고난받는 우리의 형제들에 대한 깊은 우려를 표한다. 우리는 그들의 자유를 위해 기도하며 힘쓸 것을 약속한다. 동시에 우리는 그들의 생명을 담보로 한 협박을 거부한다. 하나님이 우리를 도우시기 때문에, 우리도 어떤 대가를 치르더라도 불의에 대항하고 복음에 신실함을 지킬 것이다. 우리는 핍박이 불가피하다는 예수님의 경고를 잊지 않는다.
(딤전 1:1-4; 행 4:19; 5:29; 골 3:24; 히 13:1-3; 눅 4:18; 갈 5:11; 6:12; 마 5:10-12; 요 15:18-21)

14. 성령의 능력

우리는 성령의 능력을 믿는다. 아버지 하나님은 아들을 증거하라고 그의 영을 보내셨다. 그의 증거 없는 우리의 증거는 헛되다. 죄를 깨닫고, 그리스도를 믿고, 거듭나서 그리스도인으로 성장하는 이 모든 것은 성령의 역사다. 뿐만 아니라 성령은 선교의 영이다. 그러므로 복음 전도는 성령 충만한 교회에서 자발적으로 일어나야 한다. 선교적이지 않은 교회는 자기모순에 빠져 있는 것이요, 성령을 소멸하고 있는 것이다. 전 세계 복음화는 오직 성령이 교회를 진리와 지혜, 믿음, 거룩함, 사랑과 능력으로 새롭게 할 때에만 실현 가능하게 될 것이다. 그러므로 우리는 모든 그리스도인들에게 요청한다. 주권적인 하나님의 성령이 우리를 찾아오셔서 성령의 모든 열매가 그의 모든 백성에게 나타나고, 그의 모든 은사가 그리스도의 몸을 풍성하게 하기를 기도하기 바란다. 그때에야 비로소 온 교회가 하나님의 손에 있는 합당한 도구가 될 것이요, 온 땅이 하나님의 음성을 듣게 될 것이다.

(고전 2:4; 요 15:26, 27; 16:8-11; 고전 12:3; 요 3:6-8; 고후 3:18; 요 7:37-39; 살전 5:19; 행 1:8; 시 85:4-7; 67:1-3; 갈 5:22, 23; 고전 12:4-31; 롬 12:3-8)

15. 그리스도의 재림

우리는 예수 그리스도께서 친히 권능과 영광 중에 인격적으로 또 눈으로 볼 수 있게 재림하셔서 그의 구원과 심판을 완성하실 것을 믿는다. 이 재림의 약속은 우리의 복음 전도에 박차를 가한다. 이는, 먼저 복음이 모든 민족에게 전파되어야 한다고 하신 그의 말씀을 우리가 기억하기 때문이다. 그리스도의 승천과 재림 사이의 중간 기간은 하나님 백성의 선교로 채워져야 하며, 종말 이전에는 우리에게 이 일을 멈출 자유가 없다. 우리는 또한 마지막 적그리스도에 앞서서 거짓 그리스도들과 거짓 선지자들이 일어나리라는 그의 경고를 기억한다. 그러므로 우리는 인간이 이 땅 위에 유토피아를 건설할 수 있다는 생각은 오만한 자기 확신의 환상으로 간주해 이를 거부한다. 우리 그리스도인들은 하나님이 그의 나라를 완성하실 것이요, 우리는 그 날을 간절히 사모하며 또 의가 거하고 하나님이 영원히 통치하실 새 하늘과 새 땅을 간절히 고대하고 있음을 확신한다. 그때까지 우리는 우리의 삶 전체를 지배하시는 그의 권위에 기꺼이 순종함으로 그리스도와 사람들을 섬기는 일에 우리 자신을 다시 드린다.

(막 14:62; 히 9:28; 막 13:10; 행 1:8-11; 마 28:20; 막 13:21-23; 요 2:18; 4:1-3; 눅 12:32; 계 21:1-5; 벧후 3:13; 마 28:18)

결론

그러므로 이와 같은 우리의 믿음과 우리의 결심에 따라 우리는 온 세계 복음화를 위해 함께 기도하며, 계획하고, 일할 것을 하나님과 우리 상호 간에 엄숙히 서약한다. 우리는 다른 사람들도 이 일에 우리와 함께 동참할 것을 호소한다. 우리로 하여금 하나님의 영광을 위해 이 언약에 신실하도록 그의 은혜로 도와주시기를 기도한다. 아멘. 할렐루야!

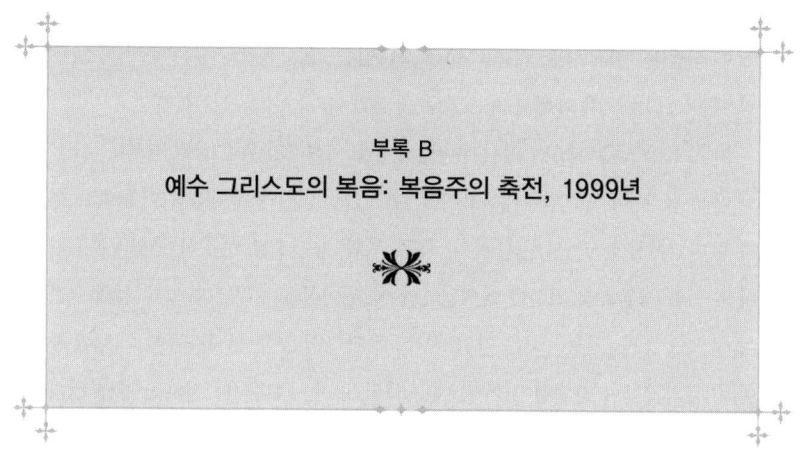

> 하나님이 세상을 이처럼 사랑하사
> 독생자를 주셨으니,
> 이는 그를 믿는 자마다
> 멸망하지 않고
> 영생을 얻게 하려 하심이라.
>
> **요한복음 3:16**

> 여호와를 찬송할 것은
> 극히 아름다운 일을 하셨음이니
> 이를 온 땅에 알게 할지어다.
>
> **이사야 12:5**

서언

예수 그리스도의 복음은 소식, 곧 좋은 소식이다. 이 소식은 인간이 들어 본 가장 좋고 가장 중요한 소식이다.

이 복음은 평화, 사랑, 기쁨 가운데 하나님을 아는 유일한 길은 다시 사신 주님 예수 그리스도의 화해케 하는 죽음을 통해서라는 것을 선언한다.

이 복음은 성경의 중심 메시지이며, 성경을 이해하기 위한 참된 열쇠다.

이 복음은 이스라엘의 메시아이신 예수 그리스도가 하나님의 아들이자 성자 하나님이심을, 곧 성육신, 사역, 죽음, 부활, 승천으로 성부의 구원하시고자 하는 뜻을 성취하신 거룩한 삼위일체의 제2위이심을 드러낸다. 죄를 위해 그분이 죽으신 것과 그분이 죽은 자들로부터 부활하신 것은 선지자들이 약속한 것이며, 목격자들이 증언한 것이다. 예수 그리스도는 하나님이 정하신 때에 정하신 방식으로 만물의 영광스러운 주와 심판주로 다시 오실 것이다(살전 4:13-18; 마 25:31-32). 그분은 지금, 참으로 그분에게 속한 모든 자에게 성부로부터 성령을 주시고 계신다. 삼위일체의 세 위격은 죄인들을 구원하는 사역 가운데 협력하신다.

이 복음은 예수 그리스도를 그분을 신뢰하는 모든 자의 살아 계신 구세주, 주인, 생명, 소망으로 제시한다. 이 복음은 모든 사람의 영원한 운명이 그들이 구원과 관련하여 예수 그리스도와 연결되어 있는지에 달려 있다고 말해 준다.

이 복음은 유일한 복음이다. 다른 복음은 없다. 그 본질을 변경하는 것은 복음을 왜곡하고, 결국 파괴하는 것이다. 이 복음은 아주 단순해서 어린아이들도 이해할 수 있으며, 아주 심오해서 가장 현명한 신학자들의 연구라도 그 풍요함을 다 파악할 수 없다.

모든 그리스도인은 사랑 가운데 하나 되고 진리 가운데 하나 되도록 부름받았다. 우리는 우리의 이름 자체를 복음에서 가져온 복음주의자로서, 하나님이 예수 그리스도 안에서 행하신 구원 사역에 대한 이 위대한 좋은 소식이 - 조직된 교회와 교파 사이에서든, 그리스도인들이 함께하는 많은 초교파적 협력 단체에서든 간에 - 그리스도인을 하나로 묶는 참된 유대로 여기며 경축한다.

성경은 그리스도와 그분의 복음을 참으로 신뢰하는 모든 자가 은혜로 말미암은 하나님의 아들과 딸이며, 따라서 그리스도 안에서 우리의 형제이고 자매라는 것을 선언한다.

의롭다 함을 받은 모든 자들은 하나님과의 화해, 죄의 완전한 용서, 어둠의 나라에서 빛의 나라로의 이행, 그리스도 안의 새로운 피조물이 된다는 것의 실재, 성령의 교제를 경험한다. 이들은 그로 인한 모든 평안과 기쁨을 가지고 성부께 즐거이 나아간다.

복음은 모든 신자에게 예배할 것을 요구하며, 예배는 하나님께 지속적으로 찬양하고 감사하는 것, 하나님이 기록된 말씀으로 계시하신 모든 것에 복종하는 것, 기도하며 그분을 의지하는 것, 부주의하게 하나님의 진리를 타협하거나 모호해지지 않도록 경계하는 것을 의미한다.

복음의 기쁨과 소망을 나누는 것은 최고의 특권이다. 그러한 나눔은 예수 그리스도의 대위임령이 여전히 유효하기에, 변치 않는 의무이다. 예수님은 모든 곳에 복음을 선포하여, 가르치고, 세례를 주고, 제자를 삼으라고 말씀하셨다.

우리는 다음과 같은 선언을 채택하면서, 이러한 과제에 대한 우리의 헌신을 단언하고, 그 헌신과 함께 예수 그리스도에 대한, 복음 자체에 대한, 동료 복음주의 신자들인 다른 사람들에 대한 우리의 신의를 단언한다.

복음

예수 그리스도의 이 복음은 하나님이 무류한 성경 안에 공포하신 것으로 하나님 나라의 현재적 실제에 대한 예수님 자신의 선포와 그리스도의 위격, 신분, 사역, 그리고 죄인된 인간이 그로 인해 어떻게 유익을 얻는지에 대한 사도들의 설명을 결합한다. 교부들의 신앙 규범, 역사적 신조들, 종교개혁 신앙 고백, 그리고 그 이후의 복음주의 지체들의 교리적 기초는 모두 이러한 성경의 메시지가 담고 있는 실체를 증거한다.

복음의 핵심은 인간의 적대와 반역에 직면한 우리의 거룩하고 사랑 많으신 창조주가 자신의 자유와 신실하심 가운데 우리의 거룩하고 사랑 많으신 구속주와 회복자가 되시기로 선택하셨다는 것이다. 성부는 성자를 보내셔서 세상의 구세주가 되게 하셨다(요일 4:14). 하나님의 유일한 구원 계획은 그분의 오직 한 분 아들을 통해서 이행된다. 그래서 베드로는 "다른 이로써는 구원을 받을 수 없나니 천하 사람 중에 구원을 받을 만한 다른 이름을 우리에게 주신 일이 없음이라"고 전하였다(행 4:12). 그리고 그리스도가 직접 "내가 곧 길이요 진리요 생명이니 나로 말미암지 않고는 아버지께로 올 자가 없느니라"고 가르치셨다(요 14:6).

인간 ㅣ 우리는 우리 인간이 하나님과 교제를 나누도록 만들어졌지만 본성상 – 즉 "아담 안에서"(고전 15:22) – 죄 가운데 죽었고, 창조자에게 반응하지 못하며, 그분으로부터 분리되었다는 것을 복음을 통해 배운다. 우리는 끊임없이 하나님의 진리를 왜곡하고, 그분의 율법을 어기며, 그분의 목표와 표준을 비하하고, 우리의 거룩하지 못함으로 그분의 거룩함을 범하고 있다. 그래서 우리는 참으로 "세상에서 소망이 없고 하나님도 없는 자였다"(롬 1:18-32; 3:9-20; 엡 2:1-3, 12). 그러나 하나님은 은혜 안에서, 주도적으로 자신의 사랑하는 아들의 죄 없는 삶과 대리적 죽음을 통하여 우리로 하여금 하나님과 화해하게 하신다(엡 2:4-10; 롬 3:21-24).

속죄 ㅣ 성부는 성자를 보내시어 우리를 죄와 사탄의 지배에서 자유케 하셨으며, 우리로 하여금 하나님의 자녀와 친구가 되게 하셨다. 예수님은 십자가 위에서 우리를 대신해 우리 죗값을 치르셨으며, 희생의 피를 흘리시어 하나님의 정의에 대한 응보적 요구를 만족시키셨다. 그래서 그분을 신뢰하는 모든 자를 위한 칭의를 가능하게 하셨다(롬 3:25-26). 성서는 이러한 위대한 대속적 해결을 대속물, 화해, 구속, 속죄, 악의 권세에 대한 정복으로 설명한다(마 20:28; 고후 5:18-21; 롬 3:23-25; 요 12:31; 골 2:15). 그것은 하나님과의 회복된 관계를 보증하며, 우리에게 용서와 평안, 용납과 나아감, 하나님의 가족으로 입양됨을 가져다준다(골 1:20; 2:13-14; 롬 5:1-2; 갈 4:4-7; 벧전 3:18). 복음이 우리를 불러서 이르게 하는 하나님과 그리스도에 대한 신앙은 이렇게 약속된 것이며 제공되어 있는 유익들을 붙잡기 위해 마음으로 신뢰하며 출발하는 것이다.

더욱이 이 복음은 예수님의 육체적 부활, 승천, 보좌에 앉으심이 우리를 위한 그분의 영단번의 희생 제사의 효력, 우리를 향해 현재 인격적으로 사역하시는 그분의 실재, 우리를 영화에 이르게 할 그분의 미래 재림의 확실성에 대한 증거라고 선포한다(고전 15장; 히 1:1-4; 2:1-18; 4:14-16; 7:1-10:25). 복음이 제시하는 신앙의 삶에서, 신자는 부활하신 주님과 연합하고, 주님과 친교를 나누며, 회개하고, 성령을 통해 능력을 부어주실 것을 소망하는 가운데 주님을 기대한다. 그래서 이후로 신자들은 죄를 짓지 않고 주님을 참되게 섬길 것이다.

칭의 ㅣ 복음에 따르면, 하나님을 신뢰하는 자들을 향한 칭의는 지금 여기에서 단번에 이루어진다. 이는 죄로 인한 저주와 진노의 상태에서 용납과 호의의 상태로 이행하는 것이며, 그리스도가 자발적인 죄를 담당하사 죽으신 것에서 정점에 이른 그분의 흠 없는 순종으로 말미암은 것이다. 하나님은 경건치 않은 자를 의롭다고 보고(간주하고, 그렇게 여기고, 셈하시고) 그들의 죄를 인정하지 않으심으로써(롬 4:1-8) "경건치 아니한 자를 의롭다 하신다"(롬 4:5). 죄인들은 그리스도만을 믿는 신앙을 통해 "의의 선물"(롬 1:17; 5:17; 빌 3:9)을 받고, 죄인들을 위해 "죄로 삼은 바 되신" 그분 안에서 "하나님의 의"가 된다(고후 5:21).

우리의 죄가 그리스도의 것으로 간주되듯이, 그리스도의 의는 우리의 것으로 간주된다. 이것이 그리스도의 의가 전가됨으로써 얻는 칭의다. 우리가 이를 위해 가지고 나아와야 할 것은 그리스도의 의에 대한 우리의 필요뿐이다.

신앙 | 우리에게 신앙을 부여하신 하나님, 곧 성부, 성자, 성령을 믿는 우리의 신앙은 그 자체가 하나님의 은혜로 인한 열매다. 신앙은 우리를 그리스도와 연결시켜 구원을 얻게 한다. 그러나 신앙은 우리에게 아무런 공로가 없다는 것을 인정하는 것이기에, 신앙은 공로 있는 업적이 아니라는 것은 의심할 여지가 없다.

복음은 자신의 삶을 예수 그리스도께 맡기는 사람은 모두 거듭난 하나님의 자녀이며(요 1:12), 성령이 그 안에 거하시고, 능력을 부어 주시며, 자신의 신분과 소망에 대한 확신을 갖게 된다(롬 7:6; 8:9-17)는 것을 우리에게 확신시킨다. 우리가 그리스도를 참되게 믿는 순간, 성부는 우리를 그리스도 안에서 의롭다고 선언하시고, 우리가 그리스도의 형상을 닮게 하는 일을 시작하신다. 순전한 신앙은 예수 그리스도를 주님으로 인정하고 의지하며, 하나님의 명령에 점점 더 순종함으로써 신앙을 드러낸다. 그러나 이러한 순종이 결코 우리의 칭의를 위한 근거로 기여하지는 않는다(약 2:14-26; 히 6:1-12).

성화 | 그리스도는 그분의 거룩하게 하시는 은혜로써 우리 안에서 우리의 믿음을 통해 일하신다. 그분은 우리의 타락한 본성을 다시 새롭게 하시고, 우리를 진정한 성숙함, 곧 "그리스도의 장성한 분량의 충만함"에 이르게 하신다(엡 4:13). 복음은 우리를 그리스도께 순종하는 종으로서 그리고 세상 가운데 그리스도의 사자로서 살도록 우리를 불러서, 공의를 행하고 자비를 사랑하며 궁핍한 모든 자를 돕고, 그리스도의 나라를 힘써 증거하게 한다. 신자가 죽음에 이를 때, 그리스도는 신자를 자신에게로 이끌어(빌 1:21) 끊임없이 하나님을 예배하는 가운데 상상할 수 없었던 기쁨을 누리게 하신다(계 22:1-5).

구원 | 완전한 의미의 구원은 과거의 죄책, 현재의 죄의 권세, 미래의 죄의 현존으로부터의 구원이다. 그러므로 신자들은 지금 구원을 미리 맛보고 즐거워하지만, 그들은 여전히 완전한 구원을 기다린다(막 14:61-62; 히 9:28). 구원은 삼위일체적 실재로 성부가 주도하시고, 성자가 이행하시며, 성령이 적용하신다. 하나

님의 계획은 모든 족속과 방언으로부터 신자를 구원하사(계 5:9) 그들이 하나님의 교회, 새로운 인간, 하나님 백성, 그리스도의 몸과 신부, 성령의 공동체가 되게 하시려는 것이기에, 구원은 전 지구적인 차원의 것이다. 최종적 구원을 받는 모든 상속자는 지금 여기서 주님과 서로를 사랑 가운데서 섬기고, 그리스도의 고난의 교제를 나누며, 전 세계에 그리스도를 알리기 위해 함께 수고하도록 부름받았다.

최후의 심판 ǀ 우리는 복음으로부터 모든 사람이 죄를 범했고, 그래서 그리스도를 영접하지 않는 모든 자는 하나님의 거룩한 율법이 판단하는 대로 그들의 정당한 공과에 따라 심판을 받고 영원한 응보의 심판을 받을 것임을 배운다.

복음주의적 일치 ǀ

복음 가운데 하나됨 그리스도인들은 서로 다른 인종, 성별, 특권, 사회·정치·경제적 배경에도 불구하고 서로 사랑하고(요 13:34-35; 갈 3:28-29), 언제든 가능한 한 한 마음을 품으라고(요 17:20-21; 빌 2:2; 롬 14:1-15:13) 명령받는다. 우리는 그리스도인 사이의 분열이 세상 속에서 우리가 증거하는 데 방해가 된다는 것을 알고 있다. 우리는 서로를 더 많이 이해하길 원하며, 사랑 가운데 진리를 말하길 원한다. 또한 우리는 하나님의 계시된 진리를 위탁받은 자로서 거짓 평화를 위해 하나님의 진리를 희생시킬 수 있는 교리적 무차별주의나 상대주의는 어떤 형태로도 받아들일 수 없다는 것을 알고 있다.

교리적 불일치에는 토론이 필요하다. 서로 더 깊이 이해하고, 만일 가능하다면 서로 간의 차이를 좁히려는 대화는 가치 있으며, 특히 그 분명한 목표가 부차적인 것에서는 자유를 추구하면서도 근본적인 것에서는 일치를 추구하고, 모든 일에 있어서는 자애를 추구하는 것일 때, 더욱 가치 있다.

앞에서 우리는 복음주의자들이 이해하기에 어떤 것이 복음에 근본적이고 핵심적인지를 밝히려고 시도했다. 그러나 유용한 대화는 우리의 태도가 자애로울 뿐 아니라 우리의 진술이 명료할 것을 요구한다. 오직 믿음으로만 오직 그리스도를 통하여 의롭다함을 받는 것에 대해 우리가 자세하게 분석한 것은 복음의 진리가 절대적인 중요성을 지니고 있지만, 언제나 제대로 이해되고 정확하게 확정되는 것은 아니라는 점을 반영한다. 우리는 하나님의 진리와 그리스도의 교회에 대한 사랑 가운데서 더욱 명료하게 복음의 진리를 보여 주기 위하여, 우리가 이미 말한 것의 핵심 요점을 복음과 관련하여 또 복음과 그리스도 안에서의 우리의 일치와 관련하여 자세한 신앙 고백과 거부를 통해 밝히고자 한다.

계시된 복음 ㅣ

고백과 거부 1 우리는 교회에 위탁된 복음이 무엇보다도 하나님의 복음이라는 것을 고백한다(막 1:14; 롬 1:1). 하나님은 복음의 저자이시며, 자신의 말씀 가운데 그리고 그 말씀으로써 복음을 우리에게 계시하신다. 복음의 권위와 참됨은 오직 그분에게 달려 있다.

우리는 복음의 참됨이나 권위가 인간의 통찰이나 고안에서 유래한 것이라는 주장을 거부한다(갈 1:1-11). 또한 우리는 복음의 참됨이나 권위가 어떤 특정한 교회나 인간의 조직에 기관에 달려 있다는 주장을 거부한다.

복음의 능력 ㅣ

고백과 거부 2 우리는 복음이 모든 믿는 자에게 차별 없이 구원을 주시는 하나님의 구원하는 능력임을 고백한다(롬 1:16). 이러한 복음의 효력은 하나님 그분의 능력에서 나온다(고전 1:18).

우리는 복음의 능력이 설교자의 능변이나 복음 전도자의 기술, 이성적 논증을 통한 설득에 의존한다는 주장을 거부한다(고전 1:21; 2:1-5).

인간 ㅣ

고백과 거부 3 복음의 진단에 따르면 보편적인 인간의 상태는 하나님에 대해 죄된 반역을 행하는 상태에 있다. 이러한 반역의 상태는, 만일 변화되지 않는다면, 개인으로 하여금 하나님의 정죄 아래서 영원한 상실에 이르게 한다.

우리는 인간 본성의 타락함에 대한 부인, 혹은 인류의 본성적 선함이나 신성에 대한 주장을 모두 거부한다.

구원 ㅣ

고백과 거부 4 우리는 예수 그리스도가 구원에 이르는 오직 한 길이며, 하나님과 인간 사이의 오직 한 중재자라는 것을 고백한다(요 14:6; 딤전 2:5).

우리는 어떤 사람이 예수 그리스도와 그분의 복음 외의 다른 길을 통해서 구원받는다는 주장을 거부한다. 성서는 다른 종교를 지닌 성실한 경배자가 예수 그리스도를 믿는 인격적 신앙 없이 구원받을 것이라는 어떠한 소망도 제공하지 않는다.

전 세계를 위한 ㅣ

고백과 거부 5 우리는 교회가 하나님의 명령을 받았으며, 따라서 모든 살아 있는 사람에게 복음을 전할 신성한 의무를 부여받았다고 고백한다(눅 24:47; 마 28:18-19).

우리는 복음을 전할 때, 그 민족적·문화적 정체성이 무엇이든 간에 어떤 특별한 계층이나 집단의 사람을 무시하거나 간과할 수 있다는 주장을 거부한다(고전 9:19-22). 하나님은 모든 족속과 방언과 나라의 백성으로 구성된 전 지구적 교회를 목표로 삼고 계신다(계 7:9).

기독론 ㅣ

고백과 거부 6 우리는 하나님의 말씀(또는 로고스, 요 1:1)이시고, 삼위일체의 제2격이시며, 성부와 성령과 공동 본질을 지니사 영원히 함께하시는 예수 그리스도를 믿는 신앙이 복음을 믿는 신앙의 토대가 된다고 고백한다.

우리는 예수 그리스도의 완전한 신성을 축소하거나 거절하는 견해가 복음의 신앙이라거나 구원에 효력이 있을 것이라는 주장을 거부한다.

성육신

고백과 거부 7 우리는 예수 그리스도가 성육하신 하나님이신 것을 고백한다(요 1:14). 동정녀에게서 태어나신 다윗의 자손(롬 1:3) 예수 그리스도는 참된 인간 본성을 가지고 하나님의 율법에 복종하셨으며(갈 4:5), 죄가 없으신 것 외에는 모든 점에서 우리와 같으셨다(히 2:17; 7:26-28). 우리는 그리스도의 참된 인성을 믿는 신앙이 복음을 믿는 신앙에 본질적이라고 고백한다.

우리는 그리스도의 인성, 성육신, 죄 없으심을 인정하지 않거나 이러한 진리가 복음에 본질적이지 않다고 주장하는 사람이 구원받을 것이라는 주장을 거부한다(요일 4:2-3).

속죄

고백과 거부 8 우리는 그리스도가 하나님이 만세 전부터 세우신 계획에 따라 순종 가운데 완벽한 희생 제사를 드리사, 우리의 죗값을 지불하심으로써 성부의 진노를 풀고 우리를 대신해 하나님의 정의를 만족시킨 그리스도의 속죄가 복음의 본질적 요소라고 고백한다.

우리는 신자들을 대신해 성취된, 하나님의 정의에 대한 대속적 만족을 부정하는 속죄에 대한 견해가 복음의 가르침과 양립할 수 있다는 주장을 거부한다.

삶과 죽음 가운데서의 그리스도의 순종

고백과 거부 9 우리는 그리스도의 구원 사역이 우리를 대신한 그분의 삶과 죽음 모두를 포함한다는 것을 고백한다(갈 3:13). 우리는 그리스도가 우리를 대신하여 하나님의 율법이 요구하는 모든 것을 성취하신 것을 통해 나타난 그리스도의 완전한 순종에 대한 믿음이 복음에 본질적이라고 고백한다.

우리는 우리의 구원이 그리스도의 완벽한 의로운 삶과 관련 없이, 단지 배타적으로 그리스도의 죽음으로만 성취되었다는 주장을 거부한다.

죽음, 부활, 승천, 보좌에 앉으심 ǀ

고백과 거부 10 우리는 그리스도가 죽음으로부터 육체적으로 부활하신 것이 성경적 복음에 본질적이라고 고백한다(고전 15:4).

우리는 그리스도의 육체적 부활의 역사적 실재성을 거부하는 소위 복음이라 불리는 어떤 것의 정당성도 거부한다.

칭의 ǀ

고백과 거부 11 우리는 오직 믿음으로 오직 그리스도 안에서 의롭다함을 받는다는 성경적 교리가 복음의 핵심이라고 고백한다(롬 3:28; 4:5; 갈 2:16).

우리는 성경적 복음을 믿으면서도 동시에 오직 믿음으로 오직 그리스도 안에서 의롭다함을 받는다는 사도적 가르침을 거절할 수 있다는 주장을 거부한다. 또한 우리는 한 가지 참된 복음 외에 다른 복음이 있다는 것을 거부한다(갈 1:6-9).

고백과 거부 12 우리는 우리 죄가 그리스도에게로, 그리스도의 의가 우리에게로 전가되며, 그로 인해 우리 죄가 완전히 용서받고 우리가 완전히 용납된다는 교리가 성경적 복음의 핵심이라고 고백한다(고후 5:19-21).

우리는 우리에게 주입된 그리스도의 의로 인해 또는 우리 안에 본래 내재된 것이라고 생각되는 어떤 의로 인해 우리가 의롭다함을 받는다는 주장을 거부한다.

고백과 거부 13 우리는 우리로 하여금 의롭다함을 받게 하는 그리스도의 의가 온당히 그분의 것이며, 그분이 우리와 별개로 그분의 완전한 순종 안에서 그리고 그 순종으로 이루신 것임을 고백한다. 이러한 의는 우리의 칭의를 위한 유일한 근거로써, 하나님의 법정적(즉 법적) 선언으로 인해 우리에게 전가되었다.

우리는 우리가 삶의 어느 한 단계에서 수행한 어떤 일이 그리스도의 공로에 더해진다거나 칭의를 위한 근거에 어떤 방식으로든 공헌하는 공로를 우리에게 가져온다는 주장을 거부한다(갈 2:16; 엡 2:8-9; 딛 3:5).

성령의 내주하심 ㅣ

고백과 거부 14 우리는 모든 신자에게 성령이 내주하시고, 삶의 과정 가운데 신자들이 그리스도의 형상을 닮고 거룩해지도록 만드시지만, 칭의의 결과는 그것의 근거가 아니라는 것을 고백한다. 하나님은 우리가 아직 죄인되었을 때에(롬 4:5), 오직 하나님의 은혜로 말미암아 오직 믿음을 통해 오직 그리스도로 인해 우리를 의롭다 선언하시고, 우리 죄를 용서하시며, 우리를 그분의 자녀로 삼아 주셨다.

우리는 하나님이 신자들을 그리스도안에서 의롭다 선언하시기 전에, 신자들이 삶을 변화시키는 하나님의 은혜와 협력함으로써 본래적으로 의롭다는 주장을 거부한다. 우리는 우리가 아직 죄인되었을 때에 의롭다함을 받았다.

성화 ㅣ

고백과 거부 15 우리는 구원하는 신앙이 성화, 곧 성령의 능력으로 그리스도를 닮아 성장하는 삶의 변화를 낳는다는 것을 고백한다. 성화는 지속적인 회개, 곧 죄로부터 돌아서서 예수 그리스도를 주님과 주인으로 기쁘게 신뢰하며 그분을 섬기는 삶을 의미한다(갈 5:22-25; 롬 8:4, 13-14).

우리는 기도, 회개, 십자가를 짊, 성령 안의 삶을 통해 거룩함에 이르도록 그리스도와 연합하는 것과 그분의 형상을 점점 더 닮아 가는 것을 칭의와 분리시키는 어떠한 견해도 거부한다.

신앙 ㅣ

고백과 거부 16 우리를 구원하는 신앙은 복음의 내용에 대한 정신적인 동의, 우리의 죄와 궁핍에 대한 인정, 그리스도와 그분의 사역에 대한 인격적 신뢰와 의지를 포함한다고 고백한다.

우리는 구원 신앙이 단지 복음에 대해 정신적으로만 수용한다거나 칭의는 외적인 신앙 고백만으로도 확정된다는 주장을 거부한다. 더 나아가 우리는 구원 신앙의 어느 요소가 공로적인 업적이라거나 우리에게 구원을 가져다준다는 주장을 거부한다.

심판

고백과 거부 17 우리는 비록 참된 교리가 영적인 건강과 안녕을 위해 지극히 중요하지만, 우리가 교리로 인해 구원받지 않는 것을 고백한다. 교리는 우리가 그리스도로 말미암아 구원받는 방법에 대한 필수적 지식을 알려 주지만, 그러나 구원하시는 분은 그리스도시다.

우리는 복음에 대한 교리가 아무런 손해 없이 거절될 수 있다는 주장을 거부한다. 복음의 거부는 영적인 몰락을 가져오고 우리가 하나님의 심판을 맞게 한다.

복음 전도

고백과 거부 18 우리는 예수 그리스도가 자기를 따르는 자들에게, 모든 살아 있는 사람에게 복음을 선포하여 모든 곳에서 모두에게 복음을 전하고 교회의 교제 속에서 믿는 이들을 제자로 삼으라고 명하셨음을 고백한다. 그리스도에 대한 완전하고 신실한 증거란 인격적 증언, 경건한 삶, 이웃을 향한 자비롭고 자애로운 행동까지를 말하며, 이것이 없는 복음 전파는 무익한 것이다.

우리는 인격적 증언, 경건한 삶, 이웃을 향한 자비롭고 자애로운 행동이 복음의 선포와 분리된 채로 복음 전도가 된다는 주장도 거부한다.

맺음의 인사

우리의 서약 우리는 복음 안에서 연합한 복음주의자로서 서로를 지켜보고 돌보며, 서로를 위해 기도하고 용서하며, 모든 곳에 있는 하나님의 백성에게 사랑과 진리 가운데 교제하기로 약속한다. 왜냐하면 우리는 한 가족이고, 성령 안에서 하나이며, 그리스도 안에서 하나이기 때문이다.

몇 세기 전에, 본질적인 일에는 일치가 있어야 하며, 비본질적인 일에는 자유가 있어야 하고, 모든 일에는 사랑이 있어야 한다고 누군가 바르게 말했다. 우리는 이러한 복음의 진리 모두가 본질적인 것이라고 생각한다.

이 복음에 속한 진리와 은혜의 저자이신 하나님께 복음의 주제이시며 우리의 주님이신 예수 그리스도를 통해 찬양과 영광이 영원 무궁히 있기를. 아멘.

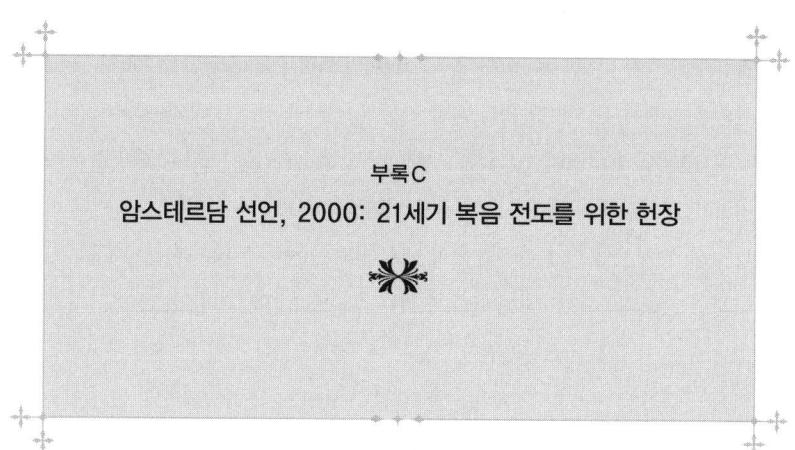

부록 C
암스테르담 선언, 2000: 21세기 복음 전도를 위한 헌장

"암스테르담 선언"은 2000년에 암스테르담에서 모인 선교 전략가, 교회 지도자, 신학자들로 구성된 세 작업 집단의 합동 보고서로 제시되었다. 이 선언문은 전 세계에서 온 수백 명의 기독교 지도자들과 복음 전도자들이 검토하였다. 이 선언문은 복음주의적 헌신의 표현으로서 그리고 연구, 반성, 기도, 복음 전도 사역을 위한 자원으로서 모든 곳의 하나님 백성에게 추천되었다.

서언

역사적 정통 기독교 초교파적 복음주의 내에서 갱신 운동은 20세기 후반의 뚜렷한 전 지구적 실재가 되었다. 복음주의자들은 여러 교회, 언어, 문화에서 나왔으나, 우리는 예수 그리스도의 복음에 대하여, 교회의 선교에 대하여, 복음 전도에 대한 그리스도의 헌신에 대하여 공유된 이해를 공통으로 가지고 있다. 이러한 이해를 표현하는 근래의 문서로는 "베를린 선언"(1966년), "로잔 언약"(1974년), "암스테르담 확언"(1983년), "마닐라 선언"(1989년), "예수 그리스도의 복음:

복음주의 축전"(1999년)이 있다. 빌리 그레이엄 박사의 초청을 받아 200여 개 이상의 나라에서 온 약 1만 명의 복음 전도자, 신학자, 선교 전략가, 교회 지도자들이 2000년에 암스테르담에서 모여서 세계 복음화라는 미완료 과제를 위해 경청하고, 기도하고, 예배하고, 성령의 지혜를 분별하고자 하였다. 우리는 우리가 들은 도전으로 인해 그리고 그리스도 안에 있는 아주 많은 형제자매들과의 교제로 인해 격앙되고 격려받았다. 우리는 이전보다 더욱 그리스도를 모든 곳에 있는 모든 자에게 알리기로 결단하였다. 이 "암스테르담 선언"은 세계 복음화를 위해 만들어진 여러 활동 계획을 둘러싸는 구조틀로서 개발되었다. 이 선언문은 앞에서 언급한 문서에 나와 있는 원리들에 근거한 것으로 다음과 같은 세 부분을 포함한다. 서약 헌장, 헌장에 있는 핵심적인 신학 용어의 정의, 하늘에 계신 우리 아버지를 향한 탄원 기도.

서약 헌장

이 헌장은 21세기 복음 전도를 위한 과제, 목표, 이상에 대한 진술이다. 표제의 순서는 이러한 주제의 우선권이 아니라 우리 관심의 범위를 반영한다.

1. 선교 전략과 복음 전도 | 교회의 핵심적인 사명은 세계 복음화다. 우리에게는 하나님의 사랑과 용서에 대한 좋은 소식을 모든 사람에게 전하고, 모든 백성을 제자로 삼아 세례를 주고 가르치라는 주님이 주신 명령이 있다. 예수님은 마지막 가르침에서 이 복음 전도 사역이 우리 주변의 사람들뿐 아니라 사회의 경멸받고 무시당하는 사람들과 땅 끝에 있는 사람들에게까지 주의를 기울이는 것이라고 분명히 밝히셨다. 그래서 이보다 부족한 것은 모두 불순종이다. 더욱이 우리는 전 세계의 청소년과 어린이를 위해 사역하고 그들을 제자로 삼기 위해 새로운 시도를 격려해야 한다고 단언한다. 마찬가지로 복음 전도를 위해 대중 매체와 기술을 좀더 충분히 활용하는 것과 성경적 복음 제시가 충분히 적실

하고 상황화되도록 풀뿌리 복음 전도에 인격적으로 계속 참여할 것을 격려할 필요가 있다. 우리는 아직도 복음이 미치지 못한 모든 사람들의 복음화를 향해 나아가는 것이 긴급하다고 생각한다.

우리는 이 땅에 거하는 모든 사람이 자신이 이해할 수 있는 언어로, 자신이 사는 곳 주위에서 복음을 들을 기회를 가질 수 있도록 일할 것을 서약한다. 더 나아가 우리는 건강하고, 재생산을 하며, 토착적인 교회를 모든 곳의 모든 사람들 사이에 세워서 그 교회가 복음의 메시지에 반응하는 자들로 하여금 영적 성숙에 힘쓰게 할 것을 서약한다.

2. 지도력과 복음 전도 | 우리는 지도력이 그리스도가 교회에 주신 은사 중 하나라고 단언한다. 지도력은 자체를 위해 존재하지 않는다. 지도력은 하나님의 백성을 순종 가운데 하늘에 계신 우리 아버지께 인도하기 위해 존재한다. 지도자들은 겸손함 가운데 교회의 머리이신 그리스도와 서로에게 자신을 복종시켜야 한다. 이러한 복종은 그리스도가 자신의 영을 통해 자신의 교회를 다스리실 때 사용하는 성경의 최고 권위를 받아들이는 것을 포함한다. 지도자의 첫 번째 과제는 교회의 선포의 성경적 온전성을 보전하는 것과 교회의 복음 전도 소명에 대한 비전의 전달자로서 섬기는 것이다. 지도자는 다른 사람을 가르치고, 훈련하며, 능력을 부여하며, 고무함으로써 이런 소명이 잘 심겨지도록 보살필 책임이 있다. 우리는 여성과 젊은 지도자들이 복음 전도 사역에 대해 격려를 받도록 특별한 주의를 기울여야 한다. 지도자들은 그리스도가 자신의 몸에 공급하신 자원들에 대한 자신들의 전략적 청지기직을 실행하면서, 하나님이 행하시는 것을 방해하지 않도록 특별히 주의해야 한다.

우리는 우리의 교회에 이러한 성경적인 섬김의 지도력이 추구되고 유지되게 할 것을 서약한다. 교회의 지도자인 우리는 이러한 지도력 유형에 새롭게 헌신하고자 한다.

3. 신학과 복음 전도 | 기독교 신학은 삼위일체 하나님의 임재 안에서 사는 삶에 대해 주의 깊게 생각하고 질서를 부여하는 작업이다. 어떤 의미에서는 모든 그리스도인은 신학자이며 나쁜 신학자가 되기보다 좋은 신학자가 되기 위해 수고해야 한다. 이것은 모든 사람의 신학이 우리가 하나님의 생각과 뜻을 배울 수 있는 유일한 출처인 성경의 가르침으로 평가되어야 한다는 의미이다. 복음 전도, 신학, 목회 사역이라는 특별한 소명으로 부름받은 사람들은 전 세계에 복음이 확산되도록 함께 협력하여야 한다. 복음 전도자와 목회자는 신학자들이 복음 전도의 동기를 유지하도록 돕고, 신학자들에게 참된 신학은 언제나 교회를 섬기기 위해 있다는 것을 상기시킨다. 신학자들은 하나님의 계시된 진리를 명료화하고 보호하는 데 도움을 줄 수 있으며, 복음 전도자를 훈련하고 새로 신앙을 가진 신자들의 기초를 놓기 위한 자원들을 공급할 수 있다.

우리는 성경에 따라 신앙을 배우고 가르치는 일에, 그리고 (1) 복음을 전하는 모든 자가 신학적으로 구비되고 그들이 당면한 과업을 위해 적절한 방식으로 자원이 제공되는 것과 (2) 신앙을 위한 모든 전문적인 교사가 복음 전도에 대한 공통된 관심을 공유하는 것이 확실히 이루어지도록 노력하는 일에 지속적으로 애쓸 것을 서약한다.

4. 진리와 복음 전도 | 근대 이성주의, 세속주의, 인본주의(근대성)의 영향 아래, 서구 지성 체제는 어떠한 전 지구적이고 절대적인 진리는 없다는 상대주의적 거부(포스트모더니티)로 커다란 반작용을 보여 주었다. 이것이 전 세계에 걸친 영향력 있는 대중 문화이다. 대조적으로, 참되고 살아 계신 한 분 하나님의 권위 있는 말씀인 복음은 모든 시대의 모든 곳에 있는 모든 사람에게 세 가지 의미에서 진리로 나타난다. 첫째, 복음이 확정하는 것은 거짓에 반대되는 것으로서 실제적으로 참되다. 둘째, 복음은 환상에 반대되는 것으로 모든 점에서 실재를 가지고 우리와 대면한다. 마지막으로, 복음은 모든 사람이 인정해야 할 진리

(즉 보편적이고, 실제적이고, 이용할 수 있으며, 권위 있고, 진리를 말하는, 신뢰할 만한 위격)로서 예수 그리스도, 곧 세상의 공동 창조주, 구속주, 주님을 우리 앞에 제시한다. 모든 사람을 위한 한 가지 진리가 있다는 어떠한 거대 주장에는 불가피하게 압제적이고 폭력적이라는 의심이 따라붙는다. 그러나 복음은 비록 하나님이시지만 사람이 되사, 죄의 예속 아래 있는 자들을 노예 상태에서 자유케 하기 위하여 자신을 그들과 동일시하신 분을 우리 앞에 제시한다. 이러한 하나님의 복음은 모든 사람에게 참되고, 또한 참으로 사람들을 자유케 한다. 그러므로 이 복음은 의심이 아니라 신뢰로서 받아들여야 한다.

우리는 성경적 복음과 복음의 그리스도를 언제 어디서나 신자의 구원을 위해 온전히 충분하고 효과적인 것으로 제시하고 선포하기로 서약한다. 그러므로 우리는 복음이 온전히 참된 것이 아니며 그래서 복음은 신자들에게 약속하는 새로운 신적인 삶으로 인도할 수 없다고 주장하는, 합리주의적이건 비합리주의건 간에 회의주의적이거나 상대주의적이거나 혼합주의적인 모든 사조를 반대한다. 우리는 하나님의 놀라운 진리를 압제적이거나 파괴적인 용도로 사용하려는 모든 시도를 반대한다.

5. 인간의 필요와 복음 전도 | 율법과 복음은 모두 타락한 인간 상태를 폭로한다. 타락한 인간 상태는 고통의 느낌, 불행, 좌절, 예속, 무기력함, 삶에 대한 불만족 이상의 것이다. 성경은 모든 인간이, 그들을 만드시고 또 그들이 여전히 희미하게 알고 있는 하나님께 본질상 반역하는 상태에 있다고 밝힌다. 인간은 하나님으로부터 소외되었으며, 인간 본성의 참된 성취인 하나님을 알고 섬기는 모든 즐거움으로부터 단절되었다. 우리 인간은 하나님을 사랑하고 다른 사람을 사랑하는 영원한 삶 속에 하나님의 형상을 지니도록 만들어졌지만, 우리의 타락하고 죄된 마음에 있는 자기중심성이 그것을 불가능하게 한다. 우리의 부정직함은 종종 종교 의식마저 하나님과 거리를 두는 데에 사용하게 했으며, 따라서 하

나님이 우리의 경건하지 않은 자기 숭배에 대해 다루시지 못하도록 피했다. 그러므로 모든 인간 존재는 이제 주님의 임재에서 분리된 채, 심판자 그리스도의 최종적 정죄와 영원한 멸망을 대면한다.

우리는 사람들의 현 영적 상태에 대한 진실을 사람들과 나누며, 회개하지 않는 자들이 대면할 심판과 지옥에 대해 경고하며, 우리를 구원하기 위해 자기 아들을 주신 하나님의 사랑을 칭송하는 일에 신실하며 자비로울 것을 서약한다.

6. 종교 다원주의와 복음 전도 | 현대의 복음 전도자들은 점점 더 다원주의적이 되어 가는 세상에서 복음을 선포하도록 부름받았다. 여러 신앙과 많은 세계 종교가 경쟁하는 이 지구촌에서, 우리의 복음 전도가 그리스도에 대한 좋은 소식에 충실하다는 것과 복음 전도에 있어서의 겸손함을 모두 보이는 것은 중요한 일이다. 하나님의 일반 계시가 창조 세계의 모든 곳에 퍼져 있기 때문에, 여러 비기독교 신념 체계에서 진리와 선, 아름다움의 흔적이 나타나는 것은 당연한 일이다. 그러나 우리에게는 이것들 중 하나를 대안적 복음이나 구원으로 가는 분리된 길로 여길 어떠한 근거도 없다. 평화, 사랑, 기쁨 속에서 하나님을 알 수 있는 유일한 길은 부활하신 주님이신 예수 그리스도의 화해케 하는 죽음을 통해서다. 우리가 이 메시지를 다른 사람과 나눌 때, 우리는 어떠한 거만함, 적대감, 무례함도 없이 사랑과 겸손으로 나누어야 한다. 다른 종교를 신봉하는 사람과 대화할 때, 우리는 예의 바르고 친절해야 한다. 그러나 이러한 대화가 선포를 대체하는 것이 되어서는 안 된다. 다만 모든 사람이 하나님의 형상으로 지음 받았기에, 우리는 모든 사람의 종교적 자유와 인권을 옹호해야 한다.

우리는 그리스도가 세상의 유일한 한 분 구세주이신 것을 단언하는 동시에, 다른 신앙을 지닌 사람들에게 공손하고 신실하게 대할 것과 하나님이 우리로 하여금 있게 하신 나라에서 겸손히 그 나라를 위해 섬길 것을 서약한다.

7. 문화와 복음 전도 | 하나님은 모든 족속과 방언과 백성과 나라의 성도들을

어린 양의 피로 사셨다. 하나님은 사람들을 그들의 문화 가운데서 구원하신다. 세계 복음화는 그리스도에 깊이 뿌리박고 있고 지역의 문화에 밀접한 교회가 성장하기를 목표로 삼는다. 그러므로 그리스도를 선포하는 자는 예수님과 바울의 모범을 따라, 모든 사람에게 모든 것이 될 수 있는 그리스도 안의 자유를 사용하여야 한다. 이것은 복음을 어떤 특별한 문화와 동등하게 여기는 것을 막는 동시에 고유한 문화적 정체성을 보호하는 것을 의미한다. 모든 인간 문화가 부분적으로 죄로 인해 형성되었기에, 성경과 성경의 그리스도는 핵심적인 부분에서 그 문화 속의 모든 사람들에게 대안 문화가 된다.

우리는 복음 전도할 때 문화적 민감성을 가질 것을 서약한다. 우리는 우리가 증거하는 사람들에게 적절한 방식으로 또 그 문화를 풍요롭게 할 적합한 방식으로 그리스도를 전하려는 목표를 가질 것이다. 더 나아가 우리는 세상의 빛과 소금으로서, 복음의 가치를 단언하는 방식으로 문화를 변혁시키고자 노력할 것이다.

8. 성경과 복음 전도 | 성경은 참된 복음 전도를 위해 반드시 필요하다. 하나님의 말씀 자체가 모든 복음 전도를 위한 내용과 권위를 제공한다. 만일 성경이 없다면, 우리에게는 잃어버린 자들을 향해 전할 메시지가 없다. 사람들이 복음에 대해 의미 있는 반응을 하기 위해서는 적어도 성경에 담겨 있는 기본적인 진리 중 일부를 이해해야 한다. 그러므로 우리는 하나님이 우리를 부르셔서 복음을 전하고 제자로 삼게 하신 모든 자들에게 그들의 모국어로 된 성경을 공표하고 보급해야 한다.

우리는 성경이 우리의 복음 전도 사역과 메시지 한가운데에 계속 자리 잡게 하는 것과, 복음을 듣는 자 편에서 복음을 명백하게 이해하는 데 장애가 될 모든 언어 장벽과 문화 장벽을 제거할 것을 서약한다.

9. 교회와 복음 전도 | 신자의 순례 여행 중 모든 단계에서 신자를 위한 정규

적인 가르침이 세워진 회중 가운데 공급되어야 하며, 적절한 목회적 돌봄이 있어야 한다는 데는 아무런 논란이 없다. 그러나 이러한 관심사가 선교에 대한 지속적인 관심을 대신해서는 안 된다. 이러한 선교에 대한 관심에는 복음 전도 사역이 계속적인 우선권을 지닌 것으로 여기는 것이 포함된다. 다른 자격 있는 사람들과 함께 목회자는 자신의 회중을 복음 전도 사역 가운데 인도해야 한다. 더 나아가 우리는 경건한 증거하는 제자를 만드는 것이, 섬김의 사역을 위한 교회의 구성원을 준비할 교회의 책임의 핵심에 있다는 것을 단언한다. 우리는 교회가 새로운 신자들을 환영하는 장소가 되어야 한다는 것을 단언한다.

우리는 우리가 섬기는 모든 회중으로 하여금 복음 전도가 언제나 우선권을 지닌 일로 여기도록 강조하며, 그래서 복음 전도가 회중의 기도, 계획, 훈련, 자금 투자의 초점이 되도록 만들 것을 서약한다.

10. 기도와 복음 전도 | 하나님은 우리에게 기도라는 선물을 주셔서, 자녀가 부르짖을 때에 그분의 주권 가운데 복과 능력으로 반응하고자 하셨다. 기도는 교회의 각성과 전 세계를 향한 복음의 전달을 위해 하나님이 정하신 본질적인 수단이다. 신약 교회의 첫 날부터, 하나님은 자기 백성의 열정적이고 끈질긴 기도를 사용하사 성령 안에서 그들의 증거에 힘을 더하시고, 주님의 사역에 맞선 대항에 대해 승리하시며, 그리스도에 대한 메시지를 듣는 자들의 생각과 마음을 여셨다. 교회사의 특별한 때마다, 부흥과 영적 약진에 앞서 회개, 기도, 금식이 한창인 가운데 하나님 백성의 명백한 일치와 연합이 일어났다. 전 세계의 복음을 듣지 못한 사람들에 복음을 전하려 노력하는 이때에, 우리는 더 깊이 하나님께 의지해야 하며, 기도 가운데 더욱더 하나 되어야 한다.

우리는 주님께서 그분의 추수지에 일꾼들을 보내 주시도록 신실하게 기도할 것을 서약한다. 또한 우리는 세계 복음화에 참여하는 모든 자들을 위해 기도하고, 가족, 지역 교회, 특별한 모임, 선교 단체와 초교파적 사역에 대한 기도를 독려한다.

11. 사회적 책임과 복음 전도 | 비록 복음 전도가 어떤 사회 프로그램을 옹호하는 것은 아니지만, 복음 전도는 적어도 두 가지 이유에서 사회적 책임을 수반한다. 첫째, 복음은 정의, 인간의 생명, 자신의 창조 세계의 복지에 헌신하시는 사랑 많으신 창조주의 왕권을 선포한다. 그래서 복음 전도는 모두의 유익을 위해 일하라는 하나님의 명령에 대한 순종과 함께하는 것이 필요할 것이다. 그 순종은 악한 자나 선한 자에게 해를 비추어 주시며, 의로운 자에게나 불의한 자에게 동일하게 비를 내려 주시는 하나님 아버지의 자녀들에게 합당한 일이다. 둘째, 우리의 복음 전도가 가난의 문제를 누그러뜨리고, 정의를 지지하며, 세속 권력과 경제 권력의 악용을 반대하고, 인종차별주의에 맞서며, 지구 환경에 대한 책임 있는 청지기 의식을 증진시키는 것과 연결될 때, 복음 전도는 그리스도의 긍휼을 반영하며, 그렇지 않았더라면 얻지 못했을 수용을 얻을 것이다.

우리는 가정과 사회 생활에서 정의의 길을 따를 것과 우리가 복음화할 때 인격적, 사회적, 환경적 가치를 계속 염두에 둘 것을 서약한다.

12. 거룩함과 복음 전도 | 하나님의 종은 거룩한 삶을 통해 복음을 장식해야 한다. 그러나 최근에 지도적 역할을 하는 그리스도인의 거룩하지 못한 생활로 인해 하나님의 이름에 커다란 누가 끼쳐졌으며, 복음에 불명예를 초래했다. 복음 전도자들은 돈, 성, 교만, 권력, 가족에 대한 무시, 정직성의 결핍이라는 유혹에 특별히 노출되어 있는 것으로 보인다. 교회는 복음 전도자들이 자신의 삶, 교리, 사역에 대한 책임을 유지할 수 있게 할 구조를 만들어야 한다. 또한 교회는 하나님과 복음의 이름을 더럽히는 삶을 사는 자들이 복음 전도자로서 섬기는 것이 허락되지 않도록 책임을 져야 한다. 복음 전도자의 거룩함과 겸손함은 그들의 사역에 신빙성을 주며, 하나님으로부터 온 순전한 능력과 영속하는 열매에 이른다.

우리는 우리의 삶, 교리, 사역에 대해 신앙 공동체에 책임을 질 것과 죄를 멀리할 것, 거룩함과 겸손함의 길을 걸을 것을 서약한다.

13. 갈등과 고난과 복음 전도 ｜ 사도 시대 이래의 복음 전도 기록, 오늘날 우리 주변의 세계의 상태, 언제나 복음의 확산을 대적하는 사탄에 대한 지식, 이 모든 것을 미루어 볼 때, 21세기의 복음 전도 사역은 수많은 반대 속에서 전진할 것이 확실하다. 사탄이 뚜렷하게 이용하고 있는 근래의 전략은 기독교 신앙을 인간 개발에 장애로 보는 세속 이데올로기, 그리스도인이 주님에 대한 충성을 최우선시하는 것을 통치 체제에 대한 위협으로 보는 정치 권력 구조, 그리스도인의 구별됨을 적대시하는 비기독교 종교의 군사적 행동이다. 우리는 혈과 육에 속한 대적이 아니라 하늘에 있는 악한 영적 권세에 맞서 싸우고 있기에 온갖 고난에 대해 예상하고 준비해야 한다.

우리는 개인적 복음 전도, 가족 복음 전도, 지역 교회 복음 전도, 다양한 형태의 협력적 복음 전도를 하면서 지혜롭게 전진해 나가고자 노력할 것과 우리가 대면할 반대에 대해 멸시 속에서도 인내하려 노력할 것을 서약한다. 우리는 신실하게 복음을 증거하다가 박해를 당하고 심지어 순교를 당하는 그리스도 안의 형제자매와 연대할 것을 서약한다.

14. 기독교의 하나됨과 복음 전도 ｜ 예수님은 하늘에 계신 아버지께 자기 제자들의 하나됨과 그로 인해 세상이 믿게 되기를 기도하셨다. 전 세계에서 실행되는 복음 전도의 커다란 장애물 중 하나는 그리스도의 백성 간 하나됨이 부족하다는 점이다. 그리스도인들이 그리스도의 마음을 함께 품으려고 하기보다 서로 경쟁하고 싸울 때 이러한 상황은 더욱 악화된다. 우리는 하나님이 우리에게 계시하신 모든 것을 아직 완벽하게 이해하지 못하기 때문에, 그리스도인 사이의 차이점을 모두 해결할 수는 없다. 그러나 우리는 양심을 해치지 않는 모든 방식으로 그리스도인의 교제에 있어 잘 검증된 규칙을 실행하면서 복음 전도의 과

업을 수행하는 일에 다른 신자들과 협력하고 동역하려고 힘써야 한다. 그 규칙은 이것이다. "본질적인 일에는 일치를, 비본질적인 일에는 자유를, 모든 일에 사랑을."

우리는 예수님을 믿는 모든 참된 신자가 진리 가운데 하나 되기를 위하여 기도하고 일하며, 복음 전도하는 일에 그리스도 안의 다른 형제자매와 가능한 한 충분히 협력하여 온 교회가 온전한 복음을 온 세계에 전하게 할 것을 서약한다.

핵심 용어 정의

우리가 선포하는 메시지는 명제적인 측면과 성육신적 측면을 둘 다 가지고 있다. "말씀이 육신이 되셨다." 둘 중 하나를 부인하는 것은 그리스도에 대해 거짓 증거를 하는 것이다. 언어와 실재 사이의 관계에 대한 오늘날 많은 토론이 벌어지고 있기 때문에, 우리가 말한 것으로 과연 무엇을 의미하는지를 분명히 진술하는 것이 매우 중요하다. 우리는 혼동이나 오해를 피하기 위해 이 선언문에서 사용한 다음과 같은 핵심 용어들을 여기서 정의하려 한다. 이 정의는 모두 삼위일체적이고, 그리스도 중심적이며, 성경에 근거를 둔 것이다.

1. 하나님 | 이 선언문에서 우리가 말하는 하나님은 자기를 계시하신 우주의 창조주, 유지자, 통치자, 주님이시다. 하나님은 영원히 자존하시며, 거룩한 사랑, 선함, 공의로움, 지혜, 약속을 지키는 신실함에 있어 변함이 없으시다. 하나님은 그분의 존재 가운데 동등하고 영원히 공존하는 세 위격의 공동체이시며, 그분의 위격은 성경을 통해 우리에게 성부, 성자, 성령으로 계시되었다. 이들은 이 세상을 향해서 그리고 이 세상 내에서 하나님이 맺으시는 관계에 일정한 협동적 양식의 모습으로 참여하신다. 하나님은 역사의 주님이시며, 그 역사 가운데서 자기 백성을 복주시고, 그분의 통치에 대항하는 인간과 천사의 반역을 정복하고 심판하시며, 결국 전체 창조 질서를 갱신하실 것이다.

2. 예수 그리스도 ｜ 이 선언문은 신약 정경이 제시하며 역사적 기독교 신조와 신앙 고백이 증언하는 예수님에 대한 견해를 취한다. 그분은 삼위일체 신성의 제2격이셨고 지금도 그러하시며, 지금과 영원히 성육하신 분이다. 예수님은 동정녀에게서 나시고, 완벽하게 경건함 삶을 사셨으며, 우리의 죄를 위한 대속적 희생 제물로서 십자가 위에서 돌아가시고, 죽은 자 가운데서 육체로 살아나셨으며, 하늘에 오르시어, 지금 우주를 다스리고 계시며, 만물을 심판하고 갱신하기 위해 인격적으로 돌아오실 것이다. 십자가에 못 박히셨다가 지금은 보좌에 앉아 계신 신인(神人)이신 예수님은 주님과 구세주로서 사랑 가운데 우리를 향하여 선지자, 제사장, 왕의 삼중 중보 사역을 성취하셨다. 그분의 칭호 '그리스도'는 예수님을 구약 정경의 모든 메시아 소망을 성취하신 하나님의 기름부음 받은 자로 선포한다.

3. 성령 ｜ 성령은 예수 그리스도의 말씀을 통해 드러난 신성의 제3격이시며, 그분의 이름 '영'(Spirit)은 호흡과 공기의 기운을 묘사한다. 성령은 세상의 창조 과정에, 신적인 진리의 전달 가운데, 예수 그리스도에 대한 증언에, 예수님을 통한 신자와 교회의 새 창조에, 계속되는 교제와 섬김 가운데 계신 삼위일체의 역동적이고 인격적인 현존이다. 그리스도를 아는 지식과 그분 안의 새로운 생명을 즐거워하는 것이 관련된 성령 충만한 사역은 사도행전 2장에 기록된 오순절 성령 강림에서 시작한다. 성령은 성서의 신적인 영감자와 해석자로서, 하나님의 백성이 예수 그리스도의 복음에 대한 정확하고 면밀하며 삶을 변화시키는 소개를 제시하도록, 그리고 그러한 복음의 전달이 듣는 자들에게 은혜의 열매를 맺는 수단이 되도록 하나님의 백성에게 능력을 부여하신다. 신약에는 복음의 진보를 위해 기적, 표적, 이사를 행하고, 여러 종류의 은사를 수여하시며, 인간의 삶 가운데 있는 사탄의 권세를 굴복시키는 성령의 초자연적 능력이 나와 있다. 그리스도인들은 성령의 능력이 복음 전도를 위해 필수적이며 그분의 사역에 대해 열

려 있는 것이 신자의 특징이 되어야 한다는 것에 모두 동의한다.

4. 성서 | 구약과 신약 66권은 기록된 하나님의 말씀을 구성한다. 성경은 영감을 통해 저술된 하나님의 계시로, 전적으로 참되고 신뢰할 만하며 신앙과 실천의 무류한 규칙이다. 이 권위 있는 성서는 성령의 능력으로 말미암아 그리고 예수 그리스도를 증거하는 것을 통해 모든 세대와 모든 장소에서 구원의 능력을 지닌다.

5. 하나님 나라 | 하나님 나라는 예수 그리스도를 통해 인간의 삶과 역사의 과정, 그리고 모든 실재를 다스리시는 하나님의 은혜로운 통치다. 예수님은 과거, 현재, 미래의 주님이시며 만물의 주권적 통치자시다. 우리는 예수님이 영광 중에 다시 오실 때 그 나라가 완전히 성취되기를 기다리고 있지만, 예수님이 주신 구원과 예수님이 부르신 신앙 공동체는 지금 여기에 임한 그분 나라에 대한 표징이다. 그동안에 어떤 곳에서든 평화와 정의에 대한 그리스도의 기준의 어느 정도까지라도 지켜진다면, 그만큼 하나님 나라는 예상되고, 바로 그만큼 인간 사회에 대한 하나님의 이상이 드러난다.

6. 복음 | 복음은 세상의 유일한 구세주인 자기 아들 예수 그리스도를 보냄으로써 타락한 인류에게 자기 생명과 사랑을 나누어 주시려는 창조주의 영원한 계획에 대한 좋은 소식이다. 구원을 주시는 하나님의 능력인 복음은 예수님의 삶, 죽음, 부활, 재림을 중심으로 하고 있으며, 거룩한 삶, 은혜 가운데 자라남, 교회의 교제 안에서 비록 대가를 치르지만 소망으로 가득 찬 제자도에 이른다. 복음은 어둠의 권세에 대해 예수님이 승리하신 것과 그분이 우주의 궁극적인 주님이신 것을 공표하는 것을 포함한다.

7. 구원 | 이 말은 죄의 지배 아래 있는 모든 사람들의 처지인 죄책, 더렵혀짐, 영적인 눈멂과 사망, 하나님으로부터 소외됨, 지옥에서 받기로 확정되었던 영원한 형벌에서 구조되는 것을 의미한다. 이러한 구출은 지금 여기서 의와 섬김의

사역을 하게 하는 성령을 통한 중생과 성화의 선물로, 현재의 칭의와 하나님과의 화해와 하나님의 가족으로 입양됨을 누리고 그리고 하나님과의 교제 가운데서 완전한 영화를 누릴 것에 대한 미래의 약속을 포함한다. 이것은 현생에서의 성품과 관계의 변화, 기쁨, 평화, 자유를 포함하며, 미래의 육체적 부활 때에 일어날 온전한 치유에 대한 보장을 포함한다. 우리는 오직 신앙으로 말미암아 의롭다함을 받았으며, 신앙이 가져온 구원은 오직 은혜로 말미암은, 오직 그리스도를 통한, 오직 하나님의 영광을 위한 것이다.

8. 그리스도인 | 그리스도인은 하나님을 믿는 사람으로, 성령으로 말미암아 선생과 제자의 인격적인 관계 속에서 예수 그리스도를 주님과 구세주로 따를 수 있게 되고 하나님 나라의 삶을 살 수 있게 된 자들이다. 그리스도인이라는 말을 특정한 문화적·민족적·정치적·이데올로기적 전통이나 집단과 동일시해서는 안 된다. 예수님을 알고 사랑하는 자들은 또한 그리스도를 따르는 자로, 곧 신자와 제자로 부름받는다.

9. 교회 | 교회는 하나님의 백성, 그리스도의 몸과 신부, 성령의 전(殿)이다. 하나 된 보편 교회는 신앙의 식구들로 이루어진 초국가적·초문화적·초교파적·다민족적인 가족이다. 가장 넓은 의미에서 교회는 모든 시대의 모든 구속된 자를 포함한다. 그들은 모든 시대와 공간을 아우르는 그리스도의 한 몸이다. 이 세상에서 교회는 성경에 따라 교회가 할 일들을 함께 행하기 위해 모인 모든 지역 회중 속에 가시적으로 드러난다. 그리스도는 교회의 머리시다. 믿음으로 그리스도와 인격적 연합을 한 모든 자는 그리스도의 몸에 속하며, 성령으로 그리스도 안의 다른 모든 참된 신자와 연합한다.

10. 선교 | 이 용어는 '보냄'이라는 뜻을 지닌 라틴어 단어 '미시오'(missio)에서 나온 것으로, 성부가 성자를 세상의 구세주가 되도록 세상에 보내신 것과, 성자가 교회를 복음의 전파와, 사랑과 정의의 사역을 수행하며, 모든 사람을 그분

의 제자로 삼으라고 보내신 것 모두에 사용된다.

11. 복음 전도 | 이 단어는 헬라어 '유앙겔리제스타이'(*euangelizesthai*), 곧 "좋은 소식을 말함"에서 나온 것으로, 예수 그리스도에 대한 복음을 알려 사람들로 하여금 교회의 교제 가운데 그분을 자기 구세주로 영접하고 그분을 자기 주님으로 섬기며 예수 그리스도를 통해 하나님을 신뢰하도록 하는 것을 의미한다. 복음 전도는 하나님이 우리가 구원받도록 행하신 일을 선포하고, 그것을 듣는 자들로 하여금 죄에 대한 회개와 예수에 대한 인격적 신앙을 통해 예수의 제자가 되도록 그들을 부르는 것을 포함한다.

12. 복음 전도자 | 모든 그리스도인이 예수님의 대위임령을 성취하기 위해 자기가 해야 할 부분을 감당하도록 부름받았으나, 일부 그리스도인은 그리스도를 전하고 다른 사람들을 그분께 인도하는 일을 위해 특별한 소명과 영적 은사를 받았다. 신약과 같이, 우리는 이러한 사람들을 복음 전도자라고 부른다.

기도

은혜로우신 하나님, 하늘에 계신 우리의 아버지여, 우리는 당신의 아들, 우리 주님 예수 그리스도의 구속적 죽음과 승리의 부활을 통해 당신이 우리에게 보여 주신 위대한 사랑에 대해 당신을 찬양합니다. 우리는 당신이 성령의 능력으로 우리로 하여금 당신의 나라와 당신의 사랑에 대한 좋은 소식을 신실하게 선포하도록 능력을 주시기를 기도합니다. 전 세계의 모든 사람에게 복음을 전하지 못한 우리의 잘못을 용서해 주십시오. 우리를 무지, 오류, 사랑 없음, 교만, 이기심, 불순함, 비겁함으로부터 구해 주십시오. 우리로 하여금 감사하고 친절하며 겸손하고 긍휼히 여기며 순결하고 용감하도록 능력을 주십시오. 구원은 보좌에 앉아 계신 하나님과 어린 양, 당신께 있습니다. 우리가 하는 복음 증거가 영향을 끼치게 되기를 당신께 간구합니다. 우리의 선포에 성령으로 기름 부어 주십시오. 그 선포를 사용하사, 모든 나라에서 언젠가 미래에 당신과 어린 양 앞에 서서 찬양을 드릴 커다란 무리를 모으십시오. 우리 주님 예수 그리스도의 공로를 의지하여 간구합니다. 아멘.

참고 문헌 및 인용 허가

'95 세계 선교 대회(GCOWE '95: GLOBAL CONSULTATION ON WORLD EVANGELIZATION, 서울, 1995년) **선언**. AD 2000 & Beyond Movement. ⟨www.ad2000.org/handbook/gcowedcl.htm⟩에 접속(2003년 12월 9일). AD 2000 & Beyond Movement의 허락하에 게재함.

GCI: 우리가 믿는 것(Gospel Connection International: What We Believe, 1998년). ⟨www.gospelconnection.com/doctrine.cfm⟩에 접속(2003년 1월 25일), 허락하에 게재함.

GCM 신앙 선언문(Great Commission Ministries Statement of Faith). ⟨www.gcmweb.org/about/statement.asp⟩에 접속(2001년 4월 4일), Great Commission Ministries(GCM)와 Great Commission Association of Churches(GCAC)의 허락하에 게재함.

HCJB 세계 라디오: 우리가 믿는 것(HCJB World Radio: What We Belive, 2002년). ⟨www.hcjb.org/Sedtions+index-req-viewarticle-artid-3-page-1.html⟩에 접속(2003년 6월 18일), 허락하에 게재함.

OMS 인터네셔널 신앙 선언문(OMS International Statement of Faith, 2002년).

〈www.omsinternational.org〉에 접속(2003년 1월 10일), 허락하에 게재함.

가든 시티 신앙 고백(Garden City Confession of Faith, 1921년). 출처: Statement of Christian Doctrine ane Rules and Discipline of the Eastern Pennsylvania Mennonite Church and Related Areas, 1998. Biblical Viewpoints Publications. 〈www.bibleviews.com/1921confession.html〉에 접속(2002년 8월 29일), 허락하에 게재함.

고든콘웰 신학교 신앙 기초(Gordon-Conwell Theological Seminary Basis of Faith, 1996-2000년). 〈www.gordonconwell.edu/admissions/catalog/intropages.pdf〉에 접속(2000년 12월 9일), 허락하에 게재함.

교도소 선교회 신앙 선언문(Prison Fellowship Ministries Statement of Faith, 2002년). Accessed on November 22, 2003, at 〈www.pfm.org〉에 접속(2003년 11월 22일). Prison Fellowship Ministries Statement of Faith(www.prisonfellowship.org), 허락하에 게재함.

국제 기독교 학교 연합 신앙 선언문(Network of International Christian Schools Statement of Faith, 2002년). 〈www.nics.org/statement.html〉에 접속(2003년 2월 7일), 허락하에 게재함.

국제 오순절 그리스도의 교회 신앙 선언문(International Pentecostal Church of Christ Statement of Faith). 〈http://members.aol.com/hqipcc/doctrine.html〉에 접속(2003년 1월 7일), 허락하에 게재함.

국제 유럽 그리스도인 선교회 신앙 선언문(European Christian Mission International Statement of Faith). 〈www.ecmi.org/beliefs.htm〉에 접속(2001년 4월 14일), "The Way Ahead" statement on doctrinal theme of church에서 인용, 허락하에 게재함.

기독교 복음과 유대 민족에 관한 윌로우 뱅크 선언[Willowbank Declaration on the Christian Gospel and the Jewish People, 1989년; 세계 복음주의 협회와 로잔 위원회의 후원을 받은, 복음과 유대 민족에 관한 윌로우 뱅크 협의회(Willowbank Consultation on the Gospel and the Jewish People)에 의해 개발되고 채택됨]. World Evangelical alliance, 〈www.worldevangelical.org/willowbank_19sepo2.doc〉에 접속(2003년 1월 10일), 허락하에 게재함.

기독교 선교의 근본적 위기에 관한 프랑크푸르트 선언[Frankfurt Declaration on the Fundamental Crisis in Christian Mission, 1970년; 신학 협의회(Theological Convention, 프랑크푸르트, 독일, 1970년)에서 수락됨]. Institut Diakrisis. 〈www.institut-diakrisis.de/english.htm〉에 접속(2003년 7월 29일). (*Christianity Today*, pp. 3-6, 1970년 6월 19일 자.)

남미 선교회 교리 선언문(South America Mission Doctrinal Statement). 〈www.samlink.org/pages/DoctrinalStatement.htm〉에 접속(2001년 4월 4일), 허락하에 게재함.

남아시아 고등 기독교학 연구소 신앙 고백문(South Asia Institute of Advanced Christian Studies Statement of Faith). E-mail from Dr. Graham Houghton, principal, to Thomas C. Oden on March 13, 2003. The statement of faith of the South Asia Institute of Advanced Christian Studies (SAIACS), Bangalore, India에서 발췌.

남아프리카 복음주의 신학교 신앙 선언문(Evangelical Seminary of Southern Africa Statement of Faith). 〈www.essa.ac.za/faith.htm〉에 접속(2003년 6월 19일). 저자 Rev. Hugh Wetmore 와 Evangelical Seminary of Southern Africa의 허락하에 게재함.

단순한 생활 방식에 대한 복음주의 서약[An Evangelical Commitment to Simple Life-style, 1980년; 단순한 생활 방식에 대한 국제 협의회(International Consultation on Simple Life-style)에 의해 작성되고 승인됨. 호데스돈, 영국, 1980년 4월; 세계 복음화를 위한 로잔 위원회 신학과 교육 실무 그룹(Theology and Education Working Group)과 세계 복음 복음주의 협회(World Evangelical Fellowship)의 신학적 위원회(Theological Commis-

sion)의 윤리와 사회 분과(Unit on Ethics and Society)의 후원을 받음].
Lausanne Committee for World Evangelization, 〈www.gospelcom.net/cwe/LOP/lop20.htm〉에 접속(2003년 2월 6일), 허락하에 인용.

대위임령 선언[Great Commission Manifesto, 1989년; 기독교 21세기 운동(AD 2000 & Beyond Movement)에서 소집한 세계 복음화를 위한 국제 협의회 (Global Consultation for World Evangelization)]. 〈www.ad2000.org/handbook/gcmanif.htm〉에 접속(2003년 1월 9일), AD 2000 & Beyond Movement의 허락하에 게재함.

듀페이지 선언: 성경적 충실성을 향한 부르심[DuPage Declaration: A Call to Biblical Fidelity; 복음주의적 갱신 위원회(evangelical Renewal Executives) – 현재는 교회 갱신 연합(Association for Church Renewal) – 에 의해 채택됨, 휘튼, 일리노이, 1990년]. Brethren Revival Fellowship (BRF). 〈www.brfwitness.org/Articles/dupagedec.htm〉에 접속(2000년 12월 24일), (BRF Witness 25, no. 5 [1990]를 보라.), 허락하에 게재함.

런던 바이블 칼리지 교리 기초(London Bible College Doctrinal Basis). 〈www.londonbiblecollege.ac.uk/us/who-we-are/basis.shtml〉에 접속(2003년 6월 10일), 허락하에 발췌하여 게재함.

로잔 언약[Lausanne Covenant, 1974년; 세계 복음화 국제 대회(International Congress on World Evangelization), 로잔, 스위스, 1974년]. 〈www.gospelcom.net/lcwe/statements/covernant.html〉에 접속(2000년 12월 8일), 허락하에 인용.

리젠트 대학교 교육 철학(Regent University Philosophy of Education, 2003년). 〈http://web.regent.edu/acad/schdiv/assets/admissions/docs/community%20life.pdf〉에 접속(2003년 11월 22일), 허락하에 게재함.

마닐라 선언[Manila Manifesto, 1989년; 제2차 세계 복음화 국제 대회/로잔 II (Second International Congress on World Evangelization/Lausanne

Ⅱ, 마닐라, 필리핀, 1989년)에서 수락됨]. Lausanne Committee for World Evangelization. 〈www.gospelcom.net/lcwe/statements/manila.html〉에 접속(2000년 12월 23일), Lausanne Committee for World Evangelization 의 허락하에 인용.

메노나이트 신앙 고백[A Mennonite Confession of Faith, 1990년; 의식 있는 메노나이트회(Fellowship of Concerned Mennonites)에 의해 공식화됨] Biblical Viewpoints Publications. 〈www.bibleviews.com/FCMstate.html〉에 접속(200년 8월 29일), Fellowship of Concerned Mennonites 허락하에 게재함.

미국 IVF 교리 기초(InterVarsity Christian Fellowship/USA Doctrinal Basis). 〈www.intervarsity.org/aboutus/doctrine.php〉에 접속(2003년 7월 28일), 허락하에 게재함.

미국 CCC 신앙 선언문(Campus Crusade for Christ Statement of Faith, 1998년). 〈www.ccci.org/faith.html〉에 접속(2002년 8월 23일), 허락하에 게재함.

미국 리벤젤 선교회 신앙 선언문(Liebenzell Mission of USA Statement of Faith, 2003년). 〈www.liebenzellusa.org/aboutLM_USA.htm#What%20We%20Believe%20.%20.%20〉에 접속(2003년 7월 28일). Liebenzell Mission of USA, Inc.의 허락하에 게재함.

미국 복음주의 협회 신앙 선언문(National Association of Evangelicals Statement of Faith, 2000년), 〈www.nae.net.index.cfm/method/index.cfm?FUSEACTION=nae.statement_of_faith〉에 접속(2003년 11월 22일).

미국 복음주의 협회: 복음주의 선언(National Association of Evangelicals: An Evangelical Manifesto, 1996년, 2002년). 〈www.nae.net/index.cfm/method/content.8817C848-14ED-4E90-813D534F81EAEEBF〉에 접속(2003년 2월 26일).

백 투 더 바이블: 우리가 믿는 것(Back to the Bible: What We Believe, 1996-2003

년). *This We Believe: Back to the Bible's Statement of Faith*, copyrighted 1987, used by permission of The Good News Broadcasting Association, Inc. All rights reserved. ⟨www.backtothebible.org/aboutus/statement.htm⟩에 접속(2003년 2월 7일).

베를린 선언[Berlin Statement, 1966년; 복음 전도에 관한 세계 대회(World Congress on Evangelism, 베를린, 1966년)]. *One Race, One Gospel, One Task*, edited by Carl F. H. Henry and W. Stanley Mooneyham, Volume I, c1967 World Wide Publications에서 발췌, 허락하에 게재함.

변화: 인간의 필요에 반응하는 교회[Transformation: The Church in Response to Human Need, 1983년; 세계 복음주의 협회의 후원을 받은, 인간의 필요에 반응하는 교회 협의회(Consultation on *The Church in Response to Human Need*, 휘튼, 일리노이)에서 발표됨]. Lausanne Committee for World Evangelization. ⟨www.gospelcom.net/lcwe/statements/wheaton83.htm⟩에 접속(2003년 1월 9일). In The Church in Response to Human Need. Edited by Vinay Samual and Chris Sugden. Grand Rapids: Eerdmans, 1987; Eugene, Ore.: Wipf and Stock, 2003. Reprinted in *Mission as Transformation*. Edited by Vinay Samual and Chris Sugden. Oxford: Regnum, 1999. 허락하에 게재함.

복음 전도와 사회적 책임: 복음주의 서약[Evangelism and Social Responsibility: An Evangelical Commitment, 1982년; 복음 전도와 사회적 책임의 관계에 관한 국제 협의회(International Consultation on the Relationship between Evangelism and Social Responsibility) 기간에 작성됨, 그랜드 래피즈, 미시간, 1982년; 세계 복음화를 위한 로잔 위원회와 세계 복음주의 협회와 공동 출판]. Lausanne Committee for World Evangelization. ⟨www.gospelcom.net/lcwel/LOP/lop21.htm⟩에 접속(2003년 1월 9일), Lausanne Committee for World Evangelization의 허락하에 인용하여 게재함.

복음주의 신학 대학(보-수-셍느, 프랑스) 신앙 선언문(Profession de Foi). E-mail from Jacques Blocher, administrative manager, to Thomas C. Oden on December 20, 2000. Faculte Libre de Theologie Evangelique의 허락하에 게재함.

복음주의 신학교(루벵, 벨기에) 신앙 선언문(Evangelische Theologische Faculteit Statement of Faith, 2003-2004년). ⟨www.bib.be/Downloads/Doctoral_Catalogo3.pdf⟩에 접속(2003년 11월 21일), Evangelische Theologische Faculteit, Leuven, Belgium(www.etf.edu)의 허락하에 게재함.

복음주의 신학회 교리 기초, 조항 III(Evangelical Theological Society Doctrinal Basis, Article III, 2000년). ⟨www.etsjets.org/doctrine.html⟩에 접속(2003년 2월 13일), 허락하에 게재함.

북미 오순절/은사주의 교회 신앙 선언문[Pentecostal/Charismatic Churches of North America (previously Pentecostal Fellowship of North America) Statement of Faith, 1994년. 개정 1998년, 2002년]. ⟨www.pctii.org/pccna/art3.html⟩에 접속(2003년 1월 10일).

북미 인디안 선교회(NAIM) 교리 선언문(North American Indian Ministries Doctrinal Statement, 2000년). ⟨www.naim.ca/doctrinalstatement.php⟩에 접속(2001년 4월 4일), 허락하에 게재함.

빌리 그레이엄 전도 협회 신앙 선언문(The Billy Graham Evangelistic Association Statement of Faith, 2003년). Accessed on February 10, 2003, at ⟨www.billygraham.org/aboutus/statementoffaith.asp⟩. *One Race, One Gospel, One Task*, edited by Carl F. H. Henry and W. Stanley Mooneyham, Volume I, c1967 World Wide Publications의 허락하에 발췌하여 게재함.

선민 선교회 교리 선언문(Chosen People Ministries Doctrinal Statement, 2000년, 2003년). ⟨www.chosenpeople.com/docs/GB/About/doctrinalstatement.html⟩에 접속(2003년 1월 9일)

성경의 무오성에 관한 시카고 선언[The Chicago Statement on Biblical Inerrancy, 1978년; 성경의 무오성에 관한 국제 회의(International Council on Biblical Inerrancy)의 초안 위원회에 의해 작성됨, 시카고, 1978년]. Jesus People USA. Accessed on December 10, 2000, at ⟨www.jpusa.org/jpus/documents/biblical.htm⟩에 접속(2000년 12월 10일). (*Journal of the Evangelical Theological Society* 21, no. 4 [1978]: pp.289-296를 보라.) Biblical Errancy by Norman L. Geisler. Copyright c1981 June, by the Zondervan Corporation, 허락하에 발췌하여 게재함.

세계 복음 선교회 신앙 선언문(World Gospel Mission Statement of Faith, 1997-2002년). Accessed on January 9, 2003, at ⟨www.wgm.org/cms/AboutUs/Default.asp?did=219&pid=236⟩에 접속(2003년 1월 9일), 허락하에 게재함.

세계 복음주의 연맹(WEA) 신앙 선언문(World Evangelical Alliance Statement of Faith, 2001년). ⟨www.worldevangelical.org/textonly/3statefaith.htm⟩. 에 접속(2003년 2월 13일), 허락하에 게재함.

시카고 성명: 복음주의자들을 향한 호소(The Chicago Call: An Appeal to Evangelicals, 1977년, 1998년). Communion of Evangelical Episcopal Churches. ⟨www.theceec.org/11chicagocall.html⟩에 접속(2002년 8월 22일). (See also Robert Webber and Donald Bloesch, eds. *The Orthodox Evangelicals*. Nashville: Nslson, 1978). 허락하에 게재함.

아랍 세계 선교회 교리 선언문(Arab World Ministries Doctrinal Statement). Accessed on February 7, 2003, at ⟨www.gospelcom.net/awm/new/doctrinal_statement⟩에 접속(2003년 2월 7일), 허락하에 게재함.

아주사 퍼시픽 대학교 신앙 선언문(Azusa Pacific University Statement of Faith, 2002년). ⟨www.apu.edu/about.believe⟩에 접속(2002년 8월 23일), 허락하에 게재함.

암스테르담 선언, 2000: 21세기 복음 전도를 위한 헌장(Amsterdam Declaration, 2000: A Charter for Evangelism in the 21st Century; 암스테르담 2000의 세 작업 집단의 합동 보고서). Christianity Today International. ⟨www.christianitytoday.com/ct/2000/132/13.0.html⟩에 접속(2002년 8월 22일). *One Race, One Gospel, One Task*, edited by Carl F. H. Henry and W. Stanley Mooneyham, Volume Ⅰ, c1967 World Wide Publications, 허락하에 게재함.

암스테르담 확언[Amsterdam Affirmations, 1983년; 순회 전도자 국제 대회(International Conference for Itinerant Evangelists, 암스테르담, 1983년)에서 개발되고 발표됨] Evangelical Ministries to New Religions. Accessed on August 22, 2002, at ⟨www.emnr.org/lausanne.html⟩. *One Race, One Gospel, One Task*, edited by Carl F. H. Henry and W. Stanley Mooneyham, Volume Ⅰ, c1967 World Wide Publications, 허락하에 게재함.

애즈베리 신학교 신앙 선언문(Asbury Theological Seminary Statement of Faith). ⟨www.ats.wilmore.ky.us/viewpiece/vp_faith.htm⟩에 접속(2003년 3월 4일)

영국 IVF 교리 기초[Universities and Colleges Christian Fellowship(UCCF-- UK) Doctrinal Basis, 1995년, 2003년]. Accessed on February 27, 2003, at ⟨www.uccf.org.uk/resources/db/index.php⟩에 접속(2003년 2월 27일), 허락하에 게재함.

예수 그리스도의 복음: 복음주의 축전[The Gospel of Jesus Christ: An Evangelical Celebration, 1999년; 복음주의적 복음 가운데 하나됨에 관한 위원회(Committee on Evangelical Unity in the Gospel)에 의해 작성됨]. The Christian Counterculture Project. ⟨www.antithesis.com/toolbox/evang_celebration.html⟩에 접속(200년 12월 9일). (또한 John N. Akers et al. *This We Believe: The Good News of Jesus Christ for the World*. Grand Rapids: Zondervan, 2000, pp. 239-48를 보라.) 허락하에 게재함.

예수님을 위한 유대인 신앙 선언문(Jews for Jesus Statement of Faith, 2001년). ⟨www.jfjonline.org/about/statementoffaith.htm.⟩에 접속(2001년 4월 4일).

오순절 학회 준칙[Society for Pentecostal Studies Bylaws, 1979년; 세계 오순절 회 목적 선언문(Statement of Purpose of the World Pentecostal Fellowship)으로부터 채택됨, 2000-2002년]. Accessed on January 14, 2003, at ⟨www.sps-usa.org/about/mission.html⟩에 접속(2003 1월 14일), 허락하에 게재함.

우리를 악에서 구하옵소서 협의회 선언문[Deliver Us from Evil Consultation Statement, 2000년; 세계 복음화를 위한 로잔 위원회(Lausanne Committee for World Evangelization)와 아프리카 복음주의 협회(Association of Evangelicals in Africa, 나이로비, 2000년)에서 소집됨]. Lausanne Committee for World Evangelization. ⟨www.gospelcom.net/lcwe/dufe/Papers/dufeeng.htm⟩에 접속(2003년 1월 9일). Lausanne Committee for World Evangelization의 허락하에 인용.

월드 비전 신앙 선언문(World Vision Statement of Faith, 2003년). ⟨www.worldvision.org/worldvision/hr.nsf/stable/HR-faith#faith⟩에 접속(2003년 11월 22일).

유대 민족을 향한 그리스도인의 증거[Christian Witness to the Jewish People, 1980년; 세계 복음화에 관한 협의회(Consultation on World Evangelization, 파타야, 태국, 1980년)에서 발표됨; 유대 민족에 도달하기 위한 소위원회(Mini-Consultation on Reaching Jewish People)에 의해 초안이 작성됨]. Lausanne Committee for World Evangelization. Accessed on January 9, 2003, at ⟨www.gospelcom.net/cwel/LOP/lopo7.htm⟩에 접속(2003년 1월 9일). Lausanne Committee for World Evangelization의 허락하에 게재함.

이과수 선언[Iguassu Affirmation, 1999년; 세계 복음주의 협회 선교 위원회(Missions Commission)에서 개최한 이과수 선교 협의회(Iguassu Missiological Consultation)에서 제작됨, Foz do Iguassu, 브라질, 1999년] Presbyterian Frontier Fellowship. July 24, at 〈www.pff.net/Resources/iguassuaffirmation.htm〉에 접속. (또한 William D. Tayler, *Global Missiology for the 21st Century: The Iguassu Dialogue*. Grand Rapids: Baker Academic, 2000, pp. 15-21을 보라) World Evangelical Alliance의 허락하에 게재함.

일본 성서 신학교 교리 선언문(Japan Bible Seminary Doctrinal Statement). E-mail from Kazuhiko Uchida, dean, to Thomas C. Oden on December 11, 2000. 허락하에 게재함.

"죽어가는 세상을 향한 살아 있는 말씀" 공동 서약("Living Word for a Dying World" Common Commitment, 1994년). 출처: "A Common Commitment," adopted by the participants of a Consultation, "Living Word for a Dying World," called and organised by the International Forum of Bible Agencies, 20-25 April, 1994. Lausanne Committee for World Evangelization. 〈www.gospelcom.net/lcwe/statements/living.html〉에 접속(2003년 1월 10일), 허락하에 게재함.

중국 신학 대학원 신앙 선언문(China Graduate School of Theology Statement of Faith: Article Ⅶ of Constitution and By-Laws, 2002년). 〈www.cgsst.edu/US/Original/faith.html〉에 접속(2003년 2월 11). 허락하에 게재함.

초교파 해외 선교 협의회(IFMA) 신앙 고백(Interdenominational Foreign Mission Association Confession of Faith). 〈www.ifmamissions.org/doctrin.htm〉에 접속(2001년 4월 4일). 허락하에 게재함.

카리브 복음주의 협회 신앙 선언문(Evangelical Association of the Caribbean Statement of Faith). E-mail from Rev. Gerry A. Seale, general secretary, to Thomas C. Oden on February 13, 2003. 허락하에 게재함.

크리스채너티 투데이 인터네셔널 신앙 선언문(Christianity Today International

Statement of Faith, 1994-2000년). 〈www.christianitytaday.com/help/features/faith.html〉에 접속(2000년 12월 14일), 허락하에 게재함.

트리니티 국제 대학교 신앙 선언문(Trinity International University Statement of Faith, 2000-2003년). Statement of Faith for Trinity International University and the Evangelical Free Church of America. 〈www.tiu.edu/catalogs/divinity2002/teds_cat_01f_doctrine.htm〉에 접속(2003년 2월 7일), 허락하에 게재함.

틴데일 대학과 신학교 신앙 선언문(Tyndale University College & Seminary Faith Statement, 2003년). 〈www.tyndale.ca/about/mission.php〉에 접속(2003년 2월 27일), 허락하에 게재함.

포커스 온 더 패밀리 신앙 선언문(Focus on the Family Statement of Faith, 1987년. 개정 2000년). Received from Focus on the Family upon request on January 22, 2001. 허락하에 게재함.

풀러 신학교 신앙 선언문(Fuller Theological Seminary Statement of Faith, 1972년, 2003년). 〈www.fuller.edu.catalog2/o1_Introduction_To_Fuller/1_Ministry_of_Fuller.html〉에 접속(2003년 7월 28일)

풀러 신학교: 우리가 믿고 가르치는 것(Fuller Theological Seminary: What We Believe and Teach, 1983년, 1992년, 2003년). 〈www.fuller.edu/provost/aboutfuller/believe_teach.asp〉에 접속(2003년 2월 13일).

활동하는 말씀 신앙 기초[Word in Action Basis of Faith; 베스 사경회(Beth Convention) - 케직 사경회(Keswick Convention)] 〈www.wordinaction.supanet.com〉에 접속(2003년 1월 14일).

휘튼 칼리지 신앙 선언문(Wheaton College Statement of Faith, 2003년). 〈www.wheaton.edy/welcome/mission.html〉에 접속(2003년 2월 7일).

찾아보기

창세기
1:26 *218, 263*
1:27 *90, 218, 263*
3:3 *90*
4:21 *205, 266*
4:22 *206, 266*
12:1-3 *210*
18:25 *218, 263*

레위기
19:18 *218, 263*

신명기
30:19 *90*

열왕기상
8:60 *83*

시편
45:7 *218, 263*
51:4 *123*
51:5 *95*
67:1-3 *269*
85:4-7 *269*
103:19 *84*
119:11 *59*
119:18 *64*
119:105 *64*
119:130 *64*

잠언
28:13 *123*

이사야
1:10-26 *221*
1:17 *218, 263*
6:3 *83*

6:3-7 *146*
8:20 *59*
40:28 *53, 260*
43:10-11 *83*
49:6 *209*
55:7 *123*
55:11 *57, 260*
58:6 *226, 266*
58:7 *226, 266*

예레미야
31:31 *209*
31:35-37 *210*

에스겔
33:15 *123*
36:26-27 *140*

찾아보기 | 313

아모스
2:6-8 221

미가
2:1-10 221

마태복음
1:20 106
3:8 123
3:16-17 84
4:4 59
5:8 148
5:10-12 189, 268
5:17 57, 260
5:18 57, 59, 260
5:20 218, 263
6:33 218, 263
9:35-38 226, 266
11:28 131, 261
16:13 106
16:18 176
16:27 118
18:15-18 151
18:20 198
19:13-15 114
20:28 112, 275
22:37-38 148
24:11 229
24:12 229
24:14 199
24:35 59

25:31-32 52, 272
25:31-46 226, 266
25:46 231
28:18 199, 270
28:18-19 201, 279
28:18-20 176
28:19 53, 84, 151, 184,
　　　　194, 198, 260, 264
28:19-20 248
28:20 151, 194, 198,
　　　　199, 264, 270

마가복음
1:14 50, 278
1:15 123, 195
7:8 205, 266
7:9 205, 266
7:13 205, 266
8:34 54, 262
10:42-45 267
10:43-45 51, 262
12:29 83
12:32 83
13:10 199, 270
13:21-23 199, 270
14:61-62 128, 276
14:62 199, 270
15:23-26 105
16:15 176, 226, 266
16:15-20 187
16:16 184

누가복음
1:27 106
1:31-35 105
1:35 106
1:37 202
1:75 148
4:18 189, 268
6:27 218, 263
6:35 218, 263
7:22 154
12:32 199, 270
14:25-33 51, 262
19:8 123
19:13 118
24:47 201, 279
24:47-49 176
24:49 146

요한복음
1:1 105, 106, 279
1:4 124
1:9 124
1:12 126, 142, 231, 276
1:14 106, 107, 280
1:33 146
2:18 199, 270
3:3 218, 263
3:5 218, 263
3:6-8 269
3:7-8 137
3:16 106, 124, 230

3:16-19 *131, 261*
3:18 *198*
3:36 *198, 231*
4:1-3 *199, 270*
4:23 *187*
4:24 *187*
4:42 *131, 261*
5:29 *230*
7:37 *124*
7:37-39 *146, 269*
9:4 *226, 266*
10:30 *106*
10:33-36 *105*
10:35 *57, 260*
12:31 *112, 275*
12:48 *59*
13:34-35 *168, 169, 277*
13:35 *165, 264*
14:2-3 *230*
14:6 *130, 274, 279*
14:16-17 *137*
14:26 *123*
15:8 *141*
15:16 *141*
15:18-21 *189, 268*
15:26 *136, 269*
15:27 *269*
16:7-8 *137*
16:7-11 *123*
16:8-11 *269*
16:14 *137*

17:6 *53, 260*
17:11-23 *165, 264*
17:15 *157, 268*
17:17 *64*
17:18 *53, 194, 260, 264*
17:20-21 *277*
17:20-23 *171*
17:21 *165, 264*
17:23 *165, 264*
19:16-18 *105*
19:30 *114*
20:21 *54, 194, 262, 264*
20:21-22 *176*
20:31 *123*

사도행전
1:4 *146*
1:4-5 *146*
1:6-11 *105*
1:8 *137, 146, 176, 194, 198, 264, 269*
1:8-11 *199, 270*
1:9 *117*
1:11 *117, 118*
1:15-26 *151*
2장 *139, 296*
2:32-39 *54, 262*
2:38 *123*
2:39 *146*
2:40 *51, 262*

2:44 *226, 266*
2:45 *226, 266*
2:47 *51, 174, 262*
3:19 *114, 123*
4:12 *114, 130, 131, 261, 274*
4:19 *189, 268*
4:31 *146*
4:34 *226, 266*
4:35 *226, 266*
5:29 *189, 268*
10:42 *118*
10:47 *184*
10:48 *184*
11:18 *123*
13:1-3 *168, 265*
14:21-23 *151*
14:23 *267*
15:9 *146*
15:14 *53, 260*
17:26 *218, 263*
17:30 *123*
17:31 *218, 263*
20:21 *123*
20:27 *194, 264*
26:18 *124, 146*
26:20 *123*

로마서
1:1 *50, 278*
1:3 *107, 280*

1:8　*168, 265*
1:16　*51, 57, 123, 198,*
　　　260, 278
1:17　*120, 275*
1:18-32　*97, 131, 261,*
　　　274
1:28-32　*221*
2:15　*90, 114*
3:9-20　*97, 274*
3:11-23　*95*
3:21-24　*97, 274*
3:23-25　*112, 275*
3:24-26　*119*
3:25-26　*112, 274*
3:28　*119, 120, 281*
4:1-8　*120, 275*
4:5　*120, 121, 275, 281,*
　　282
5:1　*119, 125, 140*
5:1-2　*112, 275*
5:5　*140, 148*
5:12　*90, 94, 95*
5:13　*114*
5:17　*120, 275*
5:17-18　*124*
6:1-11　*146*
6:4　*184*
6:13　*125, 146*
6:16　*146*
6:18-19　*125*
6:19　*146*

6:22　*124*
7:6　*143, 276*
7:24-25　*146*
8:1　*140, 146*
8:2　*146*
8:4　*147, 282*
8:9　*123, 140*
8:9-17　*143, 276*
8:13　*146*
8:13-14　*147, 282*
8:14　*140*
8:15　*126*
8:15-16　*123*
8:16　*129, 140*
8:17　*126*
8:26　*146*
9:1-3　*226, 266*
10:9　*231*
10:9-10　*199*
11:1　*210*
11:26　*216*
11:28　*210*
12:1-2　*146*
12:2　*53, 146, 260*
12:3-8　*269*
12:6-8　*152*
14:1-15:13　*277*
15:13　*140*
15:16　*137*
16:17　*229*
16:18　*229*

고린도전서
1:18　*51, 278*
1:21　*51, 57, 260, 278*
1:23　*51, 262*
2:1-5　*51, 278*
2:4　*269*
3:11　*114*
5:10　*53, 260*
6:13　*154*
9:19-22　*201, 279*
9:19-23　*205, 226, 266*
11:26　*185*
12-14장　*153*
12:3　*199, 269*
12:4　*140*
12:4-31　*269*
12:5　*140*
12:8-10　*152*
12:11　*140, 152*
12:12-13　*176*
12:12-27　*176*
12:13　*123, 178*
12:18　*152*
12:28　*152*
12:29-30　*152*
12:31　*152*
12:31　*152*
14:1　*152*
14:1-5　*152*
14:12　*152*
15　*115, 275*

15:3　*54, 114, 262*
15:4　*54, 116, 262, 281*
15:3-4　*105*
15:16-17　*230*
15:17　*117*
15:20　*117*
15:22　*97, 274*
15:23　*117*
15:25-28　*228*
15:42-44　*230*

고린도후서
2:17　*157, 268*
3:17-18　*146*
3:18　*218, 263, 269*
4:2　*157, 268*
4:3　*98, 157, 268*
4:4　*157, 268*
4:5　*51, 205, 262, 266*
4:7　*53, 260*
5:11　*51, 262*
5:17　*125*
5:18-21　*112, 275*
5:19-21　*120, 281*
5:20　*51, 262*
5:21　*120, 275*
6:3　*194, 264*
6:4　*194, 264*
7:9　*123*
10:3-5　*157, 268*
10:4　*202*

12:7-9　*154*
13:14　*84*

갈라디아서
1:1-11　*50, 278*
1:6-9　*120, 131, 157, 261, 268, 281*
2:16　*120, 121, 281, 282*
2:20　*146*
3:13　*109, 280*
3:22　*95*
3:28-29　*277*
4:4-7　*112, 275*
4:5　*107, 280*
5:11　*189, 268*
5:16　*140*
5:22　*140, 269*
5:22-25　*140, 147, 282*
5:23　*269*
6:11　*154*
6:12　*189, 268*
6:14　*194, 264*
6:17　*194, 264*

에베소서
1:4　*140*
1:6-7　*105*
1:9　*194, 264*
1:10　*194, 264*
1:11　*53, 260*

1:17　*57, 260*
1:18　*57, 260*
1:20-21　*131, 261*
1:23　*178*
2:1　*124*
2:1-3　*97, 98, 274*
2:4-10　*97, 274*
2:8　*123, 141*
2:8-9　*121, 282*
2:11-22　*175*
2:12　*97, 98, 274*
2:22　*178*
3:9-11　*194, 264*
3:10　*57, 260*
3:18　*57, 260*
3:19　*146*
4:3　*165, 167, 264*
4:4　*165, 176, 264*
4:11　*153, 267*
4:11-16　*151, 187, 257*
4:12　*51, 152, 260, 267*
4:13　*145, 167, 276*
4:24　*129*
4:25　*176*
4:30　*142*
5:18　*146*
5:25-27　*148*
5:26　*64*
6:11　*157, 268*
6:12　*157, 268*
6:13-18　*157, 268*

빌립보서
1:5 168, 265
1:21 230, 276
1:27 165, 194, 214, 264
1:28 190
1:29 190
2:2 277
2:5-7 205, 266
2:9-11 131, 261
2:10-11 199
2:12 146
2:13 146
3:9 120, 275
3:21 117
4:13 202
4:15 168, 265

골로새서
1:18 176
1:20 112, 275
1:27 267
1:28 267
2:13-14 112, 275
2:15 112, 275
3:24 189, 268

데살로니가전서
1:5 142
1:6 140
1:6-8 168, 265
1:9 83

4:13-18 52, 272
5:19 142, 269

데살로니가후서
1:5 190
1:7-9 131, 261
1:9 231
2:3 229

디모데전서
1:1-4 189, 268
2:5 107, 279
2:5-6 131, 261
2:6 114
4:1 229
4:2 229
4:10 114

디모데후서
2:1-5 229
2:13 229
2:19-21 194, 264
3:7 22
3:15 69
3:15-17 64
3:16 57, 59, 260
3:16-17 64
4:1 118

디도서
1:5 267

1:9 267
2:11-14 151
2:12 129, 148
2:13 118, 228
2:15 151
3:5 121, 124, 282
3:7 119

히브리서
1:1-4 115, 275
1:3 84, 117
2:1-18 115, 275
2:16-17 105
2:17 108, 280
3:7 59
4:12-13 64
4:14-16 115, 275
6:1-12 143, 276
7:1-10:25 115, 275
7:26-28 108, 280
8:1 117
9:13 114
9:13-15 105
9:14 114
9:26 114
9:28 118, 128, 199, 270, 276
10:10 114
10:14 114
10:14-15 140
10:15 114

12:23　*176*
13:1-3　*189, 268*
13:17　*151*

야고보서
1:17　*83*
1:18　*64, 174*
1:27　*226, 266*
2:1-9　*226, 266*
2:14-26　*143, 218, 263, 276*
2:20　*218, 263*
3:9　*218, 263*
5:14-15　*154*

베드로전서
1:5　*146*
1:23　*64*
2:5-9　*183*
2:9　*151*
2:21　*189*
2:21-25　*190*
3:18　*112, 275*
4:19　*84*

베드로후서
1:4　*185*
1:20-21　*59*
1:21　*57, 61, 260*
2:1　*229*
2:2　*229*

2:10　*229*
3:9　*131, 261*
3:13　*199, 270*

요한일서
1:7　*146*
1:9　*123, 124*
2:2　*114*
2:3-5　*140*
2:18-26　*157, 268*
3:5　*107*
3:9-10　*140*
3:14　*140*
3:24　*140*
4:1-3　*157, 268*
4:2-3　*108, 280*
4:12　*140, 174*
4:13　*140*
4:14　*129, 274*
5:6　*140*
5:11　*231*
5:12　*231*

유다서
3　*57, 260*
25　*107*

요한계시록
5:9　*128, 199, 277*
7:9　*199, 201, 279*
11:15　*118*

20:6　*118*
20:15　*231*
21:1-5　*199, 270*
21:8　*231*
22:1-5　*230, 270, 276*
22:3-4　*230*
22:5　*231*
22:12-13　*118*
22:17　*124*

옮긴이 정모세는 연세대학교, 개신대학원대학교, 미국 고든콘웰 신학교에서 신학을 공부했다. 살림출판사, 새물결플러스 등의 출판사에서 일했으며, 현재 IVP에서 편집장으로 일하고 있다. 분당두레교회 교육목사이며 혁명기도원 회원이다. 옮긴 책으로 「회심」(IVP), 「하나님은 누구를 더 사랑하실까?」(살림) 등이 있다.

복음주의 신앙 선언

초판 발행_ 2014년 7월 21일

지은이_ 재임스 패커 · 토마스 오덴
옮긴이_ 정모세
펴낸이_ 신현기

발행처_ 한국기독학생회출판부
등록번호_ 제313-2001-198호(1978.6.1)
주소_ 121-838 서울시 마포구 동교로 156-10
대표 전화_ (02)337-2257 팩스_ (02)337-2258
영업 전화_ (02)338-2282 팩스_ 080-915-1515
직영서점 산책_ (02)3141-5321
홈페이지_ http://www.ivp.co.kr 이메일_ ivp@ivp.co.kr
ISBN 978-89-328-1353-0

ⓒ 한국기독학생회출판부 2014

책값은 뒤표지에 있습니다.
무단 전재와 복제를 금합니다.